500强企业
财务分析实务

一切为经营管理服务 |第2版|

李燕翔 • 著

机械工业出版社
China Machine Press

图书在版编目（CIP）数据

500强企业财务分析实务：一切为经营管理服务 / 李燕翔著 . -- 2版 . -- 北京：机械工业出版社，2021.3（2023.12重印）
ISBN 978-7-111-67559-4

I. ①5… II. ①李… III. ①企业管理–会计分析 IV. ①F275.2

中国版本图书馆CIP数据核字（2021）第031407号

本书作者李燕翔在500强企业打拼多年，积攒了大量财务分析秘诀，从财务分析"为谁做（第1章），做什么（第2～6章），如何做（第7～11章）以及谁来做"这样的大事，到财务分析师的管理报告如何写，PPT应给出概括句这样的小细节，全都写到了书中。

本书的基调是为企业内部经营管理决策提供支持，因此每一章都手把手地教财务人员应如何基于财务报表，大幅跳出财务报表的框架，深入了解业务运营，成为领导和其他部门的业务伙伴。书中的案例、图表和分析方法，主要来自作者在外资企业的工作积累，以及在从事财务管理咨询工作中参与或调研的大型集团企业的财务分析与报告实践。

第2版不仅增加了更多符合企业实际业务场景的财务分析方法，还增加了一些比第1版更复杂的案例，具体包括：投资项目财务效益的评价方法中增加了有杠杆融资时不同IRR的计算，删减了与企业日常经营管理不太相关的财务分析技术方法；新增第8章，专门介绍符合财务分析报表数据需求的会计科目与辅助核算项的设置；在最后两章中，增加了两个现实中更复杂的大型案例，以帮助读者理解高级财务分析在经营管理中发挥的增值作用。

500强企业财务分析实务
一切为经营管理服务 第2版

出版发行：机械工业出版社（北京市西城区百万庄大街22号 邮政编码：100037）	
责任编辑：杨振英	责任校对：马荣敏
印　　刷：三河市国英印务有限公司	版　　次：2023年12月第2版第8次印刷
开　　本：170mm×230mm　1/16	印　　张：22.75
书　　号：ISBN 978-7-111-67559-4	定　　价：79.00元

客服电话：（010）88361066　68326294

版权所有・侵权必究
封底无防伪标均为盗版

PREFACE 前言

企业财务分析之"惑"

从表面上看,企业财务分析就是分析企业的"财务"状况,简单地说,"财务分析"的内容都与钱和数字有关,但具体涉及哪些方面,答案众说纷纭——企业的盈利水平、资金水平、投资回报、资本增长规模……每个方面都是一个复杂的专业领域,因此,财务分析师常常感到困惑,不知道该分析什么,原因不是需要分析的内容太少,而是需要分析的内容太多!

在企业里,我们常能听到两种声音:一方面,总经理和各部门领导抱怨,虽然财务部门编制的报表很多,但其中没有自己想要的信息;另一方面,财务部门员工也很委屈,认为自己加班加点、任劳任怨地按会计准则做的报表没有错,但不知为何领导就是不满意,有的财务人员甚至把这归因为领导"不懂财务专业知识"。

对于业务规模大的上市公司和被投资收购的企业来说,除了企业内部各级管理者以外,重要的股东和投资人也需要看除了例行披露的财务报告以外的经营层面的财务分析报告,但很多企业的内部管理报表的口径与会计准则不同,这些用于满足内部管理需要的财务分析报告也常让股东和投资人看得云里雾里的。那么除了对外出具的标准法定报告,财务分析师到底应该给这些外部重要的"利益相关方"(stakeholder)看什么?

不难看出,上述财务分析之"惑"都与如下几个问题有关:

(1)财务分析要**为谁做**——WHOM。

(2)财务分析要**做什么**——WHAT。

(3)财务分析要**如何做**——HOW。

本书将从企业财务分析的体系框架出发,以理论结合企业实务案例的方式解答企业财务分析师的这几个问题。

为谁做(WHOM):这是本书开篇便要强调的问题,第1章"企业财务分析体系概览"将着重介绍财务分析结果的不同使用者,以及他们阅读财务分析结果的目的和关注点,以便企业财务分析师在明确不同的需求后为财务分析报告的阅读者"量体裁衣"。

做什么(WHAT):指标是财务分析的核心内容,针对不同的分析目的和阅读对象制定不同的分析指标和项目,是决定一份财务分析报告质量的关键。本书第二篇将详细介绍财务分析指标与项目的制定,其中第2章介绍了关键绩效指标(KPI)的制定原则和财务类指标的选择标准,第3章属于财务报表层面的分析,旨在综合评价企业的整体绩效,第4~6章属于经营财务分析范畴,旨在从不同角度评价、分析企业中不同类型组织和部门的经营绩效。

如何做(HOW):财务分析报告不是统计报告,不能仅展示各项指标的计算和罗列图表,还需要针对指标结果对企业的绩效进行评价、洞察问题和给出建议。本书第三篇不仅讲述财务分析报表的设计与产出,还讲述了如何洞察企业绩效并支持业务决策,从定期向企业管理者和业务部门提交例行的管理报告,到提供附加值更高的"业务伙伴"(business partner)型的"业务分析"(business analysis)。本篇结合更多企业经营过程中的实务案例来帮助实际从事企业内部财务分析工作的读者理解并运用相关财务分析方法。

企业内部的财务人员做财务分析的难点在于高度个性化和多元的管理诉求，行业、业务模式、公司发展阶段、管理体系的不同造成没有一套像标准财务报表的"模板"可供快速生成财务分析报告。这也是鲜有面向企业内部业务活动的财务分析图书问世的原因。一个行业或公司的财务分析指标、报表格式并不具备通用性，因此笔者在本书的第三篇中设计和援引了制造、消费、零售、高科技等多个实体行业和业务情景的大量实例，来阐述如何对企业的业务活动绩效成果进行洞察与评价，希望为广大在实体企业从事财务分析和分部绩效管理的读者提供更宽阔的视野与思考应用的空间。

需要说明的是，本书中的案例多数基于笔者在外资企业运营实体单位从事财务工作期间接触的实务，以及在从事财务管理咨询工作中参与或调研的国内大型集团企业的财务分析与报告实践。由于笔者自身工作经历中所涉及的行业、企业规模、企业管理水平还不够广泛，未能深入触及更多新兴产业与商业模式，所以本书难免不能覆盖所有企业财务分析的需求。凡笔者在财务分析领域学识不足、见识有限之处，望广大读者和财务分析专家理解并不吝赐教（作者邮箱：yxmi_li@163.com）。答疑或加入财务分析交流微信群，请微信朋友圈晒书后，加微信好友 huh88huh（昵称：胡小乐），3个工作日内应答，请不要着急。

目录

前 言

第一篇　财务分析要为谁做：WHOM

第1章　企业财务分析体系概览 /3

1.1　什么是企业财务分析 /4

1.2　广义财务分析和狭义财务分析的联系与区别 /5

1.3　财务分析的使用者及其关注领域 /5

第二篇 财务分析要做什么：WHAT

第2章 企业财务分析指标 / 11
2.1 财务分析指标包括哪些 / 13
2.2 关键绩效指标体系综述 / 14
2.3 财务关键绩效指标的制定方法与原则 / 15
2.4 什么是分析维度 / 18

第3章 企业综合绩效的财务分析指标 / 20
3.1 反映企业综合绩效的财务分析基本框架 / 21
3.2 评价盈利能力的财务分析指标 / 25
    3.2.1 反映盈利总体水平 / 25
    3.2.2 展示更具分析意义的盈利 / 27
    3.2.3 揭示驱动盈利的因素 / 29
3.3 评价财务风险控制能力的财务分析指标 / 31
    3.3.1 短期偿债能力 / 32
    3.3.2 长期偿债能力 / 33
3.4 评价成长能力的财务分析指标 / 34
    3.4.1 反映成长水平高低 / 34
    3.4.2 展示更具分析意义的成长 / 35
    3.4.3 揭示驱动成长的因素 / 35

第4章 利润中心业务单元的财务分析指标 / 39
4.1 经营财务分析的主体：责任中心 / 45
4.2 利润中心的管理利润表结构与盈利性分析 / 48
    4.2.1 与常规利润表不同的管理利润表 / 48
    4.2.2 营业收入分析 / 52

4.2.3　营业成本与毛利分析　/ 56

4.2.4　期间费用分析　/ 57

4.2.5　营运利润分析　/ 63

4.3　作业成本管理在盈利分析中的应用　/ 63

4.3.1　什么是作业成本管理系统　/ 63

4.3.2　作业化利润表：帮你分析价值链完全成本　/ 65

4.3.3　客户盈利分析：谁才是"大客户"　/ 68

4.3.4　实行作业成本管理系统的局限性　/ 69

4.4　利润中心营运资本效率分析　/ 70

4.4.1　应收账款分析　/ 71

4.4.2　现金流量分析　/ 73

4.5　行业特定分析指标　/ 75

4.5.1　传统零售行业的损益分析（下游渠道）/ 75

4.5.2　消费品制造行业的损益分析（上游厂商）/ 77

4.5.3　关键资源要素与资源约束指标　/ 80

第5章　制造业务单元的财务分析指标　/ 82

5.1　更具个性化的制造单元管理利润表　/ 88

5.2　标准成本框架下的生产成本分析　/ 91

5.2.1　标准成本的制定：正确认识"标准"　/ 92

5.2.2　成本差异的计算和分析：与绩效考核相结合　/ 97

5.2.3　成本差异的账务处理　/ 101

5.2.4　标准成本法下的期末成本分析：实际成本去哪儿了　/ 102

5.3　工厂营运资本效率分析　/ 107

5.3.1　存货分析：不只是周转率那么简单　/ 107

5.3.2　应付账款分析　/ 118

5.4　固定资产与资本性支出分析　/ 119

第6章 专题项目的财务分析指标 / 123

6.1 内部投资项目分析 / 126

【案例 6-1】购买实施物流分配系统项目 / 127

- 6.1.1 货币时间价值 / 128
- 6.1.2 计算项目现金流量 / 129
- 6.1.3 资本预算程序 / 131
- 6.1.4 投资项目财务效益的评价方法 / 139
- 6.1.5 投资项目的投后效益动态管理 / 148

6.2 新产品开发与引进项目分析 / 152

- 6.2.1 商业案例分析：让高管批准项目的途径 / 153

【案例 6-2】彩色数字打印机开发项目的全生命周期投资回报 / 155

- 6.2.2 新产品开发项目投入成本预算 / 157
- 6.2.3 新产品价值工程分析：提升产品的"性价比" / 158
- 6.2.4 新产品标准成本的计算 / 163

6.3 市场营销活动项目分析 / 165

- 6.3.1 促销活动的财务分析 / 166
- 6.3.2 广告方案的财务分析 / 174

第二篇小结 / 179

第三篇 财务分析要如何做：HOW

第7章 财务分析的常用技术 / 183

7.1 常用的财务分析技术 / 185

- 7.1.1 对比分析 / 186
- 7.1.2 趋势分析 / 186
- 7.1.3 结构分析 / 187
- 7.1.4 标杆分析 / 188

    7.1.5 因素分析 / 189

    7.1.6 单指标分解 / 189

    7.1.7 多指标赋权评分 / 197

  7.2 预算与滚动预测在财务分析中的应用 / 198

    7.2.1 预算管理体系概述 / 199

    7.2.2 滚动预测 / 200

    7.2.3 预算与预测"放卫星",财务分析怎么办 / 204

第8章 财务分析的基础:精细会计核算体系 / 209

  8.1 满足管理需求的日常会计核算体系 / 212

  8.2 设置财务分析需要的会计科目 / 213

    8.2.1 会计科目设置几级比较好 / 213

    8.2.2 学会用管理思维设置会计科目 / 217

  8.3 设置财务分析需要的辅助核算项 / 220

    8.3.1 用"部门"做辅助核算项是否合适 / 221

    8.3.2 与组织无关的辅助核算项 / 222

    8.3.3 资产负债表相关的辅助核算项 / 223

  8.4 会计科目与辅助核算项的关系 / 224

  8.5 生成财务分析报表的基础:编制管理会计分录 / 225

第9章 企业经营财务分析初阶:管理报告的编制 / 228

  9.1 构建并整合全公司范围财务分析报告的框架结构 / 231

    9.1.1 集团性企业管理报告的先进实践 / 232

    9.1.2 步骤一:规划内容和层级 / 235

    【案例 9-1】连锁零售集团管理报告体系的内容和层级的设计 / 237

    9.1.3 步骤二:识别数据需求与获取方法 / 243

    9.1.4 步骤三:设计模板 / 244

9.1.5 步骤四：试验性数据测试 / 245

9.1.6 步骤五：沟通与培训 / 245

9.2 管理报告的编制与展现 / 246

9.2.1 分析技术在报告编制中的应用 / 247

9.2.2 用电子表格设计管理报告编制模板的技巧 / 252

9.2.3 管理报告的展现和汇报演示 / 253

【案例 9-2】汽车制造工厂产品成本分析汇报的 PPT 制作 / 253

9.2.4 管理报告汇报演示材料的结构 / 256

【案例 9-3】零售集团管理报告的逻辑结构设计 / 256

9.3 数据管理与信息技术在管理报告中的作用 / 260

第10章 企业经营财务分析进阶：业务洞察与绩效评价 / 265

10.1 企业绩效管理体系概述 / 267

10.2 从展现企业经营绩效到推进企业绩效改进 / 271

10.2.1 运用滚动预测和差异分析洞察业务绩效 / 271

【案例 10-1】装备制造企业销售收入月度差异分析 / 272

【案例 10-2】零售集团月度管理报告演示资料节选 / 276

10.2.2 绩效改进计划与绩效反馈沟通 / 276

【案例 10-3】单一业务单元的财务分析与绩效反馈 / 279

10.3 企业内部多个业务单元的绩效评价 / 292

10.3.1 业绩计分卡 / 293

10.3.2 分部间业绩比较 / 295

【案例 10-4】连锁零售集团的业务分部间二维联动指标业绩比较 / 295

第11章 企业经营财务分析高阶：业务决策支持 / 302

11.1 决策相关信息的识别与收集 / 302

【案例 11-1】软件公司新产品的上市销售时机决策 / 303

11.2 特殊业务订单的承接决策分析 / 306
　　【案例 11-2】通信产品制造商一次性销售订单承接决策 / 306
11.3 零部件自制与外购的决策分析 / 310
　　【案例 11-3】自行车制造商自制与外购的多种组合方案选择 / 310
　　【案例 11-4】自行车制造商自制与外购的多种组合方案选择（续）/ 312
11.4 产品的定价决策分析 / 315
　　11.4.1 定价中的成本考量 / 316
　　11.4.2 产品的生命周期预算 / 320
　　【案例 11-5】记账软件产品的生命周期预算 / 321
　　11.4.3 定价决策中的其他因素 / 323
　　11.4.4 财务分析师在定价决策中的角色 / 324
11.5 产品、客户、业务分部的增减决策分析 / 325
　　11.5.1 生产能力约束下的产品组合决策分析 / 325
　　【案例 11-6】两种产品产量组合的线性规划求解 / 326
　　11.5.2 客户盈利能力与客户增减决策分析 / 329
　　【案例 11-7】家具厂商对其新旧客户的增减方案选择 / 329
　　11.5.3 分公司或部门增减决策分析 / 335
　　【案例 11-8】家具厂商对其不同分厂的增减方案选择 / 335
　　【案例 11-9】业务分部自建与外包的方案选择 / 340
11.6 决策分析在实务中面临的困难与挑战 / 346

结语　让财务分析工作变得更有趣 / 349

参考文献 / 352

PART
第一篇

财务分析要为谁做：
WHOM

第 1 章

企业财务分析体系概览

◎ **情景 1**

　　A 公司是一家电子产品制造企业,在国内有三个工厂分别支持华北、华南、华东地区子公司的销售。最近一年 A 公司得到上市的多元化集团 F 的投资,成为 F 集团的控股子公司。A 公司原来没有专门的财务分析部门和岗位,随着业务的发展扩张,财务总监王总接到了越来越多对公司财务和经营状况的询问,要求提供更全面多元的财务分析,原有的会计核算和出具法定财务报表的财务职能越来越不能满足这些询问需求,于是王总决定从会计部门抽调一名会计师小张专门负责财务分析工作。

王总：小张,这个月会计部门已经结完账了,你和下面三家子公司的财务经理一起做一份财务分析报告。

小张：您是让我将三家子公司的财务分析报告汇总成一份集团的报告,还是单做一份集团的?

王总：我不是和你说过吗,以前三家子公司的财务分析都是各搞各的,我们除了它们的财务报表,很多信息拿不到,把你抽调出来专门做财务分析专员,就是想让你站在集团的高度把子公司的财务分析工作整合起来。

小张： 可是我听子公司的财务经理说，他们每月做财务分析是应各自公司的需求做，现在总部做的财务分析报告是给谁看呢？

王总： 需要看的人多了，经营评审会上李总裁常问我各种经营数据，董事会上又会问 A3 工厂扩建项目的数据，还有 F 集团也不时向我要各种杂七杂八的分析数据，所以原来子公司自己搞的那套是不够的，你的工作不是简单地汇总。

小张： 这么多需求，我们怎么在一份分析报告上全都体现？或者我们是不是应该分别做？

王总： 这便是我要你来想和设计的，总之应该做得越全越好，这样才能满足所有需求。

小张： ……好吧。

焦点问题： 企业做财务分析是为谁做？受众的需求是什么？

1.1 什么是企业财务分析

企业财务分析是对企业的财务状况和经营成果进行评价，并对企业未来经济前景进行预测，进一步提出建议以提升财务状况和经营成果。

根据评价的范畴、深度和目的的不同，财务分析可以分为狭义和广义两种。

狭义财务分析即财务报表分析，以会计核算和报表资料为依据，对企业等经济组织过去和现在有关的筹资活动、投资活动、经营活动的绩效进行分析与评价。

广义财务分析在财务报表分析之外还包括大量财务经营分析，即借助企业经济活动所提供的资料，对企业各种资源的配备、使用情况和经济效益进行分析和评价，以不断寻求提高经济效益的途径。

1.2 广义财务分析和狭义财务分析的联系与区别

从图 1-1 中可以看出,狭义财务分析和广义财务分析均是对企业财务状况与经营成果的评价分析,然而二者的区别比较明显,由于使用者不同,二者依赖的信息也不同。狭义财务分析主要依据公司的财务报表和对外公开披露的财务信息,并不触及具体经营领域,所以只能展示企业宏观的财务与经营业绩。广义财务分析则需要以更深入、多元的业务运营信息来辅助分析。

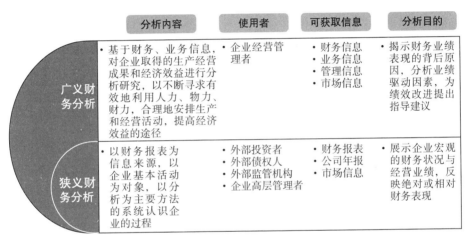

图 1-1 广义财务分析和狭义财务分析的联系与区别

因此,二者的本质区别体现在分析目的不同——狭义财务分析试图回答经营情况"是什么""怎么样",主要是对经营成果的评价,并试图根据过去的趋势预测未来的前景;广义财务分析相较于狭义财务分析更具有延伸性,它主要回答企业的经营成果"为什么会这样",并着重对"以后应该怎样做"提出具有增值性的建议。

1.3 财务分析的使用者及其关注领域

从图 1-1 可以看出,财务分析的使用者、使用者的需求导致了广义财务分析与狭义财务分析分析内容的不同。因此做企业财务分析首先要明确使用者，即分析报告的阅读对象。

狭义财务分析的使用者主要来自企业外部，如投资者和监管机构，目的是了解企业整体的财务健康状况，以做出正确的投资决策或监管政策调整，另外企业高层管理者也需要了解企业层面整体经营状况的财务表现。广义财务分析的使用者主要是企业内部的经营管理者，目的是探究业绩的驱动因素，识别待改进的机会，为未来改进业绩提供建议。目的的不同决定了他们关注的领域不同。

企业的管理者和外界评估机构关心的是企业整体经营业绩的财务表现。企业所有的经济活动和决策内容可被分为三类：衡量资源是否被合理地投入与配置（投资决策）；衡量是否有效使用这些资源（运营决策）；衡量是否采取适当的方式获取这些资源（融资决策）。这三种决策便是狭义财务分析使用者的目的。广义财务分析的目的是绩效评价，它并非衡量某项决策，而是以价值创造为理念，以财务分析为手段，评价该关键职责领域的绩效水平，如表 1-1 所示。

表 1-1　财务分析的使用者及其关注领域

	使用者	分析目的	关注领域	分析主体
狭义财务分析	外部投资者 外部债权人 外部监管机构 企业高层管理者	**运营决策** 衡量是否通过合理的日程操作决策有效利用资源，以最大化其运营过程中的盈利水平	获利性 资产使用效率	全公司层面
		投资决策 衡量是否通过战略规划、经济分析和有效管理来选择、实施和监督所有的投资活动	成长与发展 获利性	
		融资决策 衡量不同融资方案的成本和风险，选择最优方案实现成本最低的资本结构	偿付性 变现能力、流动性 财务资本结构	
广义财务分析	企业经营管理者	**绩效评价** 全面衡量企业具体职能领域和具体业务活动的业绩表现	具体职能领域的目标绩效	公司内多种业务单元 制造单位 利润中心 职能部门 特殊项目

◎ 情景 1　对话疑问的解答

1. 由于不同使用者的需求不同，不能期望以一份财务分析报告满足所有使用者的需求。
2. 看似"全面"的财务分析不能突出重点，使报告使用者无法直接、快捷地获取对自己决策有用的信息。
3. 小张的任务是区分控股公司 F 集团、公司总经理、财务总监王总、公司各业务部门经理、三家子公司的管理团队，分别准备不同的财务分析资料，设计不同的分析内容。
4. 原三家子公司的财务经理做的财务分析，更具备广义财务分析的意义，小张与王总要在区分使用者（F 集团、董事会、其他投资者）及其关注点后，确定是否依赖以企业会计准则为基础的财务报表做狭义财务分析。

PART
第二篇

财务分析要做什么：WHAT

第 2 章

企业财务分析指标

◎ **情景 2**

小张在明白了为不同受众编制不同的财务分析报告后,与王总沟通了自己的想法,他认为应该将财务分析指标与各部门的绩效考核和改进结合在一起。王总非常同意,并指出现在公司内的绩效考核是由人力资源部门牵头发起制定考核指标,各责任部门协同制定口径和目标值,并定期计算实际值并与目标对比。这看似合理,但王总一直觉得不对劲。

王总:你的想法很好,我一直在想,人力资源部门的绩效考核指标里很多应该由我们财务部门来设计、制定口径,取数和计算时也应该由我们来提供分析报表。可每次参加部门经营分析会我都发现,这些部门都在各自汇报业绩完成情况,跟财务不相关的比如市场份额方面的指标也就罢了,但有的指标明显与财务相关,我不知道他们的数据是怎么算的,他们曾向我们要过数据吗?

小张:我印象中有时会有部门打电话向会计要数据,但不确定是否他们制定的那些指标都经我们确认了。但在您让我负责财务分析后,我也看了一下经营分析会上各部门汇报的指标值,发现确实很多都跟我们的报表对不上。

王总： 好，那你跟人力资源部协调一下，了解那些涉及财务数据的指标是怎么算的，然后把你认为应该由我们来计算分析的指标列出来，我去和各部门总监讨论，这些财务类指标以后由我们来计算分析。

小张向人力资源部收集了所有部门负责计算考核指标的人员清单，开始了与各部门的初步沟通。最先询问的是销售支持部门的莉莉，她做的是与销售收入相关的分析指标。小张拨通了莉莉的电话。

小张： 莉莉，我想问你个事，你给你们经理做的在经营分析会上用的收入增长率的分析报表里，收入额的数据是我们财务部门的人给你的吗？

莉莉： 不用你们给啊，我们每天每个区域分公司、每名销售、每种产品都有销售日报，你们财务的报表一个月出一次，还得等个十天八天你们结完账才出数，那哪儿来得及啊？

小张： 那你们的销售额是什么口径啊？每天的报表数据从哪儿来的，总不能听销售代表说多少就是多少吧？

莉莉： 当然不是啦！我要看他们跟客户签的合同和实际发货记录与收款记录，只有客户传真过来银行回款单我才算收入。没有收款的我会单列，以发货数为准。

小张： 什么？以收款为准？可是收款是含税收入，我们财务对收入的确认可是不含增值税的。即使以发货为准，那单价也是含增值税的。

莉莉： 增值税？那只是你们财务交给税务局的钱，我们跟客户谈价格不会扣了税谈啊，再说这也只是企业客户，我们的门店零售部分是卖给消费者的，根本没有开增值税发票，我也不可能知道含多少税。

小张： 可是，我们会计报表上的收入都是不含增值税的，因为我们的采购成本也是抵扣了已支付的增值税的啊。

莉莉： 我不懂你们财务怎么算税，反正这跟我们销售无关，那是你们财务会计的处理，因为你们的报表要给税务局看，是往外报的，可我做的是内部管理报表，纯粹是为绩效考核用的，又不给税务局看，含不含税有什么关系啊。

小张：可你这么乱搞是不对的，不符合会计准则，这个数字报送前应该由我们审核确认……

莉莉：什么叫乱搞？我觉得，我们向客户收了多少钱就是为公司创造了多少业绩，要按你说的收入考核时都计算税，那销售人员的奖金是会受影响的。我都说了这是内部报表不给税务局看，你还较什么真儿啊？

小张：你……

那头的莉莉已经懒得啰唆地挂断了电话。

焦点问题：企业的财务部门该做哪些指标的分析？除了财务报表上的数字，到底什么是财务分析指标？

无论为谁做财务分析，起点都是确定分析什么。对于定量的分析方法而言，"指标"（indicator）这个统计学名词是最常见的衡量目标达成情况的工具。财务分析指标便是以货币量化形式衡量企业业绩目标达成情况的工具。本章将就企业财务分析的指标做概述介绍。

2.1 财务分析指标包括哪些

严格讲，财务分析指标包括两种：第一种指标用以衡量企业综合业绩表现是否达到目标，通常可以借助基于公认会计准则编制的财务报表进行定义和计算，例如资产回报率、流动比率等；第二种指标用以衡量企业不同经营领域或不同职能部门的业绩表现，这种指标不仅体现在计算过程或计算结果需要以货币量化形式表述，更重要的是计算中涉及需要符合公认会计准则的会计要素（如收入、成本、费用、利润、资产和负债等），或涉及需要符合通行管理会计计量原则的项目（如机会成本、变动成本、增量收入与增量成本、单位贡献毛益等）。

结合第1章提到的广义与狭义财务分析可以看出，第一种指标更多体现为狭义财务分析，第二种指标则在广义财务分析里应用得更多。

由于广义财务分析里的指标更能起到为企业绩效管理服务的作用，因此这些指标通常用来衡量企业的不同经营领域、不同职能部门、不同专项的业绩表现。每个指标都需要被分配绩效责任人（owner），以明确责任目标，这便使很多第二种财务分析指标具备了关键绩效指标（key performance indicator，KPI）的特征。企业财务分析人员要制定这类财务分析指标，需要先了解关键绩效指标体系及其制定原则。

2.2　关键绩效指标体系综述

企业绩效考核的方法之一是使用关键绩效指标，它们围绕关键成果领域选取。关键绩效指标有效益类、营运类和组织类之分，不是所有的关键绩效指标都是财务分析指标，如市场份额、客户满意率等是非财务类关键绩效指标，但依据上述第二种财务分析指标的定义，凡是计量中涉及财务会计与管理会计要素的关键绩效指标都属于财务类关键绩效指标，如成本降低率、人均收入等。

制定关键绩效指标应从企业的战略和愿景出发，关键绩效指标的制定过程是对那些为实现战略愿景的经营目标的分解，通过识别价值驱动因素将经营目标转化为一套综合平衡的、可量化计量的指标体系，然后对这些指标周期性设定目标值并进行考核，为企业战略目标的实现建立起可靠的执行基础。知名的企业绩效评价工具"平衡计分卡"（见图 2-1）也强调了这种"目标分解"的原则。

价值驱动因素是指影响战略执行和价值创造的可衡量因素，也是实现经营目标的成

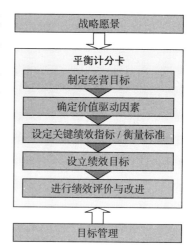

图 2-1　平衡计分卡体系

功要素，如技术、人才、市场等。具有强因果关系的价值驱动因素是经营目标与关键绩效指标之间的桥梁。通过梳理企业各部门的工作流程和岗位职责，进一步将公司层面的关键绩效指标分解到岗位业绩指标，从而有效

地将企业经营目标与员工个人行为联系起来,这便是**"目标管理"(MBO)的企业管理哲学**。

图 2-2 是一家快速消费品企业将具体经营目标"销售"分解并制定公司级关键绩效指标和岗位绩效指标的示例。

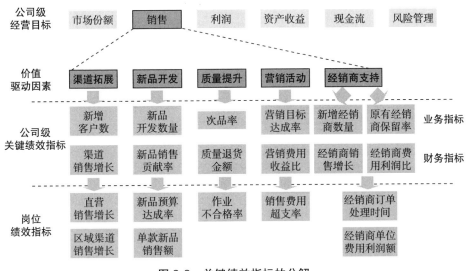

图 2-2　关键绩效指标的分解

需要强调的是,有效的关键绩效指标管理分析体系需要各个业务部门的通力支持与合作,在制定、修改关键绩效指标后,需要设定目标并签订绩效合同或经营责任书,制订绩效审核行动计划,确定绩效评估与薪酬挂钩。制定关键绩效指标仅仅是此过程的起点。

2.3　财务关键绩效指标的制定方法与原则

根据关键绩效指标的分解制定原则,其中的财务指标应为企业战略目标中的财务目标,例如与收入、成长、盈利、现金流以及公司价值有关的指标。

制定财务关键绩效指标需要根据第 1 章提到的财务分析的使用者(外部投资者、监管机构、企业高管、企业业务部门经理等),明确使用者关注的财务绩效领域,如投资回报、盈利性、收入、成本、某项特殊费用或支出等，这些领域是财务关键绩效指标的来源。然后识别这些关注领域的价值驱动因素，最终分别为这些领域将目标分解为财务关键绩效指标。关键绩效指标的制定方法如图2-3所示。

在识别使用者关注的财务业绩领域过程中，还需要参考一些资料，例如外部监管机构的法律法规、外部投资者的行业研究报告、同行业内可比企业公开披露的财务报告、企业内部绩效管理与考核激励方案、企业内部责任中心分类及企业内不同组织部门的责任中心界定。

在制定财务关键绩效指标过程中，需要注意避免以下几点。

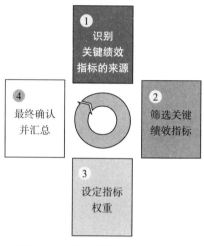

图 2-3　关键绩效指标的制定方法

1. 避免体现单一领域的财务业绩

在实际经营管理过程中，很多企业由于在不同期间有不同的战略重点，因此造成管理者容易在追求某一领域的业绩时忽略其他方面的业绩表现，导致企业未来利益受损或不能可持续发展。例如，当主要战略目标是规模扩张时，很多企业的措施是收购、并购和增加新业务新产品开发的资源投入。在这种扩张过程中，许多公司为收购付出了过高代价，破坏了自身价值。虽然增长是公司保持业绩的一个要素，但还有一个关键要素是良好的投资回报率，特别是在面临市场或行业日趋成熟、增长率降低甚至出现负增长的宏观经济环境时，对公司健康的管理更多是考虑如何获得持续的回报。另外一个例子是追求净利润带来的弊端，一些企业会计利润数据良好，但没有注意流动资金特别是现金流量的管理，不恰当的信用政策和付款期条款造成经营活动产生利润却没有产生充沛的现金。

因此，正如知名绩效管理工具"平衡计分卡"强调的"平衡"一样，财务关键绩效指标的制定也应从多角度、多领域评价财务业绩。不论是狭义财务分析还是广义财务分析，财务分析指标的选择都应体现"全面"的原则。

2. 避免只关注短期业绩

对于企业来说，利润数据良好、股价上涨，这些现象尽管美好，但并不能表明企业的基本面健康与否，即企业是否能够维持现有业绩并在未来开拓能够盈利的业务。另外，不是所有的长期策略都能很快产生短期的财务盈利，例如新产品研发和某些工厂扩建增容的项目。所以，需要评估企业业绩的可持续性，以衡量其创造的实际业绩和潜在能力。此外，这种评估方式还有助于企业管理层平衡短期与长期价值创造，有助于董事会成员和投资者确定管理层的政策与公司股价是否正确。

3. 避免复杂和不易达成一致的计算口径

这一点主要是针对企业内部的广义财务分析，特别是当财务指标的结果值影响不同业务部门的绩效考核与激励时尤为重要。要想使财务分析最终起到支持绩效管理与改进的作用，获得被衡量业绩的责任人认同是关键。在对企业深层次、分领域的经营业绩进行财务分析时，常常出现业务部门无法理解指标计算公式的现象，例如计算公式中涉及摊销、预提等业务部门不了解的会计概念，又例如情景 2 中财务分析师小张与销售支持部门的莉莉对于销售收入是否含增值税的理解差异，都说明了清晰定义指标计算口径并在企业内部达成共识的重要性。

4. 避免高昂的数据获取成本

在设计和制定财务关键绩效指标时，需要考虑易于获取收集数据，特别是信息化管理程度低的企业。财务关键绩效指标的计算常涉及财务报表之外的深层数据，还包括业务经营数据。常见的如部门人均费用，需要统计不同部门的人数这个非财务数据。财务关键绩效指标中涉及这类非财务数据越多，统计成本就越高。信息化管理程度高的企业，如实施了全套 ERP（企业资源计划）系统组件的企业，需要考虑数据统计和采集是否需要变更 ERP 系统功能，或者开发改进外挂业务信息应用软件的功能，这些开发和变更系统功能的投入也是数据获取成本。尽管自动化、信息化已成为现代企业管理的特点，但作为财务分析人员，在设计指标时仍要考虑成本与效益的平衡。

　　5.避免指标没有责任人或责任人对指标执行结果不可控

　　在企业内部以绩效考核为导向的财务分析中，常出现一种"共担指标"，即多个业务职能和支持性职能共同对某指标负责，最终便易出现没有实质负责部门（人）对指标执行结果负责的情况。另一种更常见的情况是，由于缺乏责任中心的明确定位，使关键绩效指标的负责人实质对指标的执行不可控，从而承担了超出责任范围的指标，例如负责制造生产的工厂无法控制销售活动，没有销售定价和市场促销活动的决策权，却被考核营业利润。在设计财务关键绩效指标时，必须考虑责任可控性。

　　总之，财务关键绩效指标的制定应与其他关键绩效指标一样，需要遵循SMART原则。

　　S（specific）：代表具体，针对特定的工作指标，不能含糊笼统。

　　M（measurable）：代表可度量，指标必须是可量化的，验证这些指标的信息是可获取的。

　　A（attainable）：代表可实现，指标在责任人付出努力的情况下可实现，不过高也不过低。

　　R（realistic）：代表现实性，指标可证明和观察。

　　T（time-bound）：代表时限，指标的完成有特定期限。

2.4　什么是分析维度

　　财务分析中常出现一个词——"维度"（dimension）。这原本是数学词汇，代表独立参数的数目。在物理学和哲学的领域内，维度指独立的时空坐标的数目。在企业数据管理方面，分析维度表现为对同一分析对象的不同表述角度。例如在情景2中，销售支持部门的莉莉提到"每个区域分公司、每名销售（员）、每种产品都有销售日报"，"销售日报"中的"销售"即需要分析的同一对象，如销售量和销售收入，区域分公司、销售员、产品分别是表述销售量或销售收入的三个不同维度。

维度不等同于指标，一个财务分析指标（如毛利）会对应多个分析维度。财务分析中的盈利性分析是最需要用到不同维度的，例如分析销售毛利，常见的维度有分产品毛利、分客户毛利、分区域毛利、分市场毛利、分部门或销售组毛利。为某些重要的财务分析指标设计符合受众需求和关注点的多个维度，是对该指标总额（量）的深度挖掘，以便更深入地解读企业在某方面的业绩表现，并利于寻找业绩优异或不良的原因。

需要注意的是，**同一分析对象的维度越多，数据统计和收集的成本越高。**如果采用信息技术来管理维度，维度越多，信息系统的负荷越大，在同样的运行约束下系统的运行效率会越低。另外，财务分析人员需要注意的是，维度选取得越多，涉及的"分摊"工作越多，当某种会计要素的计量无法直接归集到维度时，需要确定某种方法分摊。典型的例子是，当存在某项费用由两个以上部门共担和某部门统一付款结算时，如果要分部门分析该项费用，便需要确定一种分摊方法，而这可能涉及更多的数据采集来确定分摊因数的数量。例如，若确定人数是分摊各部门共担费用的因数，那么需要投入更多人力统计收集不同部门的人数。对于企业财务分析人员来说，**以成本效益相平衡的原则，设计"恰当"数目的分析维度，至关重要。**

◎ 情景 2　对话疑问的解答

1. 凡是在计量中涉及需要符合公认会计准则的会计要素，或涉及需要符合通行的管理会计计量原则的项目均属于财务分析指标。
2. 在企业业绩评价考核过程中，财务分析指标计算口径的定义需要得到财务分析人员的专业性确认和接受，且与相对应的负责部门进行有效沟通并达成一致。
3. 在现代企业财务职能转型的需求下，作为数据驱动、有方法论支撑的管理方式的忠实执行者，CFO 应负责发起对企业绩效评价体系的建立、内部沟通、推进实施并持续完善。
4. 科学有效的企业绩效评价体系的关键不在于分析指标本身，而在于企业内部的绩效沟通。

第 3 章

企业综合绩效的财务分析指标

◎ 情景 3

A 公司上年度财务决算工作已结束,财务总监王总被总裁要求准备董事会上关于财务决算回顾议题的汇报。于是王总又找到小张。

王总: 小张,过两周要开董事会了,我们要准备上年度财务决算的分析报告。我想了一下,例行的三张报表的分析肯定是要做的,但我感觉我们还应该在最后突出展现几个关键财务指标,能反映上年度公司综合绩效。

小张: 这在以前我们提供给董事会的财务分析报告里也有啊,而且内容很多,资料很丰富。

王总: 我知道,但问题就在这里,有一次我听一个执行董事说我们的指标选得太多,显得没有重点,这就是我找你的原因。你能不能精简一下,进一步筛出一些关键的指标。

小张: 可是再怎么说不也都是财务报表分析书上讲的那些盈利能力、营运能力、偿债能力之类的吗,要不就只能参考杜邦分析法,但只用一个净资产收益率指标会不会太单薄啊?

王总：我不是说让你改用杜邦分析法，别的公司和行业用的东西不一定适合我们自己。李总裁今天也跟我提起这个事，说我们汇报时讲的指标太多，而且有的技术性太强，没有财务知识的人不大懂那些指标的具体含义，反映了什么方面的业绩成果，所以这次让我们改进一下，主要是建立一个财务分析指标的框架，而不是像以前一样罗列一堆指标上去，还让我们把选择这些指标的原因表述清楚，而且要删掉一些含义雷同的指标。

小张：哦……那我想想吧。我可能要再研究一些财务报表分析的文献了，看能不能总结出什么共性。

焦点问题：针对企业最高决策层和外部投资者，如何运用财务决算报表信息设计和选择能够综合评价企业绩效的财务分析指标？

综合评价企业绩效的财务分析主要服务于外部投资者和企业最高决策者。第 2 章曾提到财务分析指标的设计应避免体现单一领域的财务业绩，所以用以评价企业整体绩效的财务分析指标都应全面反映企业运营、投资、融资三种业务活动的绩效结果。能够综合反映三种业务活动的财务业绩评价体系的关键在于**定义受众**（即外部投资者和企业最高决策团队）**的关注领域**。最终具体分析指标的选取也是围绕这些关注领域来识别筛选的。

3.1 反映企业综合绩效的财务分析基本框架

从很多财务报表分析的理论文献与企业实践中都可以看出，几乎所有财务报表分析的关注领域都集中在如下六大方面。

（1）**获利性**：在同等业务量和营业收入水平下，降低成本以产生更多利润的能力，亦即最大化利润表的最终行项（bottom line）"净利润"的能力。

（2）**资产使用效率**：在同等资源占用和生产能力（资产规模）下，取得更高业务量或营业收入抑或现金流入的能力，亦即最大化利润表的第一行项（top line）"营业收入"，或最大化经营利润变现速度的能力。

（3）**流动性**：现金是否足够充足以支付日常运营的支出，以及流动负债是否可由足够的流动资产来偿还，亦即评价企业的短期偿债能力。

（4）**偿付性**：企业是否可以偿还长期负债，持续经营假设是否存在以及是否存在破产的可能性，亦即评价企业的长期偿债能力。

（5）**财务结构**：资本中不同股权与债权的比例，不同比例下的财务杠杆作用及对利润的影响。

（6）**经营增长**：企业在长期发展中业务量规模的扩张程度，资源投入的增加程度，以及所带来的收入和盈利的增长幅度。

通过对这六大关注领域的本质和宗旨的逐一分析可以看出，获利性和资产使用效率关注与评价的结果都是利润，旨在管理盈利的渠道和过程。尽管很多报表分析文献中将资产使用效率列为企业营运能力，但资产使用效率本质是为了驱动盈利，这两个领域业绩优异则意味着企业通过经营管理获取收益的能力强，因此获利性和资产使用效率本质趋同，可视为盈利能力的两个维度的表现。流动性、偿付性、财务结构方面的业绩更多关注资产负债表，强调企业的偿债能力，以及对有息债务带来的财务风险的控制。因此这三个评价维度都在反映企业的财务风险控制能力。最后一个关注领域经营增长主要强调企业的可持续性的长期发展，要求企业包括业务量规模、利润水平和资本规模都保持可持续增长，是成长能力的体现。

综上所述，盈利能力、财务风险控制能力和成长能力这三个关键能力成为构建企业综合绩效评价体系的基本框架，如图 3-1 所示。选取的财务分析指标也必须能够体现这三个关键能力。

反映这三个关键能力和六大关注领域的指标很多，由于需要综合、全面评价企业绩效，所以设计本企业适用的财务分析指标时要注意**重视质量而非数量**，目的是使每个指标都能发挥其独有的、其他指标不可替代的价值。很多传统财务报表分析的理论文献都只介绍了盈利能力、偿债能力、成长能力等方面的具体指标，但在企业财务分析实务中，应注意考虑本企业自身运营特点，先制定财务分析指标的选取方法和标准，并详细阐述筛选指标的过程，充分考虑选与不选的理由。下面我们以情景 3 中 A 公司的小张即将制作的董事会财务决算分析报告为例，介绍如何选取财务报表分析指标。

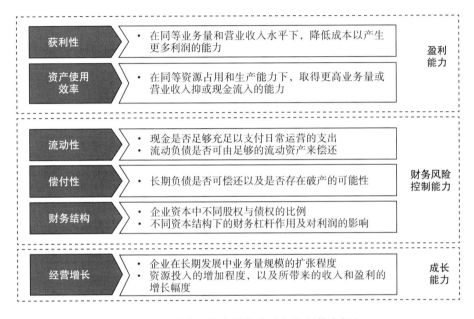

图 3-1　反映企业综合绩效的财务分析基本框架

图 3-2 展现了财务报表分析指标选取的过程。首先确定盈利能力、财务风险控制能力和成长能力中每一种能力的关注点，目的是根据不同角度的关注点来寻找或设计可反映这种关注点的财务分析指标。然后参考国内外不同财务分析学科文献确定待选财务分析指标库，按照每一种关键能力的关注点对其进行分类匹配，并根据一定标准筛选最终确定本企业适用的财务分析指标。

对于上市公司来说，选择财务分析指标还可以参考同行业可比公司公开的财务报告中对投资者披露的指标。这些指标中的财务类指标也可以用于本公司，作为在同行业内横向比较业绩水平的标准。

图 3-2 中的"指标筛选"需要考虑以下几个标准。

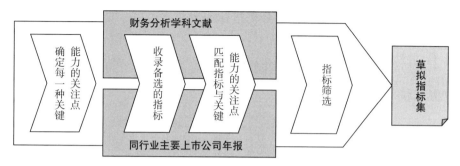

图 3-2　财务报表分析指标选取的过程

（1）**通用性**：该指标被多数企业使用，这一点对于上市公司尤为重要。

（2）**避免重复**：在目标与本质趋同的多个指标间选择最综合的、最体现本行业本公司特点的，放弃其他变异体指标。

（3）**修正作用**：如果被选取的某个指标具有局限性，则根据上述每一种关键能力的关注点选择另一个指标来进行补充。

（4）**符合本公司的实际运营特点**：例如，如果情景 3 中的 A 公司对外部的实体投资并购并不是主要盈利和增长渠道，那么可以不考虑那些反映对外投资效益的指标。

在挖掘三种关键能力的关注点的过程中，可以从以下三个角度将现有的财务分析指标进行归纳匹配。

- **反映总体水平**：该类指标旨在体现盈利水平、成长幅度和财务风险，反映财务业绩的数量。
- **更具分析意义**：该类指标体现对总体水平即数量型指标的补充或修正，强调财务业绩的质量。
- **揭示驱动因素**：该类指标反映盈利水平和成长幅度的驱动因素，强调财务业绩的原因。

以下将基于上述三个角度分别介绍评价盈利能力、财务风险控制能力和成长能力的关键点以及选取的财务分析指标。

3.2 评价盈利能力的财务分析指标

盈利能力是一个企业生存发展中最基本的能力,理论界和实务界就如何对其进行评价均有深入的研究和探讨,各类指标也层出不穷。这些评价盈利能力的财务分析指标可以与前面讲述的反映总体水平、更具分析意义和揭示驱动因素这三个角度相匹配。

3.2.1 反映盈利总体水平

反映企业总体盈利水平的指标可分为利润占比和收益率两类。

(1) **利润占比**:考察企业的收入中有多大比例可以最终转化为利润,这是企业销售商品、提供服务的增值能力的直接体现。反映利润占比指标的一个常见特点是分子和分母均为利润表项目(见表 3-1)。

表 3-1 利润占比类财务分析指标

指标名称	计算公式	指标含义解析
销售净利率	$\dfrac{\text{净利润}}{\text{销售收入}}$	概括了企业经营的全部成果,用以衡量企业销售收入产生收益的水平,表明企业销售收入扣减掉所有成本费用和非经营损益后,可以形成利润的比例
主营业务利润率	$\dfrac{\text{主营业务利润}}{\text{主营业务收入净额}}$	反映企业主营业务经营成果,衡量主营业务的收入转化为利润的水平
成本费用利润率	$\dfrac{\text{营业利润}}{\text{成本费用总额}}$	表明每付出一元成本费用可获得多少利润,体现了经营耗费所带来的经营成果
营业利润率	$\dfrac{\text{营业利润}}{\text{营业收入}}$	反映企业整体经营业务收入转化为利润的能力
销售毛利率	$\dfrac{\text{销售毛利}}{\text{销售收入}}$	表示每一元销售收入扣除销售成本后,可以用于支付期间费用和形成盈利的比例

下面根据通用性和避免重复的原则,对这些利润占比类指标进行筛选和删减。

首先,销售净利率中的销售收入仅由运营活动产生,而净利润包括了非经营性因素及投资收益和融资成本的影响,与销售收入比较没有太大意义。作为同样衡量利润占收入的比重的指标,营业利润率中的利润和收入同为经营性所得，比销售净利率更能突出企业经营活动的成果。同样，成本费用利润率和营业利润率性质相同，成本费用总额是由营业收入扣除营业利润所得，从营业利润率已可分析得出成本费用利润率，故不必重复选取。

其次，主营业务利润率是对营业利润率的进一步细分，衡量主营业务在经营中的比重，尽管这个指标在内部分析时很有意义，但在董事会经营业绩汇报中无须展现得如此详细，且主营业务与其他业务的划分虽体现出会计意义，但不利于非财务人员理解分辨。

最后，销售毛利率是被众多行业特别是制造业企业使用的关键财务分析指标，应该沿用。

因此，在利润占比指标中，A公司可选择**营业利润率和销售毛利率**两项。

（2）**收益率**：企业盈利是对投资活动的经济回报，因此将获得的盈利与投入的资本进行比较，了解企业对这些资源投入的产出效应。反映收益率的指标的一个常见特点是**分子为利润表项目，分母为资产负债表项目**（见表3-2）。

表3-2 收益率类财务分析指标

指标名称	计算公式	指标含义解析
净资产收益率	$\dfrac{\text{净利润}}{\text{平均净资产}}$	反映股东权益的收益水平，衡量公司对股东投入资本的利用效率
总资产报酬率	$\dfrac{\text{利润总额} + \text{利息支出}}{\text{平均资产总额}}$	表示企业包括净资产和负债在内的全部资产的总体获利能力，用以评价企业运用全部资产的总体获利能力
内部资产收益率	$\dfrac{\text{营业利润}}{\text{资产总额} - \text{长期投资}}$	反映企业自己控制的经营业务的盈利能力
对外投资收益率	$\dfrac{\text{当期投资收益}}{\text{对外长期投资总额}}$	反映企业对外投资业务的盈利能力
投入资本回报率	$\dfrac{\text{税后利润} + \text{利息费用}}{\text{净资产} + \text{有息负债}}$	衡量投入运营的有偿资金的使用效果（剔除无收益回报的闲置流动资金）
每股盈余	$\dfrac{\text{净利润} - \text{优先股股利}}{\text{已发行的普通股数目}}$	反映上市企业单位资本获利能力

在收益率类的财务分析指标中，适合 A 公司的是**净资产收益率**（ROE）**和投入资本回报率**（ROIC）两项，理由有如下三个方面。

首先，净资产收益率和总资产报酬率（ROA）都是较为综合的指标，但净资产收益率从所有者的角度衡量企业盈利水平，更全面地展示企业收益来源，同时对于向董事会汇报而言，从股东角度出发的净资产收益率显然比总资产报酬率更有意义。

其次，投入资本回报率剔除了企业营运资金融资决策造成的影响，计算投入资本时不仅考虑了财务杠杆和资本结构（即考虑了债权资本），而且扣除了无收益回报的闲置流动资金（即无息流动负债和剩余现金），直观展示投入增值活动资本的收益能力与企业的价值创造能力。

最后，根据"符合本公司的实际运营特点"的指标筛选标准，由于 A 公司目前并不依靠对外实体投资并购实现盈利，长期投资余额非常小，无须将这部分投资收益进行单独分析，因此摒弃内部资产收益率与对外投资收益率两项指标。另外，A 公司不是上市公司，故每股盈余这项指标也不适用。

3.2.2 展示更具分析意义的盈利

在展示更具分析意义的盈利的层面，**盈余质量**是一个重要的考虑要素。在指标筛选的标准中，盈余质量指标相对反映盈利水平的指标来说具有"修正作用"（见表 3-3）。盈余质量可以体现为以下三种。

（1）**剔除非经营因素**：净利润虽然可以体现企业的总体盈利水平，但并不是最具意义的盈利，因为其中掺杂了很多非经营因素，如意外事件导致的营业外收支，以及债务重组、变卖资产与实体企业产生的净损益。这些项目都是非常规的一次性事项，如果净利润中这些非经营性损益的贡献较大，则证明企业的核心竞争力不强。

（2）**修正会计处理对利润的扭曲**：权责发生制原则要求会计分期计量，这便使折旧、摊销及准备金计提等非付现成本的不同处理方法对会计利润有不同的影响，使利润不可避免地有人为操纵的成

表 3-3　反映盈余质量的财务分析指标

指标名称	计算公式	指标含义解析
息税前利润	净利润＋支付的利息费用＋支付的所得税	反映剔除债权资本成本和所得税政策的影响后企业的盈利能力
息税折旧及摊销前利润	净利润＋支付的利息费用＋支付的所得税＋折旧费用＋摊销费用	反映剔除债权资本成本和所得税政策的影响后，不考虑折旧与摊销计提等会计处理方法影响的情况下企业的盈利能力
税后经营净利润	净利润＋（利息支出＋研究开发费用调整项－非经常性收益调整项×50%）×（1-25%）	采用国资委《中央企业负责人经营业绩考核暂行办法》中的计算公式，考虑剔除债权资本成本、研发费用与部分非经常性收益影响后企业的盈利能力
盈余现金保障倍数	经营活动现金净流量 / 净利润	反映了企业当期净利润在经营活动中的收现能力，其倍数越高，盈余的质量越高
经营活动现金净流量与主营业务收入的比率	经营活动现金净流量 / 主营业务收入	表示每一元主营业务收入能形成的经营活动现金净流入，反映企业主营业务的收现能力，该值越大，盈余质量越高
经营活动现金净流量与营业利润的比率	经营活动现金净流量 / 营业利润	反映企业从经营活动中获得的利润能以现金形式收回的比例，比例越高，营业利润质量越高
投资活动现金净流量与投资收益的比率	投资活动现金净流量 / 投资收益	反映企业从投资活动中获得的收益能以现金形式收回的比例，比例越高，投资收益质量越高
现金净流量与净利润的比率	现金净流量 / 净利润	反映企业包括经营活动、投资活动和筹资活动在内的整体运营产生的利润以现金形式收回的能力，比率越高则利润质量越高

分。一些曾被认为"优质"的上市公司纷纷破产使近年来学术界兴起了将会计利润还原为现金收益的做法。

（3）**综合价值评估**：传统的财务分析方法局限于利用会计调整的方法还原利润，而近年来学术界在研究价值管理的过程中强调考虑非会计交易的外部经济因素对盈利水平的影响，如考虑股权融资成本、通货膨胀与投资年限等。由于此类指标调整项目需要引入无法从财务报表中直接获取的外部经济数据，故需要考虑信息获取成本，以及需要严格定义如通货膨胀影响、内部收益率的计算方法。

对于前三项指标，首选**息税前利润**（EBIT），不仅因为它的通用性强，而且它剔除了资本结构（债权资本成本）与所得税政策差异的影响，能更准确地比较不同期间盈利能力的大小。税后经营净利润（NOPAT）的计算公式中的调整项很多，获取数据不易，操作性不强，并且调整项选择存在主观性，不同企业会选择不同的调整项，因此与外部数据可比性低。对于息税折旧及摊销前利润（EBITDA），可选取现金净流量与净利润的比率这一指标代替，后者更能彻底调整非现金活动对利润的影响和反映利润的质量。

在后五项指标中，即在盈余现金保障倍数、经营活动现金净流量与主营业务收入的比率、经营活动现金净流量与营业利润的比率、投资活动现金净流量与投资收益的比率、现金净流量与净利润的比率中，**现金净流量与净利润的比率**更好，因为这五项指标都旨在将各种口径下的会计利润与相应的现金流量进行比较，以衡量其质量，因此具有一定的同质性，但另四项或多或少存在分子、分母范围匹配不严谨的情况。例如，盈余现金保障倍数的分母净利润包括非经营活动产生的收益，与分子经营活动现金净流量不匹配；投资活动现金净流量包括固定资产投资，但投资收益来自长期股权投资与金融资产投资，这类收益并非由固定资产驱动，这两者同样匹配不严谨；对于另两项经营活动现金净流量相关的比率，虽然它们是衡量经营利润的收现能力的，但考虑到在前面利润占比类指标中已选择了营业利润率，故这里不重复选取。

3.2.3 揭示驱动盈利的因素

揭示驱动盈利因素的财务分析指标通过挖掘什么原因导致了利润水平的高低，来帮助管理者不仅知其然更知其所以然（见表 3-4）。例如，分析成本的构成和盈亏平衡点，按业务条线分析毛利率，按流程活动分析支出比例，按资产项目分析周转效率等。因此这类指标更需要借助第 1 章中提到的广义财务分析，故更常出现在经营财务分析报告中。

在表 3-4 的指标中，前四项指标均需要分析成本性态，即区分固定成本与变动成本，而目前 A 公司尚未在全公司范围内明确统一固定成本与变动成本的分类和项目，且在实践中有些成本费用项的成本性态介于固定和变动之间，属于混合成本，在实际会计核算和报表层面也不易做此区分，故可不列入本次财务分析指标体系内。(关于成本性态与盈亏平衡点的内容，将在第4章"利润中心业务单元的财务分析指标"中另行讲述。)

表 3-4 揭示驱动盈利因素的财务分析指标

指标名称	计算公式	指标含义解析
盈亏平衡点产量	$\dfrac{\text{固定费用总额}}{\text{单位产品销售收入}-\text{单位产品变动成本}}$	在以产定销的情况下分析企业达到盈亏平衡所需完成的产出任务
盈亏平衡点销售额	$\dfrac{\text{固定费用总额}}{1-\dfrac{\text{单位变动成本}}{\text{单位销售价格}}}$	在销售量不确定的情况下，需要达到盈亏平衡必须完成的销售收入目标
安全边际 安全边际率	安全边际 = 现有销量 − 盈亏平衡点销量 安全边际率 = $\dfrac{\text{安全边际}}{\text{现有销量}}$	反映企业实际销量与盈亏平衡状况的差额，表明销售量下降多少企业仍不致亏损
经营杠杆系数	$\dfrac{\text{销售收入}-\text{变动成本}}{\text{销售收入}-\text{变动成本}-\text{固定成本}}$	反映由于固定成本的存在使利润的变动比营业收入额的变动幅度大，形成经营杠杆，杠杆系数越大，经营风险越高
应收账款周转率	$\dfrac{\text{赊销收入净额}}{\text{平均应收账款余额}}$	一定期间内公司应收账款转化为现金的平均次数，衡量企业收回应收账款的平均速度，应收账款周转率越高，表明企业收入变现越快
存货周转率	$\dfrac{\text{销货成本}^{①}}{\text{平均存货余额}}$	一定期间内公司存货流入与流出的平均速度，衡量企业存货管理的水平，存货周转率越高，表明企业存货资产转化为收入的能力越强
总资产周转率	$\dfrac{\text{销售收入}}{\text{平均总资产}}$	考察企业资产运营效率的一项重要指标，体现了企业经营期间全部资产从投入到产出的流转速度，反映了企业全部资产的管理质量和利用效率

① 业内也称销售成本。

后三项指标都属于资产使用效率类指标，是反映驱动盈利因素的一类指标，它们的值越大，表明等量的资本投入(资产规模)产生的收入越多或经营现金流越大，即对利润贡献越大。相对前四项指标，这三项指标的计算数据更容易从财务报表中直接获取，同时在与外部其他公司比较时也具备通用性和可比性。考虑到精简指标的需要，A公司可选择**应收账款周转率与总资产周转率**，前者反映了资产利用效率对经营现金净流量的贡献程度，后者反映了资产利用效率对收入的贡献程度。尽管存货周转率也是资产使用效率中重要的部分，但在对董事会汇报综合业绩表现时仅需要反映总资产利用效率，待公司内部不同组织单元进行经营财务分析时再深入分析存货周转率。关于应收账款与存货效率的分析将在第 4 章与第 5 章的经营财务分析中具体讲述。

综上所述，可衡量 A 公司盈利能力的分析指标如表 3-5 所示。

表 3-5　衡量盈利能力的财务分析指标

指标名称	关注角度	指标类型
营业利润率	盈利总体水平（盈利数量）	利润占比
销售毛利率	盈利总体水平（盈利数量）	利润占比
净资产收益率	盈利总体水平（盈利数量）	收益率
投入资本回报率	盈利总体水平（盈利数量）	收益率
息税前利润	更具分析意义的盈利（盈余质量）	修正会计利润
现金净流量与净利润的比率	更具分析意义的盈利（盈余质量）	修正会计利润
应收账款周转率	揭示驱动盈利的因素	经营财务分析
总资产周转率	揭示驱动盈利的因素	经营财务分析

3.3　评价财务风险控制能力的财务分析指标

广义的财务风险是指企业在各项财务活动中，由于各种难以预料和无法控制的因素，使企业在一定时期、一定范围内所获取的最终财务成果与预期的经营目标发生偏差，从而形成的使企业蒙受经济损失或获得更大收益的可能性。由于企业的财务活动贯穿于生产经营的整个过程，故生产运营、筹措资金、投资活动都可能产生财务风险。但根据本章前面总结的六大关注领域（见图 3-1），由流动性、偿付性和财务结构引发的财务风险是指筹资活动产生的风险，即资本结构不合理或融资方式不当造成的无法偿债或预期收益下降，而不包括运营活动产生的经营风险。

评价财务风险控制能力主要关注偿债能力。其中偿债能力又分为短期偿债能力和长期偿债能力，以下将分别阐述选择短期偿债能力与长期偿债能力指标时的考虑要素和可供选择的评价指标。

3.3.1 短期偿债能力

短期偿债能力指企业以流动资产偿还流动负债的能力，它反映企业偿付日常到期债务的能力。短期偿债能力的重要性在于，如果企业的短期偿债能力发生问题，会迫使企业管理者进行新的短期融资来应付到期债务，临时筹资的难度非常大，而且增加了不必要的筹资成本，对盈利产生了负面影响。短期偿债能力根本上体现了运营资金的流动性，流动性的高低反映了企业流动资金管理策略的稳健程度。表 3-6 中是短期偿债能力的财务分析指标。

表 3-6 反映短期偿债能力的财务分析指标

指标名称	计算公式	指标含义解析
已获利息保障倍数	$\dfrac{税前利润+利息费用}{利息费用}$	衡量企业在一定盈利水平下支付债务利息的能力
流动比率	$\dfrac{流动资产}{流动负债}$	衡量企业流动资产在短期债务到期以前，可以变为现金用于偿还负债的能力
速动比率	$\dfrac{流动资产-存货}{流动负债}$	衡量企业流动资产可以立即变现用于偿还流动负债的能力，将变现能力较差的存货从流动资产中剔除，因此比流动比率更加保守
保守速动比率	$\dfrac{现金+短期证券+应收票据+应收账款净额}{流动负债}$	将流动性最强的流动资产与流动负债进行比较，相对速动比率更保守地评价企业变现能力的大小和偿债能力的大小
营运资本	流动资产 − 流动负债	表示流动资产偿还流动负债后剩下的部分，营运资本越多，证明企业越有能力偿还短期债务
现金利息保障倍数	$\dfrac{经营现金净流量+现金税费支出}{现金利息支出}$	反映税前经营现金净流量对需要现金支付的利息费用的保障程度
现金流动负债比率	$\dfrac{经营现金净流量}{流动负债}$	衡量企业用经营活动收到的现金支付流动负债的能力

在表 3-6 所列的短期偿债能力指标中，**流动比率**、**现金利息保障倍数**两项更适合 A 公司的这次董事会汇报使用。

首先，对于已获利息保障倍数，利息并非由会计利润本身支付，而是由现金支付，此指标并不能反映企业是否有足够现金支付利息费用，因此可用现金利息保障倍数来代替。另一个从现金流量角度评价企业短期偿付性的指标现金流动负债比率，计算公式中的经营现金净流量是过去一个会计年度的经营结果，而流动负债为某一时点的存量数据，是未来一个会计年度需要偿还的债务，二者会计期间不同，这个指标是建立在以过去一年的现金流量来估计未来一年的现金流量的假设基础之上的，有一定局限性。

其次，在四项反映流动性的指标——流动比率、速动比率、保守速动比率、营运资本中，营运资本属于总额指标，含义与流动比率相同，而流动比率为比率指标，更易于分析。对于流动比率、速动比率、保守速动比率的比较选择，流动比率最通用，计算最简单；保守速动比率能最保守地反映流动性；速动比率在三者居中，评价作用最不明显。但保守速动比率需要对流动资产逐项分析，过于复杂，且在外部同行业公司中少有使用，通用性不强，不如流动比率方便对比。

3.3.2 长期偿债能力

长期偿债能力指企业对债务总额特别是长期债务的偿付能力。若企业长期偿债能力发生问题，会影响企业从股东或债权人获取资金的信用，如果信用低，股东和债权人会提高风险报酬率，从而提高企业的融资难度和融资成本。当长期偿债能力恶化时，企业将面临资不抵债和破产清算的威胁。

表 3-7 所列的四项评价长期偿债能力的指标中，A 公司可以选择**资产负债率和财务杠杆系数**。资产负债率是反映企业资本结构与长期偿债能力的通用指标，可比性强。此外，财务杠杆系数除了反映财务结构外，还能直观反映固定融资成本对企业收益和财务风险的影响。带息负债比率未量化实际偿债压力，忽略了无息负债对企业的影响，而无息负债也需要到期还本，这个指标对衡量长期偿债能力而言不够全面。产权比率是资产负债率的变形，无须重复选取。

表 3-7 反映长期偿债能力的财务分析指标

指标名称	计算公式	指标含义解析
资产负债率	$\dfrac{\text{负债总额}}{\text{资产总额}}$	衡量公司利用债权人资金进行经营活动的能力，也反映债权人发放贷款的安全程度
带息负债比率	（短期借款＋一年内到期的长期负债＋长期借款＋应付债券＋应付利息）÷负债总额	反映企业负债中带息负债的比重，在一定程度上体现了企业未来的偿债（尤其是偿还利息）压力
财务杠杆系数	$\dfrac{\text{息税前利润}}{\text{息税前利润} - \text{利息费用}}$	由于固定融资成本的存在，使税后净利润的变动幅度大于息税前利润变动幅度的现象，称为财务杠杆作用。财务杠杆系数值越大，财务杠杆作用越大，财务风险也就越大
产权比率	$\dfrac{\text{负债总额}}{\text{所有者权益总额}}$	反映企业资金结构合理性与长期偿债能力

综上所述，以下四项指标可衡量 A 公司财务风险控制能力：

- 流动比率
- 现金利息保障倍数
- 资产负债率
- 财务杠杆系数

3.4 评价成长能力的财务分析指标

成长能力是企业长期健康发展的另一个重要因素，是企业的生命力。同衡量盈利能力一样，评价企业的成长能力也可以从反映总体水平、更具分析意义和揭示驱动因素这三个关注角度出发。

3.4.1 反映成长水平高低

评价成长总体水平由**业绩成长和规模成长**两方面构成，即考察企业每年营业收入和资本投入的增长幅度，业绩成长需要资本的不断投入，所以规模成长是业绩成长的基础，二者相辅相成。常用的指标是销售收入增长率和总资产增长率，如表 3-8 所示。

表 3-8　反映成长水平的财务分析指标

指标名称	计算公式	指标含义解析
销售收入增长率	$\dfrac{\text{本年销售收入总额} - \text{上年销售收入总额}}{\text{上年销售收入总额}}$	反映企业销售收入增长幅度，连续高幅增长说明企业的产品将继续保持较好的增长势头，尚未面临产品更新的风险；若增长率较低甚至为负，说明企业保持市场份额已经很困难，如果没有已开发好的新产品，将步入衰落
总资产增长率	$\dfrac{\text{年末资产总额} - \text{年初资产总额}}{\text{年初资产总额}}$	反映企业本期资产规模的增长情况，资产是企业用于取得收入的资源，也是企业偿还债务的保障；资产增长是企业发展的一个重要方面，发展性高的企业一般能保持资产的稳定增长

3.4.2　展示更具分析意义的成长

评价成长能力需要考虑**成长的质量**，即业绩和规模成长是否能最终盈利以及这种成长幅度是否具备可持续性。对于管理者来说，较高的收入年增长率不一定最有意义，对于几乎所有行业和所有企业，具有盈利性的成长（profitable growth）才是可持续和最关键的，这也是现代企业高级管理层的经营目标。另外，可持续成长是企业长期发展所必然关注的重点，企业需要衡量是否在今天做出了足够的投入以保证未来的增长，例如对于技术研发、消费者调查、市场趋势分析等重要领域投入的资源。

相比净利润增长率，**营运利润增长率**（（上期营运利润 – 本期营运利润）/上期营运利润）**剔除了非经营因素带来的波动性影响**，更能稳定反映企业营运过程中赚取利润能力的提升。

3.4.3　揭示驱动成长的因素

揭示驱动成长的因素需要依靠按更多业务维度进行经营分析来实现，例如按产品、业务线、区域和渠道等维度将收入进行分解，帮助管理者了解高增长的产品、业务、区域、客户，识别低增长甚至负增长的产品、业务、区域、渠道，以图改变资源配置和采取恰当举措改进绩效。

根据 A 公司的业务特点，也考虑到对董事会汇报只需要展示高层面的收入增长业绩，可选择按业务单元和市场区域两个业务维度来分解收入增长率，如表 3-9 所示。其余的业务维度如产品系列、客户细分属于各业务单元经营层面的分析内容，将会在第 4 章"利润中心业务单元的财务分析指标"中另行讲述。

表 3-9　揭示驱动成长因素的财务分析指标

指标名称	计算公式	指标含义解析
分业务单元的收入增长率	（本年该业务单元的收入总额－上年该业务单元的收入总额）÷上年该业务单元的收入总额	反映企业不同业务单元的营业收入增长幅度；帮助管理者了解高毛利业务、核心业务和战略性投资的新业务领域的增长幅度是否达到预期并保持可持续性增长，识别低增长或负增长的业务线，以便管理者做出必要的业务中止决策
分市场区域的收入增长率	（本年该区域营业收入总额－上年该区域营业收入总额）÷上年该区域营业收入总额	反映企业不同市场区域的收入增长幅度；帮助管理者了解战略性投资市场的收入增长幅度是否达到预期并保持可持续性增长，识别低增长或负增长的区域和市场，以便做出必要的市场退出决策

综上所述，可衡量 A 公司成长能力的财务分析指标如表 3-10 所示。

通过以上详细的指标评析和筛选，A 公司在对董事会汇报的财务分析报告中选用了 17 个相对独立、各有侧重点的财务分析指标，如表 3-11 所示。

表 3-10　衡量成长能力的财务分析指标

指标名称	关注角度	计算公式
销售收入增长率	成长水平——业绩	$\dfrac{\text{本年销售收入总额}-\text{上年销售收入总额}}{\text{上年销售收入总额}}$
总资产增长率	成长水平——规模	$\dfrac{\text{年末资产总额}-\text{年初资产总额}}{\text{年初资产总额}}$
营运利润增长率	成长质量	$\dfrac{\text{上期营运利润}-\text{本期营运利润}}{\text{上期营运利润}}$
分业务单元的收入增长率	成长动因	$\dfrac{\text{本年该业务单元的收入总额}-\text{上年该业务单元的收入总额}}{\text{上年该业务单元的收入总额}}$
分市场区域的收入增长率	成长动因	$\dfrac{\text{本年该区域营业收入总额}-\text{上年该区域营业收入总额}}{\text{上年该区域营业收入总额}}$

表 3-11 评价企业综合绩效的财务分析指标

指标名称	评价的关键能力	指标分类	计算公式
营业利润率	盈利能力	盈利水平——利润占比	$\dfrac{营业利润}{营业收入}$
销售毛利率	盈利能力	盈利水平——利润占比	$\dfrac{销售毛利}{销售收入}$
净资产收益率	盈利能力	盈利水平——收益率	$\dfrac{净利润}{平均净资产}$
投入资本回报率	盈利能力	盈利水平——收益率	$\dfrac{税后利润+利息费用}{净资产+有息负债}$
息税前利润	盈利能力	盈余质量——修正会计利润	净利润+支付的利息费用+支付的所得税
现金净流量与净利润的比率	盈利能力	盈余质量——修正会计利润	$\dfrac{现金净流量}{净利润}$
应收账款周转率	盈利能力	盈利动因——经营财务分析	$\dfrac{赊销收入净额}{平均应收账款余额}$
总资产周转率	盈利能力	盈利动因——经营财务分析	$\dfrac{销售收入}{平均总资产}$
流动比率	财务风险控制能力	短期偿债	$\dfrac{流动资产}{流动负债}$
现金利息保障倍数	财务风险控制能力	短期偿债	$\dfrac{经营现金净流量+现金税费支出}{现金利息支出}$
资产负债率	财务风险控制能力	长期偿债	$\dfrac{负债总额}{资产总额}$
财务杠杆系数	财务风险控制能力	长期偿债	$\dfrac{息税前利润}{息税前利润-利息费用}$
销售收入增长率	成长能力	成长水平——业绩	(本年销售收入总额-上年销售收入总额)÷上年销售收入总额
总资产增长率	成长能力	成长水平——规模	$\dfrac{年末资产总额-年初资产总额}{年初资产总额}$
营运利润增长率	成长能力	成长质量	$\dfrac{上期营运利润-本期营运利润}{上期营运利润}$
分业务单元的收入增长率	成长能力	成长动因	(本年该业务单元的收入总额-上年该业务单元的收入总额)÷上年该业务单元的收入总额
分市场区域的收入增长率	成长能力	成长动因	(本年该区域营业收入总额-上年该区域营业收入总额)÷上年该区域营业收入总额

在受众为董事会决策层的财务分析中，这17个指标组成的财务关键指标框架能够在宏观层面综合、全面地反映企业的财务经营状况，如图3-3所示。

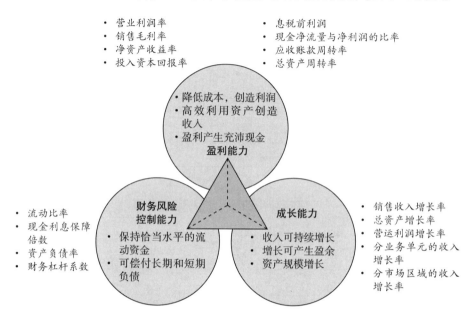

图 3-3　评价企业综合绩效的财务指标

◎ 情景 3　对话疑问的解答

1. 针对企业最高决策层和外部投资者的财务分析属于狭义财务分析范畴，应在宏观层面揭示企业的绩效，信息覆盖三张财务报表。
2. 反映企业综合绩效的财务指标要能展现企业的短期业绩（盈利能力）、长期发展（成长能力）以及财务健康水平（财务风险控制能力）。
3. 财务分析指标库尽量以外部通用财务报表分析指标为主，并参考同行业惯用指标（如上市公司公开披露的报告中的指标）。
4. 在指标筛选过程中，注重通用、简洁、具有可比性、避免雷同的原则，如果被选取的某个指标具有局限性，则选择另一个指标进行补充。
5. 被选取的盈利能力和成长能力的指标应分别反映业绩的数量、质量和驱动因素，以求从多角度综合反映该项业绩的表现。

第 4 章

利润中心业务单元的财务分析指标

◎ **情景 4**

根据财务总监王总的指示,小张开始频繁地与 A1、A2、A3 三个下属子公司的财务经理交流,目的是统筹总公司的管理需要,重新构建子公司的经营财务分析报告体系。他先根据自己的财务分析知识设计了一套供三个子公司填报的报表,囊括了之前给董事会汇报选用的那些反映盈利能力、财务风险控制能力和成长能力的指标,又根据子公司的产品业务构成做了些修改和细化,然后下发给孙、刘、吴三位子公司财务经理。

之后小张分别到三个子公司进行现场调研,从孙、刘、吴三位财务经理那里了解子公司现行的经营财务分析工作过程。然而小张却越来越感到头疼:这三个公司各有各的分析指标和管理需求,分析过程中也各有各的困难,加上听到子公司财务经理说到经营分析会议上业务部门提出的五花八门的问题,小张顿感制定这种经营层面的财务分析指标比他年初对董事会汇报前选择和计算的那些财务报表分析指标难多了。

小张在 A1 公司所见所闻

孙经理：目前总部对我们所有子公司考核的指标里都有净利润，但其实我们 A1 的四个产品中，有三个都是以加成比例很低的转移价格销售给华北区域销售公司的，只有一个产品线是我们自己的销售部门专接大客户订单的。所以我们赵总（A1 公司总经理）总跟我提起觉得总部分下来的利润目标很难达到，每年的压力都很大。虽然我们也争取扩大外部销售，但我觉得总部这样把内部销售和外部销售混在一起考核对我们是不公平的。虽然对我们 A1 这个法人实体来讲是没问题，但对整个公司来讲内部销售哪里是真正的利润？你能否回去通过王总跟公司领导反映一下，能不能分四个产品线考核利润，或者考核业绩时把内部销售分出来，这部分不考核利润只考核成本呢？

小　张：这个按产品线核算利润不太容易吧，那些共同的期间费用怎么摊呢？摊得不合理一样不公平啊。

孙经理：那能不能把华北区域销售公司外部销售的利润也算到我们 A1 名下呢？

小　张：那它的外部销售里也有 A2 与 A3 生产的产品，要拆就都得拆。现在所有销售公司都是要考核利润的，如果把销售公司的收入都还原给你们工厂，那怎么考核它们呢？所以这个我还要回去问问王总什么意见，因为我听王总说李总裁也意识到了这个问题，正在考虑修订绩效考核方法，内部组织上也可能会有变动，比如考虑成立事业部。但是按产品线还是按区域建事业部还没定，按区域建的话就会把销售公司和办事处按区域划分，并将你们三个工厂纳入相应的事业部进行管理，但这样就涉及法人架构的变更。

孙经理：啊？再麻烦也是第二种好一些吧，我们总要按法人实体核算出报表啊，要是按产品线搞事业部，事业部又不是法人实体，让我们怎么做报表呢？

小　张：所以这个还没有定，这些会计核算方面的细节，我还要回去跟会计报表科的经理讨论。

小张在 A2 公司所见所闻

刘经理：小张啊，你上个月开始主管财务分析后设计的那些让子公司填的财务分析报表，我有些不同看法。你上面列的一些指标，像净资产收益率（ROE）、净营运资本、流动比率之类的，我觉得对我们没用，我们跟林总（A2 公司总经理）开经营分析会议都不看这些的。林总要我们做的收入和毛利分析已经够多了，每月 5 日就要开经营分析会，我们财务准备那些资料都忙不过来，还要再填你发的那些表……不是我吃不了苦不愿加班，而是我想知道，这些指标总公司也不考核我们，你让我填了以后报总公司有人看吗？

小　张：可是财务分析都要做盈利能力、偿债能力、资产效率这些比率分析啊，净资产收益率那可是杜邦分析法的核心啊，杜邦公司都这么做，我们做也没错吧。

刘经理：总公司分析 ROE 没问题，因为要对股东和董事会汇报，可我们是经营性全资子公司，又不对外投资，资本也都是总公司投入，我也不用考虑融资和资本结构，也有必要分析这些吗？

小　张：……

刘经理：（继续侃侃而谈）要我看，应该把这 ROE 的计算公式拆开看，我们子公司应该努力提高分子 R（收益），总公司才应该关注分母 E（权益资本），我们子公司只要把 R 搞上去了，那总公司的 ROE 也自然上去了。再比如这偿债指标吧……

小　张：（打断并转移话题）哎，对了，你刚才说你们分析收入和毛利忙不过来是怎么回事？很难吗？

刘经理：是因为我们有几个大客户，林总向来对销售抓得很紧，几乎每月收入和毛利的分析都是要给这几个客户另做的，而且有时他会追问到具体订单，所以我们只按产品分析毛利是不够的。可是按客户按订单分析不是不能做，只是抓数据挺费劲，总得进销售那套系统查，财务系统里没有，全用 Excel 倒腾又累又容易出错。正好你来了，我还想跟你提呢，上次跟王总也提过，怎么能把这些IT系统功能改进一下？比如能让财务和业务信息集成？

小　张：哦，这个王总跟我提过，ERP项目已经开始谈了。上了ERP系统，你们就不会那么累了。

刘经理：哪儿啊，除了这还有别的难题呢。比如，最近林总说，他觉得有两家大客户要求太多很难伺候，虽然销量大，但价格折扣也被它们砍下不少啊，还那么多要求，搞得销售和售后支持部门的人三天两头出差去解决它们的各种问题。林总的意思是我们投在这两家客户身上的资源太多了，虽然眼见从它们身上获得的收入和毛利一直在增长，但我们A2公司最后报表上的营运利润没怎么变。林总说，到底增长的费用是大部分都花在伺候这两家客户上了，还是别的方面费用没控制好？所以他最近让我好好分析销售费用，又问我能不能以后算出分客户的利润来，这样就知道到底这两家客户赚不赚钱，要是不赚钱的话以后就让销售谈折扣时不妥协了。可是你说那些期间费用怎么按客户分摊啊？要是按收入额比例分摊，那不是跟毛利一样了吗，也不能看出客户之间利润的差别。关于这点你有什么好建议没有？

小　张：（流汗）这个……

小张在A3公司所见所闻

吴经理：小张，我看了你给我们发的财务分析报表的模板，本来我觉得你要的那套表里的内容似乎还是基于财务报表分析指标，但你现在又跟我说了那么多你在A1和A2那两家碰到的经营财务分析中的问题，所以我有点糊涂了。我感觉这些都跟我这里每月给总经理办公会做的内部报表很像，而且我们这里每周都要开经营例会，还会做更具体项目的内部报表。我感觉这种内部报表的作用是辅助决策，跟你让我们子公司做的分析不是一回事。

小　张：对，我因为一直在总公司做，不太了解你们子公司的业务，所以之前考虑不周，那套给你们的分析报表我还要改。你就先给我看看你们内部做的那些月报、周报吧。

吴经理： 我们 A3 与那两家不同，我们除了主供国内市场卖给华南销售公司以外，还有一个品类是主要出口东南亚市场的，因此我们在香港地区注册了一个 PNK 贸易公司。我们这个产品先卖给 PNK，转移价格是我们工厂的标准成本加 10%。所以我们内部的考核跟总公司考核我们不同，我们内部是把毛利指标分成销售毛利和生产毛利的，销售成本也分成标准销售成本和其他销售成本。销售毛利是根据工厂标准成本算的，不考虑那 10% 的加成，这个销售毛利是考核 PNK 的出口的利润业绩的。我们工厂这边是考核生产毛利，就是实际成本与标准成本的差额，这个差额就是其他销售成本中的一部分。所以我们每月做内部管理报表时，利润表也是这么分的，为的是计算 PNK 和工厂不同的毛利率和利润率。当然，你们总公司考核我们 A3 的毛利与利润是这两块都包括的，所以我要是填你下发的毛利和利润指标，就要把这两块加到一起。还有费用也比较特殊⋯⋯

小 张： 等等，您说的我得记下来，因为我在 A1 时孙经理就跟我提过类似的问题，说他们有三个产品是内部销售给区域销售公司的，也是成本加成价格，但总公司考核他们 A1 净利润，她觉得不合理。总公司也在考虑重新修订整体绩效考核指标，所以我们正好借着这个机会反映在经营财务分析报告里，你们 A3 对 PNK 的做法还是值得借鉴的。这样，您能不能把你们的内部分析报表给我复制一份，我回去再综合想想。

吴经理： 可以啊。

小张一脸无奈地回到了总公司，向王总汇报了子公司调研的情况。

小 张： 王总，我觉得经营财务分析差异性很强，还是得根据子公司自己的管理需要做，我们总公司也不懂具体业务，还是不要管了吧。

王 总： 呵呵，就因为不懂业务，我才让你下去调研。你说得对，经营财务分析就是要贴近经营单位做，但任何职能总公司都不能撒手不管让下面各自为政，还是要有专业口的指导把控。当然我们不需要像他们做那么细，但是至少整个KPI体系和子公司的业绩目标我们是要盯的。就是因为像你说的总公司缺乏懂基层单位业务的人，所以你看A1的老孙就反映我们考核他们净利润不合理吧，下面类似的声音还不知道有多少。我希望你在与子公司进行几轮交流后，不仅能慢慢学习一线运营单位的业务，还能对经营财务分析厘清思路——子公司该分析什么，总公司该看什么，无论是你还是总公司其他财务科室，都不能只是一个对子公司的数据进行收集和汇总的机器。

小　张：哦，那我再多去几次，好好跟三位经理学习。但我觉得这种经营财务分析在子公司应该也有专人做的，但我这次去发现A1、A2、A3的这些经营分析的内部报表，多数还是财务经理在做。

王　总：对，这是我下一步的构想，就是在各子公司配备财务分析人员，我认为经营财务分析一定要贴近业务运营。然后子公司与总部在专业上实行专业线对口管理，所以现在先让你熟悉子公司业务，将来每个子公司的财务分析在业务上都要接受你的指导。好好学！

小　张：嗯！

焦点问题：

◆ 经营财务分析的主体是什么？

◆ 如果经营财务分析是为经营性业务单元的管理者服务的，那么这种内部管理报表和法定会计报表有什么区别？

◆ 经营财务分析与绩效考核的关系是什么？

◆ 当传统会计核算的方法不能满足业务单元的经营管理者的需要时，应采用什么其他技术？

在了解了企业在运营活动、投资活动、筹资活动中反映出来的全面综合绩效成果后（见第3章），对企业的管理者而言更重要的是改进绩效。如本书第1章所述，广义财务分析与狭义财务分析的目的不同：狭义财务分析回答的问题是企业绩效"怎么样",广义财务分析则不仅要回答"怎么样",还要回答"为什么会这样",并着重对于"以后应该怎样做"提出建议。因此以持续改进企业绩效为目的的财务分析,势必需要深入企业业务活动的方方面面(如生产、销售、采购、研发等),逐一展示不同环节的绩效表现和内在驱动原因,此时狭义财务分析所依赖的财务报表或对外部投资者公开披露的信息就常常不够用了。

本书自本章起,将讲述财务分析主体是企业内部不同业务部门或集团性公司下属不同业务类型的分子公司内部做的财务分析,这类财务分析的服务对象即受众是这些业务部门和分子公司的管理者。在某些大型集团公司中,这类广义的财务分析又被称为经营财务分析,在欧美某些跨国集团公司中,经营财务分析又被称为业务分析(business analysis,BA),展示分析成果的报告又被称为管理报告(management report)。

为企业内部绩效管理做的财务分析,必须先明确绩效考核的责任单元。因此财务分析师需要先从财务报表分析的"会计主体"思维转向**管理会计的"责任中心"思维**。而且,责任中心的管理报告里的财务分析指标更具有关键绩效指标(KPI)的性质(见第 2 章 2.2 节)。

4.1　经营财务分析的主体:责任中心

责任中心是一种管理控制体系,它基于企业的组织结构(organization structure),组织结构是组织责任的一种安排。责任中心依托组织结构将企业经营活动分割成不同的绩效责任单位,它是组织的一个部分、分部或子单元。每个责任中心的管理者被企业管理者授权负责一系列特定的业务活动,企业管理者对其实施必要的业绩衡量与奖惩,以期达成企业设定的经营目标。

责任中心通常有以下几种类型。

(1)**成本中心**(cost center):管理者只对成本负责,投入货币量化,产出物理量化(如存货),投入与产出配比。样本组织类型为不负责销售的工厂和制造单元。

（2）**费用中心**（expense center）：管理者只对期间费用负责，投入货币量化，产出不能量化。样本组织类型为行政部门、研发部门或代表处。在没有制造环节的企业中，费用中心常被视为成本中心，不予区分。

（3）**收入中心**（revenue center）：管理者只对收入负责，投入、产出均货币量化，投入、产出间不需要配比。样本组织类型为销售部门或销售分公司，通常隶属于利润中心。

（4）**利润中心**（profit center）：管理者同时对收入、成本、费用和利润负责，投入、产出均货币量化，投入与产出配比。样本组织类型为兼具销售与生产职能的业务单元（business unit，BU）。

（5）**投资中心**（investment center）：管理者同时对投资、收入、成本和利润负责，拥有利润中心的所有特征和责任，此外还有资金管理权和实体投资权。样本组织类型为投资控股公司。

责任中心的五种分类可以为企业不同部门和业务单元设计关键绩效指标提供依据，如图4-1所示。

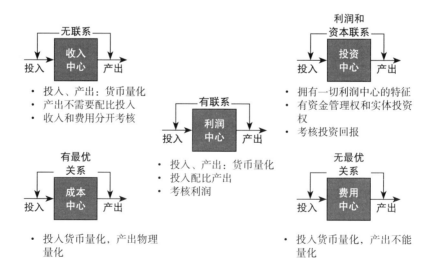

图4-1 责任中心的分类

除此以外，这几种责任中心的差别还有以下几点。

- 投资中心和利润中心的差别在于前者拥有完整的资金运作权。
- 收入中心和利润中心同样获得营业收入，但前者不应当有完全定价权。
- 成本中心和利润中心同样考量效率和效益，但后者被鼓励形成外部业务发展力，即具备外部市场和品牌竞争力。
- 投资中心是一种特殊的利润中心，为了今后判定和衡量投资与利润的关系。

从上述责任中心的定义和区别可以看出，针对不同责任中心制定的关键绩效指标应该与其负责的业务活动相匹配，从而保证责任中心管理者被评价和考核的业绩是其"可控"责任。例如，不对销售负责的工厂和制造单元的绩效管理报告里不应有与收入和利润相关的关键业绩指标。

需要注意的是，这里提到的企业组织结构是**管理架构**，它可能和企业的法人架构不同。在管理架构中，一个责任中心（一个部门或一个业务单元）可能隶属于某个会计主体（法人实体），也可能由多个会计主体组成。不同部门或业务单元的绩效常常只体现财务报表中的某些行项，如利润表中的收入、成本、费用，资产负债表中的应收账款、存货、固定资产等，所以为某个部门或业务单元服务的管理报表并不能匹配到公司层面（会计主体）完整的财务报表。但业务分析中不论采用何种分析维度（见第 2 章 2.4 节）来分解业绩项（如收入、利润），都需要基于会计核算总账的试算平衡表（trial balance，TB），以确保每个部门或业务单元的管理报表中，每项分析维度的加总额与会计主体试算平衡表对应科目的发生额或余额一致。

这也从侧面说明，以绩效管理为目的的经营财务分析需要基于各会计主体的财务会计信息，但直接信息来源不一定是法定财务报表（statutory report）数字，如图 4-2 所示。

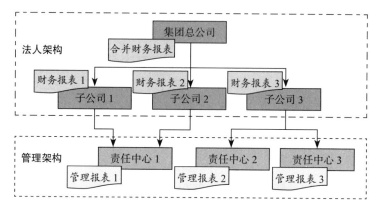

图 4-2　财务报表与管理报表的区别

在这五种责任中心中,最频繁需要进行经营财务分析以及编制管理报表的主体是成本中心和利润中心。本章将讲述利润中心的经营财务分析内容——利润中心管理报表中常用的财务分析指标。

4.2　利润中心的管理利润表结构与盈利性分析

4.2.1　与常规利润表不同的管理利润表

根据图 4-1 所描述的利润中心的特征和权责可以看出,它不参与企业的投资与融资活动,对企业的业绩贡献主要源于运营活动,因此利润中心的财务分析重点是利润表项目。在欧美企业的财务分析实践中,把对利润表的月度分析称为 P&L 回顾（profit & loss review）。

就企业利润表的结构来看,被定位为利润中心的业务单元（BU）或事业部需要对如下 P&L 关键绩效指标负责。

(1) **净营业收入**：经营范围内的所有业务线和产品线的总收入 – 营业折扣与折让。

(2) **营业成本**：制造单元（成本中心）的生产成本 + 其他销售成本 + 营业税金与附加。

(3) **毛利**：营业收入 – 营业成本。

（4）**期间费用**：包括销售费用、支持业务单元运营的管理费用、非融资活动产生的财务费用（如银行手续费、汇兑损益）、经营性资产减值损失。

（5）**营运利润**：毛利 – 期间费用。

上述计算关系构成利润中心的管理利润表的基本结构。对责任中心而言，管理利润表构成其业绩报告的一部分。与法定财务报告中利润表不同的是，管理利润表是根据企业管理意图展现特定责任主体的经营业绩成果的，不同责任主体的管理利润表也有所不同。例如，财务费用在法定财务报告中包括利息费用、汇兑损益和银行手续费，而在利润中心的管理利润表中，由于没有融资活动，亦即利息支出对该利润中心而言是不可控成本，所以无论该利润中心所属的会计主体的财务报表上是否产生融资利息费用，都不应计入该利润中心的管理利润表内。同理，法定财务报告中的营运利润还包括投资收益、资产减值损失和公允价值变动，这些表项都不列入利润中心的管理利润表范围。由于通常企业中的 BU 不被授权参与投资活动，所以投资收益不应计入 BU 的管理利润表；公允价值变动属于会计意义的调整，并非 BU 管理者的责任，也不应计入 BU 的管理利润表；资产减值损失略特殊，需要区分具体资产类别，在企业进行整体资产减值评估时需要 BU 参与，涉及 BU 占用的经营性资产（如存货、应收账款等）的减值损失反映 BU 的经营管理绩效，这部分资产减值损失应计入 BU 的管理利润表。

责任中心的管理利润表不只是法定报告利润表的一部分，而且即使是共同的表项，定义也会有不同，这主要体现为计算过程中的展现次序变化和重分类。管理利润表的结构以及重分类的口径依公司对不同责任中心权责的定位不同而不同。管理利润表的表项与日常会计核算中的会计科目类似，有二级与三级明细项目，但由于存在与财务报表项目在口径和重分类上的差异，财务分析师在设计管理报表时，需要建立管理报表项目与财务会计核算科目的匹配映射关系（mapping）。

以下面的某装备制造企业为例，介绍其下属某事业部的管理利润表结构，如表 4-1 所示。

从表 4-1 的 "责任中心" 列可以看出，利润中心的管理利润表中包含了下属责任中心的损益业绩，例如以制造工厂为代表的成本中心和以支持性职能部门为代表的费用中心，在利润中心的管理利润表中不具体展开这些业绩项目，而是在其下属责任中心的管理利润表中予以展现。例如在这家装备制造企业，该事业部下属的工厂采取标准成本核算方法，因此利润中心的销售成本被分为 "标准销售成本"（第 7 项）和 "其他生产成本"（第 10 项）两部分，毛利也被分为 "标准毛利"（第 8 项）和实际毛利（第 12 项）。这里的 "其他生产成本" 包括该事业部下属工厂在生产经营中形成的偏离标准成本的各项生产差异、存货与固定资产管理过程中产生的正常损益与减值损失。但这些在该事业部的管理利润表中没有具体展现明细项目，而会在下级成本中心即制造单元的管理利润表中体现，并进行具体的分析和改进。以工厂为代表的成本中心的管理利润表将在本书第 5 章 "制造业务单元的财务分析指标" 中具体介绍。

表 4-1 制造业企业利润中心管理利润表示例

一级项目	二级项目	计算	责任中心
销售收入		1	下属收入中心
	国内销售	1.1	下属收入中心
	国际销售	1.2	下属收入中心
	配件销售	1.3	下属收入中心
销售折扣		2	利润中心
	国内销售	2.1	利润中心
	国际销售	2.2	利润中心
	配件销售	2.3	利润中心
对外总销售净额		3=1−2	利润中心
	国内销售	3.1=1.1−2.1	利润中心
	国际销售	3.2=1.2−2.2	利润中心
	配件销售	3.3=1.3−2.3	利润中心
内部销售收入		4	下属收入中心
受托加工劳务收入		5	下属收入中心
净销售额		6=3+4+5	利润中心
标准销售成本		7	利润中心、下属成本中心
标准毛利		8=6−7	利润中心
标准毛利率（%）		9=8/6	

(续)

一级项目	二级项目	计算	责任中心
其他生产成本		10	下属成本中心
其他销售成本		11	利润中心
	销售运费	11.1	利润中心
	三包费（销售承担）	11.2	利润中心
实际毛利		12=8-10-11	利润中心
实际毛利率（%）		13=12/6	
营业税金及附加	营业税金及附加	14	利润中心
销售费用		15	利润中心、下属费用中心
	人工	15.1	利润中心、下属费用中心
	差旅	15.2	利润中心、下属费用中心
	办公	15.3	利润中心、下属费用中心
	营销	15.4	利润中心、下属费用中心
	其他	15.5	利润中心、下属费用中心
管理费用		16	利润中心、下属成本中心和费用中心
	人工	16.1	利润中心、下属成本中心和费用中心
	业务招待/差旅	16.2	利润中心、下属成本中心和费用中心
	办公	16.3	利润中心、下属成本中心和费用中心
	咨询/中介服务	16.4	利润中心、下属成本中心和费用中心
	研发费用	16.5	利润中心、下属成本中心和费用中心
	税费	16.6	利润中心、下属成本中心和费用中心
	其他	16.7	利润中心、下属成本中心和费用中心
其他财务费用		17	利润中心、下属成本中心和费用中心
	汇兑损益	17.1	利润中心、下属成本中心和费用中心
	银行手续费	17.2	利润中心、下属成本中心和费用中心
期间费用合计		18=15+16+17	利润中心、下属成本中心和费用中心
减：资产减值损失		19	利润中心、下属成本中心
	坏账准备	19.1	利润中心
	存货跌价准备	19.2	利润中心、下属成本中心
	固定资产减值准备	19.3	利润中心、下属成本中心
营运利润		20=12-14-18-19	利润中心
营运利润率（%）		21=20/6	

需要注意的是，**管理报表的科目和结构的设计要基于企业自身的管理模式和对责任中心的划分与定位**，即使是经营同样业务的两家企业，它们的利润中心也会有不同的管理利润表。以表4-1为例，该企业这个事业部

的生产组织被授权独立于销售部门运营，在制造与采购职能范围内拥有独立经营决策权，并且设立了独立的法人主体独立核算，因此交易模式是工厂生产完工的产成品存货先进行内部销售，将存货所有权转移给事业部，因此该事业部的管理利润表中的"标准销售成本""标准毛利""其他生产成本"等项是基于这种管理模式和交易模式的。另一个例子是"其他财务费用"（第 17 项），即使汇兑损益与银行手续费的确是与利润中心经营活动相关而非融资的利息支出，但某些企业会在集团层面单独设立共享资金运营中心来集中处理所有子公司对内与对外的资金往来交易，在这种管理模式下，这些财务费用就不再属于利润中心的可控成本，也不应再在利润中心的管理利润表中体现，应作为共享资金运营中心这个责任中心的利润表项目。表 4-1 所在的企业没有成立共享资金运营中心，日常的资金结算仍由法人实体财务部门自行办理，故这项财务费用仍体现在该事业部的管理利润表上。

因此，利润中心的管理利润表需要根据企业所属行业特点、企业自身的业务线分类、运营模式、内部组织结构和会计交易模式来设计表项及其计算顺序。

4.2.2 营业收入分析

在第 3 章提到的评价企业的盈利能力和成长能力中，营业收入是驱动企业盈利和成长的"引擎"。在一些北美大型企业业务单元的实际运营中，不论财务还是运营的经理都把营业收入形象地称为"顶行"，即它是利润表和 P&L 的第一行项。净利润又被称为"底行"，"顶行"的增长会驱动"底行"的增长。在第 3 章里的企业成长能力分析中也提到，营业收入的增长是衡量企业成长能力的标志之一。因此营业收入分析的关键指标是收入增长率。

然而，在第 3 章"揭示驱动成长的因素"的分析指标里，由于合并财务报表数据有限，只选择了分业务单元的收入增长率与分市场区域的收入增长率两项收入增长率指标。如果要深入挖掘企业收入增长的动因，还需要更多的业务分析维度，这便需要企业各业务单元和区域经营主体（即利润中心）在做经营财务分析时深入解释营业收入的业绩表现。

1. 多维度钻取：回顾过去

"钻取"（drill down）是经营财务分析中常见的术语，有的企业也称为"分解"（break down），它是指对管理报表中某项目进行细化分解，以发现该项业绩好坏的形成原因。在分析利润中心管理利润表中的"顶行"营业收入时运用的分析方法就是根据业务维度（见第 2 章 2.4 节讲述）对其进行分解展示。

除了产品和业务类别，分析营业收入还有很多维度，这因行业的不同而不同。这里仅以制造业为例，除品类（或业务线）这个基本分析维度外，常见的维度还有以下几个。

（1）**分地理区域的营业收入**：中国本土企业以华北、华东、华中、华南、西北和西南等地理省份界线划分销售区域；跨国企业以亚太（中东）、欧洲、非洲、北美、南美等洲际界线划分销售区域。

（2）**分市场细分（market segment）类别的营业收入**：需要根据企业市场营销部门的市场与行业竞争状况研究而决定细分标准与变量，例如品牌认知程度、地理与城乡分布特点、消费者心理与行为特点等。

（3）**分客户的营业收入**：有两种划分标准。一种是统计每个客户类别的收入，逐一统计每个客户收入。另一种是根据客户特点确定客户类别，例如根据收入额和购买量的排序分为大客户与普通客户；根据客户组织类型分为政府机关、企业、社会团体；根据客户的行业分为工业、农业、建筑业等。

（4）**分销售渠道的营业收入**：销售渠道是指企业将产品传递到最终客户的中介与方式，例如经销商、零售门店、电子商务。

（5）**分销售部门（组）或经营主体（分公司）的营业收入**：根据企业内部销售职能的组织细分而定，可能是某部门和销售组，也可能是可以独立核算的销售分公司。从责任中心角度来说，一个销售部门（组）或销售分公司也是一个收入中心。

以这些维度对营业收入进行分解，目的不仅是评价不同收入中心的销售业绩（例如分部门和经营主体的维度），也是为了从不同角度反映企业的销售市场策略的执行效果，以了解收入业绩成长优劣的原因并改变销售策略和资源投入。

2. 订单储备：前瞻未来

在接单生产的制造业企业的收入分析中，销售订单常容易被财务分析人员视为非财务项而被忽视，但在经营财务分析中销售订单是非常重要的收入分析指标，因为它会影响企业未来期间销售收入的高低，**跟踪分析销售订单额可前瞻性地预计未来可实现的销售收入**。在一些跨国企业的业务单元的财务计划与分析部门（FP&A）的月度损益分析报告中，常出现一个分析指标——"**订单储备**"（order backlog），它的含义是销售部门已与客户签订销售合同、尚未履行发货交付、未实现销售收入的订单金额。

相对于销售收入这个期间流量指标，订单储备可视作一个时点的存量指标，它虽然不是财务报表上的任何一个要素科目，但性质上与资产负债表项目相同，反映了期末的余额。因此，在多维度收入分析之外，业务单元的财务分析师还需要编制订单储备这个指标的本期变动明细情况。

$$期末订单储备额 = 期初订单储备额 + 本期新增订单额 - 本期确认销售收入 \pm 本期订单储备额调整$$

在信息化程度高的企业，会有专门的信息技术工具来运行多种经营管理报表跟踪管理销售订单的状态，例如已签约未排产、已排产未完工、已完工未发货、已发货未开票等，同时这些报表也可以展现每一订单的销量和金额，除了品类以外也可以按照区域、客户、市场细分、部门等业务维度进行分解。这可以为财务分析人员分析订单储备额变动中的"本期新增订单额"提供更多明细信息。同时，由于每一销售订单均有客户、区域、市场细分、销售部门或经营主体等业务维度信息，因此**"订单储备"这项分析指标也可以进行多维度的钻取和分解**。

销售订单储备这个分析指标是对当期营业收入指标的补充，即使利润中心或收入中心的当期销售收入业绩很好，但如果订单储备指标的余额有逐月减少的趋势，便反映出未来的收入业绩成长性不足，这可以对利润中心收入业绩的可持续性增长起到预警作用。

一些欧美大型跨国企业的销售组织，在"订单储备"的前端，还建立运转了一套从销售机会到订单履行的完整定量分析体系，并依靠整合的信息系统来管理所有销售、客户与产品的多元信息，为"订单储备"提供整合的数据基础。这个分析系统大体有如下几个步骤与模块。

（1）**产品报价**（quotation）：由产品经理维护可供销售的产品的信息，包括每种产品的对外标准报价、标准成本、对内转移价格以及限制销售的条件。

（2）**销售机会**（opportunity）：由销售人员根据销售情况实时输入销售业绩，包括所有在洽谈的客户与合同及其销售金额，这个模块最大限度地反映企业可能实现的销售收入。

（3）**"管道"**（pipeline）："管道"是销售部门内部交流和评估销售进程的术语，它会为每个销售机会记录最新的进展状态。分析每个销售机会进展到哪一步、下一步该采取什么行动、实现下一步目标的时间的这一流程，也被称为"漏斗分析流程"。凡进展状态为"成功签约"的记录将成为"订单储备"数据库的数据源。

（4）**需求计划**（demand planning）：由需求计划员协调销售部门核查管道，并评定每个销售机会实现的可能性（probability），以百分比表述，销售机会的金额乘以可能性即为预计可实现销售收入额。对于"管道"内其他本年度远期的销售机会，需求计划员将每月与产品经理和制造单元的生产计划部门沟通做出年度滚动销售预测，确定年度销售计划，再扣除库存生成未来一个年度制造单元的主生产计划（master production plan），以便生产和采购部门制定预算以及配置相关资源。

当然，由于在订单储备之前的所有销售机会的分析与计划都尚未形成财务业绩（即没有确定实现收入），因此以上职责通常不需要财务分析师介入。然而，对于深入探查和预测销售收入业绩来说，财务分析师需要了解以上销售管理与销售运营计划（S&OP）的基本业务流程和信息流，并与销售部门及需求计划员保持紧密沟通，检验确认每个销售机会的真实性与实现的可能性，从而掌握对"订单储备"未来增减趋势的影响。在欧美跨国企业，财务分析师通常还有"计划"的职责，即每个月更新三张财务报表的滚动预测，此时同样需要介入销售运营计划流程。从这些财务分析师被要求承担的"计划"职责可以看出，业务单元的经营财务分析师需要更贴近业务部门的流程与信息，越是被企业定位为"业务伙伴"的财务分析师，越需要触及前端业务部门的工作。

4.2.3 营业成本与毛利分析

在制造业企业的组织结构中，利润中心常常会下辖收入中心、成本中心和费用中心。例如，某事业部或业务单元内既有销售部门或独立核算的销售分公司，也有制造单元或独立核算的工厂（技术性成本中心），还包括只发生费用的支持性职能部门，甚至一些大型企业的核心事业部还配备研发中心（酌量性成本中心），这些责任中心都有各自的业绩报告和管理利润表，对各自的成本和费用项目负责。因此，利润中心的营业成本的"钻取"和分解是体现在下属成本中心的管理利润表上的，尽管营业成本也是利润中心需要负责的关键绩效指标，**但实务上利润中心的管理者更为关心的指标是毛利**，如果毛利的业绩表现和收入一样好，就意味着对营业成本的管理控制也是有效的。

仍以表 4-1 为例，标准毛利（第 8 项）除了产品类别这个分析维度外，还可以匹配营业收入的分析维度，分客户、渠道、市场、区域做多维度毛利分析。这是因为，该企业的制造单元以标准成本核算，如果制造单元以标准成本加成的固定转移价格向销售组织出售完工产品，那么每种产品型号的内部转移售价（即表 4-1 中的标准销售成本）就在一定期间（例如一个会计年度）内维持不变，可以实时体现在每个销售订单上，如果每个销售订单都不仅能够记录产品型号、销量、单价、工厂标准转移价格，而且能够记录客户、市场细分、销售渠道、区域和经营主体等信息，那么该事业部便能较容易地统计分析多维度的毛利。

但实际毛利（第 12 项）不易实现多维度分析，只能按产品类别进行分析，因为对于制造单元来说，核算和管控生产成本全部体现在"其他生产成本"（第 10 项）里，这些生产成本的归集、分配对象通常都是产品型号，而无法直接追溯到销售订单，因此无法分配给相应的客户、市场、渠道等标准毛利使用的分析维度。关于"其他生产成本"的明细项目和标准成本的核算框架将在本书第 5 章"制造业务单元的财务分析指标"中具体介绍。

营业成本与营业毛利分析的指标通常以各自占营业收入的比例来衡量，以表 4-1 为例，**多维度的标准毛利率和分产品类别的实际毛利率**是两个关键的毛利分析指标。

4.2.4 期间费用分析

利润中心的期间费用是指那些不能直接归集到产品的支出，包括销售费用、管理费用和经营性财务费用，在经营财务分析实务中常被统称为 SG&A（sales, general & administrative）。SG&A 分析中最重要的指标是**费用收入占比**，仍以表 4-1 为例，期间费用收入占比是一个关键财务业绩指标。但除了总体的费用率，还需要对期间费用进行细化分类，以了解影响费用总额变动的因素。

1. 费用构成分析：如何制定管理报表费用类别

费用构成是指期间费用的明细项目，又可称"费用类别"，除了会计报表上的销售费用、管理费用和财务费用的通用分类外，还需要更明细的分类，如表 4-1 中的二级项目所列。在经营财务分析中期间费用类别与日常会计核算中的二级、三级费用明细科目不同，不论是为哪种责任中心编制管理报表，费用类别都是为了使责任中心管理者更清楚地**识别资源消耗的属性和（或）了解消耗资源的目的**，所以期间费用构成分析中的"费用类别"往往比会计科目表中的费用明细科目更具归纳性，因而科目数量也少许多。

第一种费用分类的方式是根据资源消耗属性划分。如何识别资源消耗属性？对任何一个经营性组织来说，大体会消耗如下几种资源：人工、办公运营资源、土地、房屋、车辆、信息技术设备与系统、生产机械设备、外部服务、外购商品和政府税费。

如果梳理一个经营主体的会计科目表中的成本与费用的明细科目可以发现，绝大多数成本费用的明细科目是可以根据表4-2所示的10种资源消耗属性进行归类的，这个"资源消耗属性"便可作为制定管理报表里费用构成项目的参考依据。

表 4-2　费用分类方法（按资源消耗属性）

资源消耗属性	成本／费用会计科目
人工	职工福利费
	职工工资与津贴
	职工绩效奖金
	职工培训发展费
	工会经费
	劳动保护费
	劳务性支出
办公运营资源	办公费
	办公设备折旧费
	绿化排污费
	水电取暖费
	通信邮寄费
	电话费
	物业管理费
土地	土地成本摊销
房屋	房屋修理费
	房屋折旧费
	房屋租赁费
车辆	车辆修理费
	车辆运营费用
	车辆租赁费
	车辆折旧费
	车辆保险费
	停车路桥费
	油料费

(续)

资源消耗属性	成本/费用会计科目
信息技术设备与系统	软件成本摊销
	软件使用许可费
	软件维护升级费
	信息技术设备折旧费
	信息技术设备维修费
	网络数据使用费
生产机械设备	生产设备修理费
	生产设备折旧费
	生产设备租赁费
外部服务	安全保卫费
	财产保险费
	差旅费
	本地交通费
	会议费
	广告费
	促销活动费
	业务招待费
	人事外包服务费
	仓库管理费
	物流运输费
	装卸搬运费
	委托代销佣金
	行业协会会费
	审计费
	咨询服务费
外购商品	低值易耗品摊销
	包装物
	生产性物料消耗
	生产性备品备件
政府税费	残疾人就业保障金
	所得税费用
	车船使用税
	房产税
	其他税金
	土地使用税
	印花税
	营业税及附加

如表 4-2 所示，若以资源消耗属性为依据划分管理报表中期间费用的构成项目，可选择的期间费用类别有人工费用、办公运营费用、房屋租金（折旧）、IT 支持费用和车辆使用费用。对于名目众多的外部服务费用，可以挑选发生额重大的几项单独列示分析，例如差旅费、业务招待费等。

第二种费用分类方式是根据资源消耗目的划分。如何界定资源消耗的目的？职能分工与经营活动分类是一个参考。对围绕销售开展业务的利润中心来说，主要经营活动包括直接销售、市场营销、物流仓储管理、客户服务、售后服务、渠道管理、销售支持、新产品开发几大类。在利润中心的营业费用构成分析中，对一些专项期间费用明细科目的归纳可选择以资源消耗目的即职能分工和经营活动为依据，映射匹配关系，如表 4-3 所示。

表 4-3　费用分类方法（按资源消耗目的）

资源消耗目的	专项费用会计科目
市场营销费用	广告费
	促销活动费
	业务招待费
物流仓储费用	仓库管理费
	物流运输费
	装卸搬运费
渠道管理费用	委托代销佣金
	经销商佣金
	门店装修费
新产品开发费用	市场调研费
	会展费
售后服务费用	会员卡册印制费
	客服热线月租费
	会员维护费

在期间费用分析的实务中，财务分析人员需要根据自身企业的行业特性与业务运营特点，结合以上两种方式对期间费用进行归纳性分类，制定出适合自己企业的"费用类别"。管理报表不同于会计核算，不论是哪个行业，在利润中心的营运利润业绩分析中，管理者均不需要也没有耐心

看到数目众多的期间费用科目列表，因而在管理报表中对期间费用的分类展示以 5～10 项为最佳。这个标准同样适用于其他责任中心的业绩报告。"精简"意识和对信息详细程度的把握，是从事经营财务分析与从事日常财务会计核算的不同之处。

2. 费用的成本性态：区分变动与固定

成本性态是管理会计术语，它是指一项成本（即投入资源的消耗量）的变动与产出业务量（如产量或销量）之间的依存关系。**管理会计系统中有两种基本成本性态：变动成本与固定成本**。变动成本是指成本总额随着业务量的变动而成正比例变动的成本，固定成本是指在一定范围内不随业务量变动而变动的成本。另外，在实务中还有一种介于固定成本和变动成本之间的混合成本，这种成本的总额虽然受业务量变动的影响，但其变动幅度并不与业务量的变动保持严格比例。固定成本高常意味着企业需要更大的业务量和收入来达到盈亏平衡点，关于盈亏平衡点的计算参见第 3 章 3.2 节"评价盈利能力的财务分析指标"中的盈利驱动因素分析指标。

常见的变动成本包括生产成本中直接归集计入完工产品成本的直接材料、直接人工，以及制造费用中随产量正比例变化的物料、燃料动力、包装材料等成本。这部分已作为产品成本体现在利润中心管理利润表的"营业成本"中，因此在利润中心期间费用分析中的变动成本仅包括随销量正比例变化的销售费用，例如销售人员奖金、经销商佣金、促销费用和物流配送费用等。固定成本通常包括房屋设备的租赁费、保险费、广告费和管理人员工资以及按直线法计提的固定资产折旧等。

利润中心的财务分析师需要根据自己企业的业务类型和运营特点，对期间费用的每一类别进行成本性态研究。对于期间费用分析而言，区分各项费用的成本性态的意义在于对固定费用与变动费用采用不同的管控方法。对于与销量高度正相关的**变动费用，可选用变动费用收入占比这个指标来监控**，正常情况下这个指标值在不同期间的变化幅度应该不大。对于不随销量变化的**固定费用，用绝对额指标来监控变化幅度更有意义**，另外将固定费用的实际发生额与预算数字相比也是一个控制方法。关于预算与预测在经营财务分析中的作用,将在第三篇的第 7 章 "财务分析的常用技术"中讲述。

3. 专项费用分析

专项费用是指某种特定资源消耗,或为某特殊经营活动及重要职能部门发生的费用类别,这两种费用分类相对独立。

- **资源消耗类专项费用**:例如人工费用,它反映所有职能部门和经营活动中人力资源这一特定资源消耗。
- **特殊经营活动类专项费用**:例如仓储物流费用,它是仓储物流这一活动发生的费用。

不同行业、不同企业关注的专项费用不同,需要财务分析人员根据费用类别发生额的高低以及对达成利润中心营运利润业绩目标的影响程度而决定,例如对快速消费品行业来说,市场促销费用通常是 BU 管理者关注的专项费用,而对制药行业和高科技行业来说研发费用是重要专项费用。

这里以传统零售行业为例,介绍几种利润中心专项费用的分析指标。

(1)**人工费用**:可以进行多维度钻取,常见维度有职能(如采销、营运支持、门店营业、行政、财务)、级别(如基层操作、基层管理、中层管理、高层管理)、支出类别(如工资、奖金、福利、保险、劳务支出)。人工费用率(人工费用总额占营业收入比例)也是一项分析指标。

(2)**仓储物流费用**:仓储物流费用率(仓储物流费用占营业收入比例)是一项该项费用的分析指标。另外可以对其中明细费用项目识别直接驱动因素(影响发生额的相关变量),根据驱动因素设计分析指标,例如如果仓库租金或管理费的主要驱动因素是仓库面积,那么面积就是影响仓库租金这项费用的可控约束变量,每平方米仓库租金或管理费可以作为一项资源约束型指标。

(3)**门店费用**:总门店费用率(总门店费用占营业收入比例)是一项

该项费用的分析指标。另外，面积也是门店运营的重要可控资源约束变量，所以每平方米门店费用就是分析门店费用的一项资源约束型指标。

4.2.5 营运利润分析

营运利润作为利润中心利润表中的"底层"，在对利润表"顶层"和之下所有绝对额指标（营业成本、毛利、期间费用）进行分解分析以后，变得异常简单，只有一项指标——营运利润率。

4.3 作业成本管理在盈利分析中的应用

4.3.1 什么是作业成本管理系统

利润中心是企业盈利能力业绩的主要贡献者，因此利润中心的管理者有责任驱动营运利润业绩的持续提升。无论是在第 3 章还是在前一节都强调一点，即对一项业绩指标进行钻取和分解对于揭示盈利的驱动因素至关重要。而在利润中心的经营财务分析实务中最容易碰到的难题是：对"顶层"项营业收入可以直接便利地进行多维度钻取分解，但对于毛利和"底层"项营运利润却很难实现多维度钻取分解，在毛利这一项还可以分产品来分解分析，但计算分析营运利润时，只能得到利润中心的总额，不能按任何业务维度（产品、客户、区域等）分解。因此利润中心的负责人心里常出现各种问号（见图 4-3）。

利润为何无法进行多维度核算？原因在于利润的计算需要扣除成本和期间费用，成本是有核算对象的，这个核算对象是产品，所有直接或间接生产资源消耗都可以直接归集，或运用一定规则分配至不同的产品，而期间费用是没有核算对象的，它只能在会计主体或部门层面归集记录，难以直接识别是为哪个产品发生的。因此，能否进行"底层"项的多维度盈利分析，关键在于如何将所有成本和期间费用都归集分配到产品、客户、市场、区域、部门等不同的维度。

图 4-3 利润中心负责人的常见疑问

另外,利润中心负责人提出的三个问题揭示了传统的间接成本核算方法的弊端。所谓间接成本,是那些与成本对象(cost object)如产品相关,但不能以经济可行的方式追溯到该成本对象的成本,例如生产单位的某些不直接作用在生产线上的制造费用。传统的间接成本核算方法是用一个**单一分配率**(例如工时、产量),将这些间接成本分配至不同的产品中去,这种方法在管理会计学中又被称为"**成本平摊**"(cost smoothing)或"**花生酱成本法**"(peanut-butter costing,即像涂花生酱一样均匀)。它起到的作用是广泛平均地把所有资源消耗的成本分配给不同的成本对象,极容易造成"**产品成本的相互补贴**"(product cost cross-subsidization),具体表现为某种产品的成本少计,某种产品的成本多计,最终管理者无法分辨这些产品的真实盈利性。当间接成本占总成本的比例变大时(例如超过30%),如果产品或业务的毛利率又很低,极可能出现的怪象是,尽管每种产品和业务在利润表上都有正毛利,但总营业收入越多,利润表反而显示亏损越多!

作业成本管理(activity-based-costing management,ABCM)是针对以上管理问题的成本分析方法。作业成本管理相对于传统成本管理的不同在于,将管理者关注的重点从成本要素本身转换为组织内各种作业活动。作业(activity)是一项操作事项或工作任务,例如设计产品、装配机器、分销产品和处理订单等。

作业成本管理的核心主张是**作业消耗资源，产品消耗作业**。在传统成本核算系统中，资源消耗（即成本要素）是直接分配给产品或其他成本对象的，但作业成本系统在资源与成本对象中间增加了"作业"，因为成本对象与资源消耗之间没有直接因果关系。作业成本管理系统相比传统成本管理系统的优势在于对间接成本的分配方面，改进了传统成本核算采用单一分配率的"花生酱成本法"，而尝试识别不同作业与资源消耗之间、不同产品与作业消耗之间的真实驱动因素（简称动因）。**多成本动因（cost driver）分析能够提供更精确的投入（资源）与产出（成本对象）间的因果关系**（见图4-4），从而提供更精确的单位成本信息以供管理者进行多种决策，如定价、产品线调整、客户关系策略、非增值作业的改进或消除。

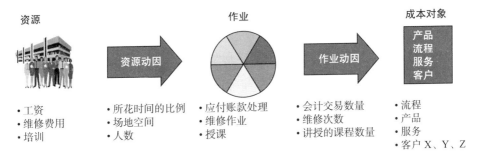

图4-4 作业成本管理系统

4.3.2 作业化利润表：帮你分析价值链完全成本

由于ABCM系统加了作业作为资源与成本对象之间的桥梁，所以使资源消耗成本最终分配到多个成本对象成为可能。不仅可以识别某个产品消耗了哪些作业，还可以识别某个客户、渠道、流程、市场区域消耗了哪些作业。对于利润中心而言，ABCM系统对于实现多维度盈利性分析很有价值。它可以通过分析作业活动将所有期间费用，甚至包括在制造单元那些间接制造费用都合理地分配到不同的成本对象（产品、客户、渠道、市场等）中。

对于那些间接成本费用比例高的企业，例如某些消费品制造行业和依赖多种渠道实现销售的企业，客户盈利分析的重点在于关注客户获得成本（cost to acquire）与客户服务成本（cost to serve）。在这类企业的期间费用构成分析中，往往市场促销、客户折扣、分销商奖励、物流的费用比例很高，再加上生产制造环节前端的市场研究、产品设计与开发阶段发生的期间费用，如何能计算出产品甚至其他更多维度的**"全成本"**，是进行客户盈利分析的关键。与法定财务报告不同，这个"全成本"淡化了会计报表中成本与费用的区别，而转向**关注贯穿利润中心的整体价值链活动**，用全成本计算出的盈利也是"底层"项利润而不是毛利。

价值链模型最早在 1985 年由哈佛大学商学院教授迈克尔·波特在《竞争优势》一书中首次提出，"每一个企业都是在设计、生产、销售、发送和辅助其产品的过程中进行种种活动的集合体。所有这些活动可以用一个价值链来表明"。企业的价值创造是通过一系列活动构成的，这些活动可分为基本活动和支持性活动两类，基本活动包括内部后勤、生产运营、外部后勤、市场和销售、服务等；而辅助活动则包括采购、技术开发、人力资源管理和企业基础服务职能等。这些互不相同但又相互关联的生产经营活动，构成了一个创造价值的动态过程，即价值链。波特价值链模型的图例，如图 4-5 所示。

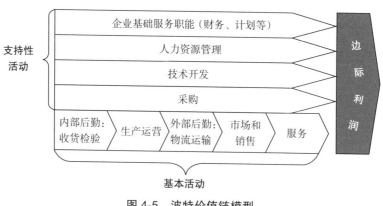

图 4-5　波特价值链模型

图 4-6 展示了制造业企业价值链全成本的构成。分析客户获得成本与客户服务成本的过程是利用 ABCM 的原理重建产品 / 客户收益贡献模型，

将价值链上所有的成本追溯分配至产品和客户。

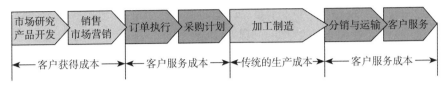

图 4-6 制造业企业价值链全成本构成

运用 ABCM 分析价值链全成本的直接效益是将传统的"职能化"利润表转化为"作业化"利润表，如图 4-7 所示。

职能化利润表	总计
销售收入	100
销售折扣与折让	−5
销售成本	−70
毛利	**25**
期间费用：	
销售人工（工资、差旅、交际费用）	−5
市场推广费用	−8
仓储物流费用	−3
销售部门行政管理费用	−3
小计	−19
营运利润	**6**

作业化利润表	总计
销售收入	100
销售折扣与折让	−5
购买成本：直接材料	−30
加工成本：直接人工	−16
加工成本：废品	−1
直接销售人工	−2
经销商佣金	−2
边际贡献	**44**
服务成本：	
原材料采购	−5
原材料搬运	−2
原材料仓库管理	−5
生产准备	−3
质量检测	−2
产品包装	−1
产品储藏	−1
产品运输	−2
退货处理	−1
销售订单处理	−1
市场推广	−8
营运资金成本（存货和应收账款资金占用利息与跌价准备）	−4
其他固定行政管理费用	−3
小计	−38
营运利润	**6**

图 4-7 职能化利润表与作业化利润表

从图 4-7 可以看出，传统的职能化利润表根据职能部门来归集期间费用，而运用ABCM系统核算后，打破了原有会计意义的成本与费用的区别，将原有职能利润表中"销售成本"拆分成直接成本与间接成本（包括制造环节中的间接制造费用），并以"边际贡献"取代了原有的毛利，合并间接成本和期间费用，以作业列表形式在利润表中展现为"服务成本"。

4.3.3 客户盈利分析：谁才是"大客户"

作业成本管理（ABCM）系统对于利润中心乃至整个企业的营运利润分析的一个重要应用在于客户盈利分析（customer profitability analysis）。因为不仅是销售机构的经理，还包括几乎所有业务单元的负责人都常提起一个问题："谁是我们的大客户？"

当然，对于销售经理和事业部负责人来说，这个问题的答案是很简单的，他们绝大多数是以营业收入高低来判断客户的大小和好坏的。可是事实怎样呢？运用ABCM系统分析得出的结论常常是发人深省的。

图4-8显示了在经营财务分析中运用作业成本管理的思维和技术分析客户盈利能力的重要性，它可以纠正利润中心的管理者并提醒他们思考以下内容。

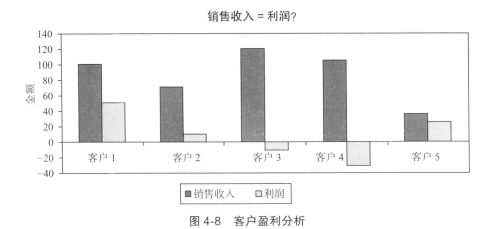

图4-8 客户盈利分析

- 我们重视销量，是因为我们坚信它能带来利润。
- 但我们并不真的追究是否每笔销售都能给我们带来利润，我们只是想当然地觉得一定是这样。

- 如果以带来的利润而言,从图4-8呈现的结果来看,客户1、客户3与客户4,谁才是我们的"大客户"?

图4-9展示了通过客户盈利分析可以洞察出:每个客户的盈利贡献都是不同的,某些客户贡献了全公司利润的200%,而有些客户则是零贡献,甚至蚕食了企业的利润。因此通过分析客户的成本和盈利,可以帮助业务单元的经理对客户进行分类,并制定不同的客户关系战略,继而创造并保持竞争优势地位,以增加企业的长期盈利。

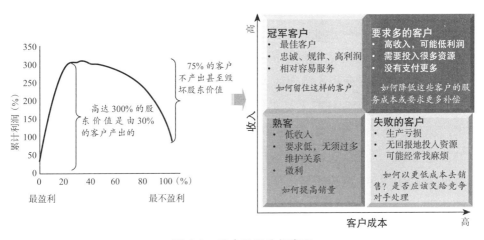

图4-9 客户盈利分析发现

4.3.4 实行作业成本管理系统的局限性

尽管利用作业成本管理系统展现"作业化"利润表并且分析价值链全成本的优势明显,但为什么很多企业仍在沿用传统的利润表结构,或仍在沿用会计报表上的成本来计算毛利并进行盈利分析?根据企业ABCM模型的实施经验总结下来有如下原因。

(1)**信息管理工作量大,代价高昂**。企业不断革新的技术和产品结构调整，需要重新进行作业划分，重新定义资源库和识别多种成本动因，核算烦琐，耗费较大。

（2）**成本动因的选择具有主观性**。在确认资源、作业以及相关的最佳成本动因时并非总是客观和可验证的，这为管理层操纵成本提供了可能，降低了不同公司间报告结果的可比性。

（3）**作业的区分存在困难**。企业经营活动复杂多样，各项活动相互联系和依存，并非所有作业都能清晰界定，责任分明。

（4）**成本动因分析存在困难**。企业实际经营过程中，哪种因素与成本变动完全相关或是相关性很大，并非清晰可见；若成本动因选择过少，则成本数据不准确；若成本动因选择过多，由此增加的实施成本可能大过作业成本法带来的效益。

以上原因使不少企业在对实施 ABCM 的成本与效益的平衡中选择了放弃，特别是间接成本比例低的企业，实在不必为了将 10% 的间接成本计算分配得更精确而投入巨大的人力物力实施作业成本模型建设。

尽管如此，财务分析人员仍然不必视 ABCM 为中看不中用的高端技术，即便不能建立全成本库和公司全范围的作业成本模型来展现多维度的营运利润，也可以在局部成本与盈利分析时运用 ABCM 的思想。例如，根据企业的业务特点选择某几项重大关键的期间费用，识别相关的作业活动和成本动因，计算制定比单一分配率更合理的多个分配率，将其分配计入成本对象（产品或客户），使业务单元的管理者可以看到比毛利更"精确合理"地反映真实盈利能力的分产品或客户的利润。这个例子也说明，纵使大部分企业的期间费用项目多达数百，然而根据 80/20 原则，80% 金额的成本支出通常由 20% 的项目产生，因此财务分析人员**在运用 ABCM 这种复杂技术进行间接成本分配时也需考虑重要性原则**。

4.4　利润中心营运资本效率分析

对利润中心来说，P&L 项目的分析是最为重要的，但不等于放弃对资产负债表与现金流量表项目的分析。利润表项目反映的是企业的短期业绩，而资产负债表项目却能够反映企业长期的财务健康水平，现金流量表的货币资金体现了企业生存的基础。事实上，由于利润中心在整个企业内被定位为管理日常运营和创造利润，没有资金运作权、投资融资权，因此利润中心的管理者是不关心本书第 3 章里讲述的偿债能力和财务风险控制业绩的。无论是资产负债率之类的财务资本结构比率，还是流动比率之类的短期偿债比率，都会被那些事业部的总裁认为是财务总监该考虑的事情。

但是对于做经营财务分析的人员来说，除了分析业务单元管理者关注的内容（这些指标常常是他们被考核的）以外，还应努力尝试分析管理者不直接关心，但会影响业务单元整体财务业绩的内容，并与其一起改进不良之处。这意味着，经营财务分析师不仅要懂得评价经营绩效，还要推动改进经营绩效。对利润中心来说，经营财务分析师一般不需要像编制管理利润表一样编制"管理用资产负债表"，但仍需要思考能影响资产负债表业绩成果的要素——企业哪些资产负债表项目的业绩表现是受利润中心的经营活动影响的？哪些是需要提醒并推动利润中心管理者改进同时也是利润中心负责人可控的？这便是营运资本（working capital）管理效率指标。在第 3 章的盈利能力分析指标中提到了资产运营效率，对利润中心来说，流动资产周转率是关键的营运资本管理效率指标，目的是提高周转率，缩短获取收入并变现的周期。

营运资本管理（working capital management，WCM）**是一种使各营运资本要素维持有效水平并缩短变现期的战略**。营运资本要素包括四项：现金、应收账款、存货、应付账款。本章主要介绍利润中心与销售活动紧密相关的应收账款和现金流量分析指标，存货和应付账款将在第 5 章"制造业务单元的财务分析指标"中讲述。

4.4.1 应收账款分析

应收账款周转率是在第 3 章的盈利能力分析指标中选用的，目的是衡量销售收入变现的速度，所以这个指标的业绩表现主要贡献者和责任方是利润中心及其下辖的收入中心（即各销售分公司和销售组）。对于利润中心的经营财务分析而言，对应收账款的分析需要比第 3 章里讲述的内容更细致，目的是推动销售人员收回货款、核销挂账余额。

在实务中，利润中心和收入中心的应收账款管理的指标是应收账款变现天数（days sales outstanding，DSO），计算公式是：

$$应收账款变现天数 = \frac{应收账款余额}{每年赊销额 / 365 \text{ 天}}$$

DSO 一般每月计算一次，用来衡量有赊销模式的销售组织的客户平均支付发票金额的天数。DSO 高固然意味着销售组织收款不够有效，但并不是说 DSO 越小越好，因为那样通常意味着对客户制定严格的信用政策，代价是销售收入的减少，因此 DSO 的合理值要结合销售组织的客户关系策略来看，信用政策是客户关系策略的组成部分。尽管在公司层面的综合绩效财务分析中常用应收账款周转率，但在企业内部建立信用管理体系的过程中，DSO 指标更为先进，因为它表达形式简单，反映问题直接，是衡量信用管理部门工作成绩和整体信用管理状况的重要指标之一。

由于销售收入的季节性波动，每个月的 DSO 结果会有不同，所以分析 DSO 应重点关注趋势。然而，DSO 还不是衡量信用与收款部门业绩最精确的指标，因为当期销售额增加的时候会降低 DSO，因此衡量销售组织收款业绩最好的指标是逾期应收账款变现天数（days delinquent sales outstanding，DDSO）：

$$逾期应收账款变现天数 = \frac{逾期应收账款余额}{每年赊销额 / 365 \text{ 天}}$$

尽管 DSO 或 DDSO 是衡量利润中心销售组织的业绩指标，但为推进具体客户的收款，在经营财务分析中还需要将应收账款余额进行更为细化的账龄分析（aging analysis），分析的颗粒度将细化到客户甚至是发票。表 4-4 是按客户展示的应收账款账龄明细表样例。

表 4-4 应收账款账龄分析

赊销期	客户	应收账款余额	未逾期	逾期 0~30 天	逾期 31~60 天	逾期 61~90 天	逾期 91~180 天	逾期 181~360 天	逾期 360 天以上	客户销售代表
15 天	客户 1									
	客户 2									
	客户 3									
	客户 4									
	客户 5									
	客户 6									
	客户 7									
30 天	客户 8									
	客户 9									
	客户 10									
	客户 11									
	客户 12									
	客户 13									
	客户 14									
总计										

4.4.2 现金流量分析

对于没有独立资金运作权的利润中心来说，对营运资本中现金这一要素的分析并不复杂，只需关注经营活动现金流量即可，而且现金流量的分析是纯财务范围内的，用以衡量利润中心的利润质量和经营风险，任何单一的业务部门无法直接进行改善，而是有赖于应收账款、存货、应付账款整个营运资本循环的统筹管理。因此现金流量的指标仅作为利润中心管理报表中的一项，并不是利润中心负责人绩效考核的指标。

在利润中心的管理报表中常见的现金流量指标是**现金周转期**。图 4-10 展示了传统制造与商贸行业企业典型的**营运资本周期**。

在图 4-10 中，客户信用期即应收账款周转期（也称应收账款变现天数，即 DSO），库存和生产周期即存货周转期，供应商允许的信用期即应付账款周转期（也称应付账款变现天数，days payable outstanding，DPO），存货与应付账款的周转效率指标将在第 5 章"制造业务单元的财务分析指标"中讲述。因此现金周转期的计算公式为：

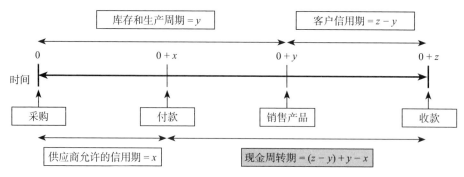

图 4-10 营运资本周期构成

现金周转期 = 存货周转天数 + 应收账款变现天数 − 应付账款变现天数

这个计算公式也表明现金周转效率是存货、应收账款和应付账款的统筹管理水平的体现，因此，现金周转期的改进需要运营实体的财务经理协调销售、采购、生产等业务部门，分别调整供应商付款策略、客户信用策略、生产计划与最佳存货管理水平，据以改进应收账款、应付账款、存货这三项主要营运资本要素的周转效率。

除了现金周转期，在欧美一些大型跨国公司尤其是美国资本市场上市公司，都会对投资者公开披露**现金转换率**（cash conversion rate，CCR），因此在这些跨国公司的下属业务单元的例行管理报表上也会计算这个指标，计算公式为：

$$现金转换率 = \frac{自由现金流量}{净利润}$$

公式中的自由现金流量是经营活动产生的现金流量扣除资本性支出（capital expenditures，CAPEX）的差额，它作为企业价值评估指标的意义在于以企业的长期稳定经营为前提，将经营活动产生的现金流用于支付维持现有生产经营能力所需资本性支出后，余下的能够自由支配的现金。业务单元的资本性支出通常是指当期固定资产与无形资产的新增。因此，现金转换率的计算公式变为：

$$现金转换率 = \frac{本期经营活动的净现金流量 - 本期固定资产与无形资产的新增}{净利润}$$

以 CCR 衡量业务单元的业绩是展现该业务单元的每一元净利润有多少是可以自由支配给股东的现金。

4.5 行业特定分析指标

在企业的经营财务分析中，常会因行业特性和业务模式不同而制定不同的财务分析指标。在企业内部不同业务单元，如果业务模式不同，或主要客户群的市场细分不同，它们对同一指标的分析也不同，因此把握行业差别与业务单元的市场和运营特点，对设计利润中心财务分析指标尤其是 P&L（损益科目）指标极为重要。这里仅以零售与消费品制造行业为例介绍其与一般工业品制造企业不同的管理利润表分析指标。

4.5.1 传统零售行业的损益分析（下游渠道）

零售行业没有制造环节，但属于消费品制造业的重要分销渠道，因此盈利模式与传统制造业不同，零售企业的利润不仅源于最终消费者，还与供应商即消费品制造厂商有紧密联系。消费品制造企业常常与经销商、零售卖场共同对产品进行市场促销活动，因此零售企业与供应商签订的采购合同中常附有各种商品返利和促销费用补贴，这使零售企业毛利的一部分源于供应商。因此，零售企业的利润中心（如各地理区域的分部或门店）的运营模式和盈利能力分析的着重点，将与表 4-1 所示的工业品制造业的业务单元有很大不同。

在经营财务分析中，利润中心的 P&L 分析与在第 3 章介绍的公司层面的盈利能力分析不同，需要财务分析人员契合本利润中心业务管理的特点，将利润表的项目进一步分解，识别影响结果的因素，目的是使这些因素能匹配到不同业务部门的活动和策略，使利润中心负责人和各业务部门经理对于在哪些领域和活动上调整策略才能为提高盈利业绩做贡献一目了然。

图 4-11 以某连锁百货超市为例，以利润表的基本结构为主线，将收

入、成本、毛利、费用、利润这些"会计要素"分解为分部或门店层面各种经营活动的"管理要素",这种分解是构建一个分部或门店的管理利润表的表项与盈利性分析维度的基础。

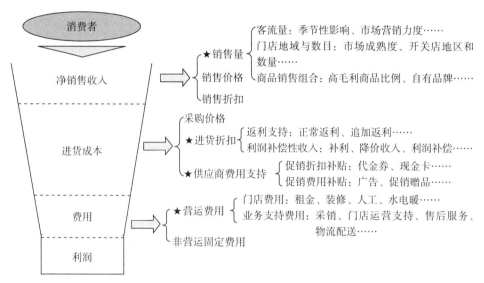

图4-11 零售企业盈利性的驱动因素分解

注:★代表需重点关注并分解影响因素的项目。

这里仅以"毛利"一项为例揭示零售行业营运利润分析的行业独特性。由图4-11可以看出"进货成本"构成的复杂性,因此在接下来设计管理利润表结构和盈利性分析维度时需要注意对毛利的分析。如果零售企业的分部或门店被授权有采销一体化职能,那么该分部或门店的管理利润表便需要将毛利分层,以了解盈利的贡献点。因为进货成本由采购价格、进货折扣与供应商费用支持三个因素构成,所以在分部或门店的管理利润表中,毛利可以分解为如下三层。

第一层:商品毛利 = 商品销售净收入 − 商品销售成本 + 厂商承担的销售折扣与折让 − 呆滞商品损失

第二层:商业毛利 = 商品毛利 + 进货折扣(向供应商收取的与销量配比的折扣返利与促销补差)

第三层：净毛利 = 商业毛利 + 其他业务毛利（维修服务、会员服务、售后服务等）+ 向供应商收取的费用

在法定会计报表的利润表结构中，毛利是指第三层净毛利，但**在零售企业的管理利润表中，对毛利进行分解可以帮助管理者了解一个分部或门店的利润来源和业务策略的倾向**。例如在净毛利相似的情况下，前两层毛利的高低会体现分部或门店的商品经营能力的不同。商品经营能力体现在推广促销商品、调整商品价格和品类组合的自主程度、影响消费者购买倾向、开发经营自有品牌商品等方面。于是这种分层次的毛利分析对经营管理更有意义，商品经营能力强的分部或门店会有更高的商品毛利（第一层）；反之，如果一个分部商品毛利很低甚至接近0或已达负值而净毛利较高，则意味着该分部更依赖供应商获取利润，而自身的商品经营能力相对较弱。

4.5.2 消费品制造行业的损益分析（上游厂商）

从民用消费品整体产业链角度讲，零售企业的上游供货商即消费品制造行业（包括食品饮料、烟酒、日用品、服装、家具电器、电子产品等）的财务分析指标与下游渠道商的财务分析指标有很大的相关性。以快速消费品企业为例，支付给分销商和零售卖场以及为品牌推广发生的营销、通路和广告公关费用很高，例如在食品饮料类企业这些营销费用的比例甚至会超过销售成本。因此为了更好地分析不同产品的盈利贡献，一些欧美快速消费品制造企业的管理利润表的结构与法定会计报表不同。

以国际知名食品制造商卡夫与吉百利公司为例，它们的内部管理利润表中会出现两个毛利指标——**市场营销前毛利**与**市场营销后总贡献**。

- 销售净收入（net sales value，NSV）= 销售毛收入（gross sales value，GSV）– 通路营销费用（trade spend）
- 市场营销前毛利（gross margin before marketing）= 销售净收入 – 销售成本

- 市场营销后总贡献（gross contribution after marketing）= 市场营销前毛利 – 品牌推广费用（marketing expense）

从图 4-12 可以看出以上述计算逻辑展示的管理利润表结构与法定利润表结构的不同。

法定利润表结构		管理利润表结构	
销售毛收入	100	销售毛收入	100
减：销售折扣与折让	10	减：通路营销费用	20
销售净收入	90	销售净收入	80
减：销售成本	35	减：销售成本	35
毛利	55	市场营销前毛利	45
减：期间费用（SG&A）	35	减：品牌推广费用	15
营运利润	20	市场营销后总贡献	30
		减：期间费用（SG&A）	10
		营运利润	20

图 4-12　快速消费品行业法定利润表与管理利润表的区别

在法定利润表的成本构成中，只有销售成本是与销售收入配比的变动成本，通路营销费用和品牌推广费用都被列为期间费用，然而这些期间费用在业务实质上都与特定的商品销售直接相关，并且对不同商品或品牌的投入可能有较大差别。如果财务分析师仍根据法定利润表结构对产品盈利性进行分析，毛利率将高达 61%（=55/90），从而无法得到产品品类的真实盈利性数据。

在图 4-12 的管理利润表中，**"通路营销费用"与"品牌推广费用"分别反映了快速消费品企业为提高销售业绩，在渠道建设与品牌建设两项活动中的必要资源投入**。"通路营销费用"包括支付给分销商及零售商的销售返利和促销支持费用，对应着前面讲述的零售企业三层毛利计算中的"厂商承担的销售折扣与折让""进货折扣""向供应商收取的费用"。市场营销后总贡献中的"品牌推广费用"是为推广品牌发生的营销费用，如广告、设计、制作费等。尽管在法定会计报表上，有时"通路营销费用"在核算时因与结算时取得发票种类不同而被列支为销售费用，但从销售组织运营角度看，它仍属于与渠道商之间的销售合同内条款，并且是最终消费者直接受益的，因而在商业本质上与会计报表上的"销售折扣与折让"趋同。而"品牌推广费用"是为了产品的品牌建设投入的必要资源，并能追溯归集到产品线，对于分析品类盈利性至关重要。

在快速消费品企业的多维度盈利性分析中，比工业品制造业企业有着更多的维度，除了品类、区域和客户，还会按渠道（channel）、品牌（brand）来分析毛利。

快速消费品行业的渠道模式分为自营渠道与分销商渠道两大类。区域销售分公司是自营渠道最典型的形式，另外还有专卖店、特许经营店、直复营销几种形式。分销商渠道包括如下几种。

- 经销商
- 批发商，包括批发市场、农村市场、中小零售店
- 主要零售商
- 大型连锁商
- 关键客户（key account，K/A）：沃尔玛、家乐福、物美、华联等销售份额占比大的少数零售客户

另外，从上述管理利润表的毛利结构可以看出，在快速消费品制造行业的 P&L 分析中，营销费用由于占比高，所以是重点分析指标。从营销费用的大类来看，它主要分成促销类、广告类和价格策略类三种，每类费用又会分多个明细项目。在经营财务分析中，对营销费用的控制不仅按上述类别进行分析，还尽量核算到"活动"层面（如店庆、节假日、新店开业等），然后按活动分配到品牌维度。营销活动的财务分析将在本书第 6 章"专题项目的财务分析指标"中具体讲述。

4.5.3 关键资源要素与资源约束指标

财务分析师在设计经营财务分析指标时，除了需要考虑本企业所在行业的特性和企业不同业务单元的管理特点及管理者需求外，还可以围绕本行业的"**关键资源要素**"设计不同的资源约束指标。关键资源要素是指在运营中投入的关键资源项目或驱动收入增长的外部变量，它的总量大小常常意味着企业的生产能力或市场份额。**资源约束指标即指每单位关键资源要素下的P&L项目金额**（收入、费用或利润）。表 4-5 列出了几个行业的关键资源要素与可选的资源约束指标的示例。

表 4-5　不同行业资源约束指标举例

行 业	关键资源要素	资源约束指标
服务	人工	人均收入、人均利润、每人工小时成本
电信运营、互联网	用户数	每用户收入
能源分销	管道网络建设的长度加油站个数	每公里管道建设耗用材料费用、维修费用每个天然气储备站耗用的规划设计费用
物流运输	车辆运输里程	每百公里单车油料费
民航客运	客舱座位数、乘客数	每客座成本
传统零售	卖场经营面积	每平方米收入、每平方米门店装修费用、每平方米利润
快速消费品	促销活动投入	促销投入产出比、每单位销量促销费

除上述例子以外还有更多需要根据行业特性来设计的经营财务分析指标，本节因篇幅所限不做更多介绍。设计此类经营财务分析指标除了需要与业务单元和一线运营管理者及业务部门多沟通了解其需求外，也可以参考同行业国内与国外上市公司对外披露的财务报告中"管理层讨论与分析"相关的内容。

◎ 情景 4　对话疑问的解答

1. **经营财务分析的主体是责任中心，并且只关注业务单元被授权的可控责任**：利润中心大多只被总公司授权进行运营活动，没有投资融资权。另外，企业组织结构和对业务单元的职能定位不同，也会使利润中心有着不同的可控责任,因此对利润中心进行经营财务分析时不必像第3章介绍的那样"面面俱到",将企业某项业绩指标由所有业务单元和部门"共担"不符合目标管理(MBO)的绩效管理思想。即使利润中心也是独立核算的会计主体,但分析它的偿债能力、资本结构和流动性等财务报表指标对驱动其改进业绩没有作用,分析息税前营运利润比分析税后净利润更有绩效改进的意义。

2. **经营财务分析对责任中心的绩效考核起到公平计量和推动绩效改进的作用**:财务报表分析只能从高层面回答"企业业绩怎么样",而不能回答"企业业绩为什么会这样"以及"应该怎么做才能改进业绩",因此现代企业的 CFO 作为企业绩效改进的推动者,会被期望深入经营层面挖掘驱动盈利能力的因素。

3. **管理报表与法定报表在结构与口径上均有不同**:首先,管理报表的目的是根据业务单元的可控责任对其进行绩效评价并推动其改进绩效,需要对会计主体的法定报表项目进行分解、汇总、重分类、重定义;其次,由于利润中心经营财务分析的受众是业务单元的总经理和业务部门经理等非财务人员,而会计报表基于权责发生制、会计平衡等式等会计学假设与原则,经营财务分析人员需要将财务报表上的会计元素转化为总经理与业务部门易于理解的商业元素。这两个原因决定了经营财务分析产出的管理报表的格式与计算口径常与法定会计报表不同。

4. **业务单元的经营财务分析常需要采用管理会计的方法与信息技术平台**:当产品毛利率很高且期间费用占比大的时候,管理者无法依据毛利来判别产品的真实盈利性。此时需要打破财务会计准则对不同会计要素的计量要求,如淡化成本与费用的区别,运用作业成本管理的技术对产品进行"价值链全成本"分析。

第 5 章

制造业务单元的财务分析指标

◎ 情景 5

　　A 集团变更了绩效考核与责任中心体系,将业务按照市场细分类别建立了三个事业部:工业客户部、零售业务部与海外业务部,A1、A2、A3 三家子公司不再负责销售,不再考核净利润,转为独立核算的生产型子公司,重点考核降本增效;将原有区域销售分公司和原三家子公司的销售部门依据所属市场细分分配到不同的事业部,A1、A2、A3 的所有产成品都以内部销售方式转移给三个事业部的销售分公司,三个事业部分产品线考核营运利润。于是,小张又一次与 A1、A2、A3 的财务经理一起重新构建生产性子公司财务分析报告的框架,这次是三位经理一起来总部与小张和王总开会讨论。

会议议题一:成本分析

王　总:公司决定建立事业部后,考核体系比以前更合理了,在损益方面你们生产型子公司只考核降成本的绩效,外部销售的利润算在事业部。所以我们最好统一成本核算方法,我觉得标准成本是最好的,在此基础上加一个加成比率卖给销售型分公司,你们的降本指标以标准成本为基准计算，事业部的毛利也以标准成本为基准计算，这样两边都公平。

孙经理： 可是标准成本虽然核算简单了，但算不出每种产品的实际成本。

小　张： 把当期发生的成本差异根据销存比分配到成本里去就可以了，会计准则也不要求分产品种类列报实际成本，只要求营业成本和存货都是实际成本就好了。

孙经理： 不是，那是外部报告，我们内部总要还原出每种产品的实际成本的吧，不然就算事业部是按标准成本算毛利，但最后公司总得知道每种产品的实际毛利是多少吧。

刘经理： 这个还原工作确实很麻烦，特别是采购价格差异，要随着材料领用一步步结转到生产成本和产成品，如果成本核算系统没办法自动计算，那这个工作量很大，还不如实际成本法呢。我们以前用过标准成本法，但后来就是因为这个原因还是改用实际成本法了。

王　总： 我的看法是如果法定会计报表不需要分产品列报实际成本，那么我们这个内部分析报告就不要搞那么复杂，不用在核算层面去还原实际成本，不追求精确，只要分配逻辑合理，粗算就可以。我跟小张说过多次，现在也跟你们强调，做内部的财务分析，不要被会计核算的思路束缚住。既然标准成本核算在外部报告上已经没问题，那么你们就想清楚内部报告的需求。我们现在不是在谈ERP项目吗？如果小刘你觉得那些麻烦事怎么也绕不开，需要系统有什么功能帮你们做，那我就去和实施顾问谈，争取让系统实现。但系统只是工具，前提是我们自己要先想明白内部财务分析到底需要什么。

吴经理： 我们A3公司因为一直是用标准成本核算的，所以早想过这个问题，现在我们的处理方法也跟您主张的差不多，就是力求简单。我们只考虑材料价格差异的分配，因为它在所有差异中金额最大。而且我们做的三个品类共用的零部件很少，很多零件在生产系统里可以查到是哪个产品用。所以我们就把发生价格差异的所有材料做一下分品类的汇总，看三个品类产品发生的采购价格差异占各自标准成本的比例，然后就把这个比例作为不同品类的成本降低率，用这个成本降低率去乘以各产品的标准成本，这样就能为每个产品计算出一个在标准成本基础上的大概的实际成本。当然，这肯定也不准，毕竟每个品类的产品还有不同的型号，不同型号的物料清单也是有微小差异的，而且我们在算实际成本时，直接人工和制造费用还是沿用标准成本的，但我感觉因为材料成本占比80%以上，我们这种粗算的方法也大致可以看出不同产品的实际成本了。

王　总：对，这就是我说的要简化处理的一种可选方法，但你们还可以一起讨论下有没有更好的方法，我的原则是注意在日常操作成本和结果的准确度中寻求平衡，不要为了追求计算结果精确投入太多人力和增加太多系统功能。记住，做成本分析不是做成本会计，能满足管理需求就好。

……

会议议题二：营运资本分析

王　总：以前我们的绩效考核侧重利润表，忽略了资产负债表和现金流量表，所以借着公司这次建立事业部体系，我在总裁办公会上也提出改变绩效考核体系，由我们财务主导整个指标体系，所以我考虑不论是事业部还是你们三个工厂，因为都是经营单位，所以营运资本要加进去。应收账款和存货是两大块，应收账款由销售分公司和事业部管了，你们主要管存货。我建议从三个方面分析，总体来讲存货周转率是肯定要看的，最好是分品类的，否则用公司合并报表数字计算存货周转率看不出哪类存货拖了后腿；第二是库龄，你们以后不管有什么成品，完工后都内部销售给事业部，但你们要想一套指标和方法关注那些周转慢的材料；第三是你们以前都做得不好的跌价损失，这个我也让小张去和会计部门制定存货跌价准备的会计制度了，但需要你们想想怎么做。

刘经理：库龄我们也在做。因为以前发现一些价值高的零件检测后质量有问题，但库管没有分区保管，库存系统中也看不出来，所以采购处理也不及时，材料的周转就日渐变慢。后来我让他们在实物和系统两方面都要建单独的库位，然后我们每月都算这些残次部件的库龄，跟采购经理一起开会看。采购经理很赞同我们的建议，说以后要把这项加到供应商评估指标里去。

王　总：对，这就是分析库龄的用处。关于存货跌价准备的分析，你们怎么看？

孙经理：我的感觉是存货跌价的原因有很多，特别是原材料，主要是物料计划太难做。我们以前面向工业客户订单，需求还容易预测，但零售市场的需求预测很难。我们公司做的又是电子产品，技术那边推陈出新很快，一些为生产旧型号产品采购的零部件很容易积压。找了采购很多次，采购也很头疼，因为有的部件专用性太强，供应商不提前备货，所以采购提前期很长，而且下了订单不能取消，这部分零部件的需求预测是最难的。

王　总：关于这个问题我想了很久，感觉这个存货跌价的指标不能分给一个部门负责，它确实是由很多因素综合形成的，所以我现在也在和销售那边谈，看怎么建立起一个跨部门的小组来整合需求预测机制，并且定期分析这些积压材料。你们回去也要在各自工厂里推动组织这样的跨部门小组，不能只找采购，尽管材料是他们买进来的，但指挥棒是生产计划和销售订单。

……

会议议题三：资本性支出分析

王　总：小吴昨天跟我提了一个建议，是关于 A3 工厂改扩建项目的。由于支出项目很多也很频繁，他建议每个月抓出这个项目的支出与预算做对比，但是核算上又有问题，就是这些项目开支和日常其他经营性支付混在一起，不容易区分。你们有什么看法？

孙经理：我们的核算系统是可以建立辅助核算项的，只要为这个项目建一个项目编码作为辅助核算档案，每笔项目的支出在请款时都要标注在这个项目编码上，这样结账后系统可以自动运行报表，抓出这个项目的所有发生额和凭证信息。

吴经理： 这个我知道，但我觉得更重要的是流程的问题，业务部门请款时如果忘了标项目编码，会计在制单输入时也不会输入这个辅助核算项，或者即使业务部门在请款单上标上了，会计也可能粗心忘了输入，不知道系统在提交请款单时有什么检查的功能？

刘经理： 我记得上个月跟 ERP 顾问讨论固定资产模块时，顾问跟我提起，资产模块在输入新增资产时，可以启动一个功能是用户必须输入资本性支出编码，我觉得这个可以作为一个强制检查的功能。因为我认为辅助核算项已经到了最后的总账模块了，但这个资本性支出编码是会计在资产模块录入新增固定资产时必须输入的，否则系统通不过，这就强制会计必须去检查这笔申请买设备的付款为什么没有填资本性支出编码。

小　张： 这是个办法，但还是有个问题。这个改扩建项目的支出不一定都是固定资产，有的请款如果写得很简单，看不出是为这个项目发生的，而且零星的物料和工具费用支出不会通过资产模块。再说了，这些物料、工具如果是走库存领用程序，那么领料单也不会通过资产模块，我觉得这其实是个涉及项目核算的问题。

刘经理： 对，ERP 顾问跟我说这个功能时我就在想，要是启动这个功能流程肯定会很麻烦，因为那样就意味着，新增任何一项固定资产哪怕是个电脑都要建个编码……

王　总： 呵呵，我听你们说了这么多都是关于 ERP 系统的。这给我一个启发，你们以前天天跟我抱怨系统不智能要上 ERP，但现在一说到具体的功能就开始嫌麻烦，但你们有没有想过为什么上了 ERP 会这么麻烦？如果 ERP 代表了世界先进的管理流程，那如果我们觉得多了很多麻烦是不是侧面反映了我们管理和控制上有很多不到位？我们本来在讨论如何分析 A3 工厂改扩建项目的支出额度和进度，结果变成个核算和系统的问题，这说明我们资本性支出的财务分析一直都没做起来！我们现在只是觉得这个改扩建项目投资大、时间长，所以认为很重要、要分析了，但其他像小刘提的电脑办公设备也是固定资产，是不是就不必分析呢？其实，这些需要资本化的固定资产的购置都应该有不同于经营性支出的支付流程，这就是 ERP 系统的资产模块会要求建立资本性支出编码的原因，它就是要强调以支出性质为标准去决定怎么管控，而不是以主观判断一个项目或者资产是否重要为标准去决定怎么管控，资本性支出大到投资项目，小到买台办公设备，都是公司跨期收益的投资，所以从预算到实际支付，再到资本化进入资产档案，最后到事后的分析报告，流程都应该是与经营性支出区分开来的。

吴经理： 嗯，您说得对，我觉得我们现在首先要讨论的不是这个改扩建项目，而是建立一套资本性支出分析的体系和流程。

小　张： 是有必要。不过这个除了系统功能如何实现的问题以外，恐怕还需要改动业务流程。得让全公司的业务部门知道，以后不论请款，还是报账，都得区分资本性支出。预算流程也要重新梳理一下，我感觉在预算环节就应该创建一个编码，别管是辅助核算项还是资本性支出编码，反正这个东西得尽可能在业务发生前的阶段建立起来。

王　总： 对，必要的话我们的制度也要修订。你们不用担心流程或系统的变化，我觉得这是好事，要改进管理就要变。你们先要把整个资本性支出管控分析的体系建立起来，其实资本性支出预算我们是有的，分析也不是什么难事，无非是实际支出与预算比，比成本和存货简单多了。但关键是小张你刚才提到的这些变革，所以你们要先明白要分析什么，需要哪些信息支持，然后才知道系统、流程和制度哪些需要改。这些改动需求提出来了，我们再一一去推动实现。

……

焦点问题：

◆ 对于生产型企业，成本分析与成本核算是什么关系？
◆ 生产型企业采用标准成本核算的优缺点是什么？如何克服缺点？
◆ 如何分析周转慢的积压原材料？
◆ 如何在流程上实现区分资本性支出？

在第 4 章中讲述了利润中心的经营财务分析内容，但很多制造业企业的利润中心包含了收入中心、成本中心和费用中心，其中制造型业务单元（即工厂）是典型的成本中心。根据第 4 章 4.1 节责任中心体系的描述，成本中心（如工厂）与费用中心（如职能部门或办事处）最大的不同是成本中心在投入与产出间有最优关系，并且与利润中心一样被企业考核效率和效益。因此在制造单元中的经营财务分析实务内容也较多，本章仍从利润表和资产负债表两方面来讲述制造单元和工厂内进行经营财务分析的指标。

5.1　更具个性化的制造单元管理利润表

首先，本章不考虑制造单元对外部第三方的销售职能，因为拥有产供销完整价值链的工厂可视为利润中心，故本章所述的工厂仅限定为拥有生产管理、工程设计支持、车间制造、原材料采购、质量管理职能，以及工厂行政、财务、人力资源、IT 管理等必要支持性职能的单一经营主体。

我们可以回顾一下第 4 章中表 4-1 所示的那家装备制造企业事业部的管理利润表结构，可以看出**以工厂为代表的成本中心对上级利润中心和整个公司的"营运利润"业绩的贡献在于降低成本**，即表 4-1 中的标准销售成本、其他生产成本、管理费用、其他财务费用几项，只不过表 4-1 是为利润中心编制的利润表，没有将这几项工厂的指标进行细化展开。

如果沿用表 4-1 所示装备制造企业事业部的交易模式和被授权的责任，即工厂隶属于事业部利润中心，生产计划模式为接受销售组织的订单排产备料，订单完工后将产成品全部转移交付给销售组织，不负担对销售组织发货的物流配送运费，也不对销售收入和利润负责，那么在标准成本管理控制系统里，工厂的管理者仅需要对上级利润中心管理利润表中的以下两大指标负责。

(1) **其他生产成本**：包括标准成本核算方法下随生产性存货流转产生的各项制造差异（manufacturing variance）、生产损失、物料日常盘点调整、存货跌价损失。

(2) **期间费用**：包括管理费用与经营性财务费用。

因此，表 4-1 中业务单元（BU）下属工厂的管理利润表结构可如表 5-1 所示，其中成本中心是指工厂整体，费用中心是指工厂内部的管理支持性职能部门。

表 5-1 制造单元的管理利润表

一级项目	二级项目	计算	责任中心
标准产品销售成本（总发货台量）		1	成本中心
其他生产成本		2	成本中心
	制造成本差异（@标准成本[①]）	2.1	成本中心
	生产损失	2.2	成本中心
	物料日常盘点调整	2.3	成本中心
	存货跌价损失	2.4	成本中心
销售成本贡献		3 = 1+2	成本中心
管理费用		4	成本中心、下属费用中心
	人工费用	4.1	成本中心、下属费用中心
	业务招待/差旅费	4.2	成本中心、下属费用中心
	办公费用	4.3	成本中心、下属费用中心
	咨询/中介费	4.4	成本中心、下属费用中心
	税费	4.5	成本中心、下属费用中心
	其他	4.6	成本中心、下属费用中心
其他财务费用		5	成本中心、下属费用中心
	汇兑损益	5.1	成本中心、下属费用中心
	银行手续费	5.2	成本中心、下属费用中心
营运利润贡献		6 = 3+4+5	成本中心

① 意为"以标准成本为对比基准"，后文同。

需要注意的是，由于制造单元和工厂作为成本中心主要对成本的业绩负责，成本管理更多受限于工厂的运营管理模式，因此它的管理利润表要比利润中心的管理利润表结构更复杂也更个性化，例如对"其他生产成本"二级科目的制定，会因许多因素的影响而不同。

- **行业特性**：离散制造或流程制造，接单制生产或连续性生产。
- **管理控制系统**：工厂是隶属某特定利润中心（事业部），还是接受总部直接领导的"共享"制造中心，跨事业部或跨市场和区域交付产品；工厂是否有对外销售与产品研发的职能。
- **交易模式**：是否独立核算，并以何种定价形式转移产成品存货的所有权。
- **产品制造成本会计核算方法**：符合公认会计准则的"完全成本"定义的标准成本法或加权平均成本法；不符合企业会计准则"完全成本"定义的变动成本法、有效产出成本法（throughput costing）、作业成本法（activity based costing）。
- **生产与库存管理模式**：准时制（JIT）、精益制造（lean production）、看板管理、倒流制（backflush）、供应商管理库存（VMI），采用不同的模式会影响材料发放和计入产成品成本的会计确认时间（是否计量在产品）；质量控制系统和质量成本认定标准会影响废品、返工品、材料残次等非正常生产损失项的核算方法（是否将质量标准设为零缺陷）；是否采用循环盘点（cycle count）机制会影响存货盘盈亏调整的确认期间和方法。

从上述影响因素可以看出，由于工厂的营运利润分析的重点在于"成本"而不是完整的损益（full P&L），所以工厂的财务分析与成本会计有很大关联性。成本会计是管理会计的核心学科，并且与生产运营管理（包括采购管理与质量管理）高度相关，成本会计与生产运营管理都是复杂的学科，内容也很丰富（如上述影响因素中所列），故本章不做深入探讨，仅以情景5中A集团变更后的管理控制系统、生产与库存管理模式、标准成本的存货计价核算方法为前提讲述工厂损益分析的框架，仅借此例给予采用其管理控制系统的工厂财务分析师提供以下基本的思路：

- 工厂对企业盈利能力的主要贡献源于"降低成本"。
- 关注工厂的职能架构与厂长可控的经营活动。

回顾第 4 章情景 4 中 A1 公司财务经理向小张反馈的"考核工厂由内部销售产生的利润不合理"，我们由此可以总结出财务分析师在制定工厂的管理利润表和财务分析指标时须遵守一个原则——**在开拓外部市场与外部第三方客户资源、产品定价方面没有自主权的制造单元，它的管理利润表或业绩报告上不应出现销售收入、毛利和利润的业绩指标。**

鉴于工厂的期间费用的分析主要是管理费用和经营财务费用，与利润中心相似，已在 4.2.4 节"期间费用分析"中具体讲述过，故本章不再赘述。接下来的小节以成本这项利润表指标作为重点，介绍在制造单元的成本分析师应侧重分析哪些指标。

5.2　标准成本框架下的生产成本分析

在情景 5 中，A 集团在变更了管理控制和交易模式以后，三个工厂都被要求对所有生产性存货项目采用标准成本法核算，因此在三个工厂的管理利润表（表 5-1）中"其他生产成本"的二级科目中都出现了"制造成本差异"一项。以标准成本法进行核算和管理控制的制造单元，财务分析师对"成本降低"业绩的分析重点也须围绕制造成本差异而展开。调查表明，标准成本法是国际上多数大批量生产的制造业企业实现业绩评价与改进的最佳工具，在美国有至少 85% 的公司使用标准成本，所以本节对标准成本管理系统做简单的介绍。

标准成本法作为西方管理会计的重要组成部分，是指以预先制定的标准成本为基础，用标准成本与实际成本进行比较，核算和分析成本差异的一种产品成本计算方法，也是加强成本控制、评价经营业绩的一种成本控制制度。

标准成本管理流程的主要步骤包括**标准成本的制定、成本差异的计算和分析以及成本差异的账务处理**。其中标准成本的制定是采用标准成本法的前提和关键,据此可以达到成本事前控制的目的;成本差异的计算和分析是标准成本管理中的重点,借此可以促成成本控制目标的实现,并据以评价工厂在"成本降低"方面的业绩。图 5-1 展现了一个包含标准成本管理流程主要步骤的框架模型。

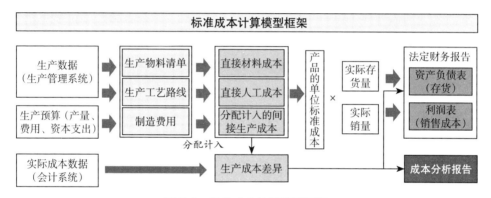

图 5-1　标准成本计算模型框架

5.2.1　标准成本的制定:正确认识"标准"

我们先来看标准成本的制定。表 5-1 中的"标准产品销售成本"是指基于销售量的总标准成本:

标准产品销售成本 = Σ 每种产品的实际销售量 × 该产品的单位标准成本

但在标准成本制定步骤中的标准成本通常是指上述公式中的被乘数,即某个型号产品的**单位标准成本**,也就是生产一单位产量的产成品需要投入的直接材料、直接人工、间接制造费用的标准成本,它根据产品的标准消耗量和标准单价相乘而得:

产品的单位标准成本 = 该产品单位标准消耗量 × 标准单价

由于每种产品的单位标准成本由直接材料、直接人工、间接制造费用三项成本要素构成,所以每一项成本要素也都有各自的单位标准消耗量和标准单价：

$$\text{产品的单位标准材料成本} = \Sigma\ \text{该产品每种原材料的标准消耗量} \times \text{该种材料标准单价}$$

$$\text{产品的单位标准人工成本} = \Sigma\ \text{该产品每道工序的标准工时} \times \text{该工序人工标准单价}$$

$$\text{产品的单位标准制造费用} = \Sigma\ \text{该产品每种制造作业分配基础的标准消耗量} \times \text{该分配基础的制造费用分配率}$$

$$\text{产品的单位标准成本} = \text{该产品的单位标准材料成本} + \text{该产品的单位标准人工成本} + \text{该产品的单位标准制造费用}$$

在制造单元的成本会计实务中，上述前两项"产品的单位标准材料成本"与"产品的单位标准人工成本"的计算公式中，"原材料标准消耗量"和"标准工时"在很多国内制造业企业中又被称为"材料定额"和"工时定额"。确定"Σ每种原材料的标准消耗量"与"Σ每道工序的标准工时"，需要企业的工程技术部门为每种产品预先制定两个技术文件：物料清单（bill of material, BOM）与工艺路线（labor routing）。物料清单是描述产品构成的技术文件，它定义每生产一单位成品需要投入的直接材料的种类和数量。在零部件组装的离散制造业企业，物料清单文件不仅描述产品的物理结构组成，还展现从原材料到零件、组件，直到最终产品的层次隶属关系，以及它们之间的数量关系；工艺路线是描述物料加工、零部件装配的操作顺序的技术文件，是多个工序的序列，它定义每生产一单位成品需要经过的工作中心（work center）、每个工作中心的工序、每道工序消耗的人工小时或机器小时定额。这两个文件也是生产车间领料、安排生产工作中心和配备工人班次的核心依据。在产品结构与加工工序复杂的装备制造企业，成本会计根据物料清单与工艺路线按上述公式计算每种产品单位标准成本时常依赖信息技术，即在资源需求计划系统（ERP）或生产管理系统内运行"成本卷积"（cost rolling）的程序自动执行。

在产品的单位标准成本构成中，直接材料标准成本与直接人工标准成本都可以根据物料清单与工艺路线文件用标准单价乘以标准投入数量直接卷积计算，但对于无法直接认定到产品型号的间接制造费用，需要采用标准制造费用分配率的方式计入，在西方企业的成本会计实务中这种分配称为"吸收"（absorption），即生产一单位产品需要吸收多少间接制造费用。标准制造费用分配率通常在预算季制定，并在一个会计年度内维持不变，直至下一个预算季和会计年度期初修订产品标准成本时一并更新。

标准制造费用分配率的制定和分配可以通过如下步骤完成。

步骤一：选择预算期，例如以一个财政会计年度为预算期。

步骤二：明确制造费用分配基础，确定用来分配不同制造费用成本库的动因（cost driver），如产量、工时数量、机器小时数、作业量（批次、工单数）。

步骤三：确定适用每一分配基础的制造费用，原则上应分析制造费用的成本性态，区分变动制造费用与固定制造费用，但也可以视作业活动种类和固定制造费用金额大小简化处理，固定制造费用比例小的情况下不区分成本性态，将所有制造费用都视为变动制造费用；如果采用多个分配基础（如同时采用人工小时和机器小时），就需要将变动制造费用进行分类，分成多个成本库，分别确定分配基础，例如生产管理人员工资适用人工小时作为分配基础，机器维修费用适用机器小时作为分配基础，生产准备费用适用生产批次作为分配基础。

步骤四：计算每一分配基础的标准分配率，如每工时生产管理人员工资费用。

步骤五：计算每单位产品"吸收"的标准制造费用，用每一分配基础的标准分配率乘以单位产出所需的分配基础的投入数量，将每个成本库的制造费用分配计入产品。

可以看出，制定制造费用分配率的关键是划分成本库与分配基础、确定合理的成本动因，当间接制造费用比例高（例如大于产品成本的20%）且有多种动因时，可以采用作业成本管理（ABCM，见第4章4.3节）技术对发生制造费用的各类作业活动进行分析，制定比单一分配基础（如工时）更为合理的多成本动因。在许多国际流行的ERP（企业资源计划）系统的成本会计模块中，制造费用的费率制定也是基于对"作业"的界定。在成本会计实务中，这也是**标准成本法与作业成本法相结合**的一种实践。

在标准成本制定的实务操作中，除了制造费用分配率以外，根据企业不同的业务特点还会有其他费率。例如，从海外供应商进口的材料，除了采购价格之外企业还需支付进口关税、海外运输费用和海关清关杂费，根据通用会计准则这些费用也需计入原材料成本。因此在此类材料的标准成本设定中，直接材料成本需要考虑进口环节的全部成本，成本会计在设定进口材料的标准成本时会再估算这部分"材料附加成本率"（material burden rate），与采购成本相乘后加总形成该类材料的"上岸成本"（landed cost）。

在完成直接材料、直接人工、制造费用所有价格、数量与费率的标准制定，并对每种产品执行"卷积计算"后，就可以得到每种产品的单位标准成本。

这里以一家食品制造公司制造极品巧克力果为例，展示这个产品的单位标准成本清单，也是产品单位标准成本的卷积计算过程（见表5-2）。当然，这个例子中的产品巧克力果的物料清单和工艺路线都极简单，对那些产品结构复杂的装配制造业企业来说，这个标准成本的卷积计算表会很长。

在西方很多企业的标准成本会计实践中，**产品单位标准成本及其各项要素（料、工、费）的标准消耗量与标准单价都需被定期审视和修订**，修订频率不超过一年，即每年初修订所有存货项的单位标准成本，对期初存货金额进行再估价（inventory revaluation）。但在某些行业，由于主要原材料价格剧烈波动，企业也会每月更新原料标准价格。

这里需要注意的是，产品标准成本的后续修订不是基于历史实际发生额。不论是哪项成本要素，也不论是标准消耗量还是标准单价，都是建立在高效生产运营的基础上、允许正常合理的生产损失和机器故障、剔除历史实际数据中的低效率活动并考虑未来变化而计算的"合理成本"。从图5-1也可以看出，标准成本通常建立在工程技术分析与作业成本动因分析的基础上，并在完成预算后制定下个预算期间的材料、人工、制造费用的单位标准成本。所以,尽管不同企业制定不同成本要素的标准消耗量与标准单价的具体方法不同,但遵守的原则是相同的——标准的含义为"现行可达到标准",它反映了当前有效的经营状况、严格的但经过努力可以达到的标准。

表5-2 产品标准成本的卷积计算

产品名称:极品巧克力果				
计划产量(千克)			400 000	(5)
物料清单(BOM)	每千克产品直接材料成本	标准投入量(克)	标准单价(元/克)	单位产品材料成本
		(1)	(2)	(1)×(2)
点心粉		600	0.02	12.00
牛奶巧克力		335	0.12	40.20
杏仁		65	0.02	1.30
小计				53.50
工序	每千克产品直接人工成本	标准操作时间(分钟)	标准工资率(元/小时)	单位产品人工成本
		(3)	(4)	(3)×(4)÷60
混合		1	20.00	0.33
烘焙		2	28.00	0.93
小计		3		1.27
变动制造费用:				
标准费率(元/小时)			25.00	(6)
单位产品费率(元/千克)			1.25	(6)÷60×Σ(3)
固定制造费用:				
预算固定制造费用(元)			1 200 000.00	(7)
单位产品费率(元/千克)			3.00	(7)÷(5)
单位产品标准成本(元/千克)			59.02	=53.5+1.27+1.25+3

注:表中数据在计算过程中有四舍五入。

标准成本在工厂的一个作用是被用于会计核算中存货流转交易的计价,即从原材料入库到材料领用、人工与制造费用计入在制品、半成品和产成品的每一个存货流转步骤,直到最终产成品和各类存货的销售以及所有杂项出库交易都以标准成本计价，因此在资产负债表上各类存货的期初与期末余额均以各自的标准成本计价，在利润表中结转的销售成本也以标准成本计量：

$$\frac{存货流转（增/减）}{交易金额} = \frac{存货流转（增/减）}{的交易数量} \times \frac{该存货单位}{标准成本}$$

期末存货余额 = Σ 每项存货的库存数量 × 该项存货单位标准成本

本期销售成本 = Σ 每项存货的实际销售数量 × 该项存货单位标准成本

除此之外，**标准成本更重要的意义是业绩评价**。首先，制造单元借助差异分析控制制造成本可以评价工厂"成本降低"（cost reduction）的业绩贡献（标准成本与实际成本之间的差额），即表 5-1 中的"其他生产成本"中的"制造成本差异"。其次，在将销售组织与制造单元分离、分别独立核算营运利润的管理架构下，**标准成本起到了不同责任中心之间业绩评价基准线的作用**。在一个会计年度内，标准成本既用来衡量制造单元的"成本降低"，也用以衡量销售组织的"毛利"，即表 4-1 中的"标准毛利"（销售净收入与标准销售成本之间的差额），二者相加构成了企业利润中心的实际毛利。

5.2.2　成本差异的计算和分析：与绩效考核相结合

在各种存货的流转和加工过程中，由于会计系统中的直接材料、直接人工、间接制造费用的实际发生额与预定的标准成本常发生偏离，所以会计系统在以标准成本记录各类存货的增减交易时，也会记录不同成本要素的差异，这些差异项目就是表 5-1 所示的工厂管理利润表中"其他生产成本"中的"制造成本差异"。计算差异的基本公式是：

制造成本差异 = 每项成本要素的实际成本 − 该成本要素的标准成本

标准成本管理系统的制造成本差异不仅细分到直接材料、直接人工和制造费用的成本要素，而且**将每一成本要素的差异分离为数量差异与价格差异，以便管理者识别实际成本偏离标准值的原因**。图 5-2 展示了制造成本差异的分类、层级结构和关系。

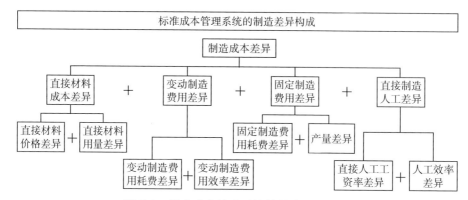

图 5-2 标准成本管理系统的制造差异构成

不论是直接材料、直接人工，还是变动制造费用，都是随产出量变化的变动成本，因此计算它们的价格差异（price variance）的公式相同：

$$价格差异 = \left(\begin{array}{l}投入资源的\\实际价格\end{array} - \begin{array}{l}投入资源的\\标准价格\end{array}\right) \times \begin{array}{l}实际投入\\资源的数量\end{array}$$

直接材料、直接人工、变动制造费用的数量差异也称为效率差异（efficiency variance），是指在实际产量下，实际耗用的投入量与实际产量下应该耗用的投入量之间的差，以投入资源的标准价格计量：

$$数量差异 = \left(\begin{array}{l}实际投入\\数量\end{array} - \begin{array}{l}实际产出下的\\标准投入数量\end{array}\right) \times \begin{array}{l}投入资源的\\标准价格\end{array}$$

但是固定制造费用由于不随产出水平变化而变化，所以固定制造费用差异没有数量差异，只有价格差异，价格差异也称耗费差异（spending variance）。除此之外，由于标准固定制造费用是基于预算的产量，所以还会产生产量差异（production-volume variance）：

$$\begin{array}{l}固定制造\\费用耗费差异\end{array} = \begin{array}{l}实际发生的\\固定制造费用\end{array} - \begin{array}{l}预算固定\\制造费用\end{array}$$

$$产量差异 = \begin{array}{l}预算固定\\制造费用\end{array} - \begin{array}{l}实际产量下每单位产品\\吸收的预算固定制造费用\end{array}$$

不同行业、不同生产管理模式的工厂也会有不同的制造成本差异项目，特别是在直接材料成本比例高（占产品成本的80%以上）的企业，为了简化核算，在制定单位标准成本中的制造费用分配率和计算制造费用差异时不分变动和固定。有的西方企业还将直接人工与制造费用合并视为加工环节发生的"转换成本"（conversion cost），因而在计算差异时会将直接人工差异与制造费用差异合并计算称为"吸收加工成本差异"（over/under absorption）。

如图 5-1 所展示的，制造成本差异不仅用于期末将利润表中的销售成本与资产负债表中的存货还原为实际成本，更重要的是它是工厂成本分析报告的重要组成部分。如果标准成本如前面所述是高效生产运营基础上的"合理成本"，那么**在采用标准成本管理的制造单元中，财务分析的核心就是分析制造成本差异**，因为这些差异反映了工厂管理成本的效果，财务分析师通过监控偏离标准成本的各项差异账户来寻求资源节约或浪费的原因，并进一步推动相关部门采取必要的修正措施改进绩效。

在实行标准成本管理系统与目标管理（MBO，见第 2 章 2.2 节关键绩效指标体系综述）相结合的制造单元，制造成本差异可作为业绩考核指标对各部门制定目标和进行绩效评价，将工厂在营运利润贡献方面的业绩指标"成本降低额"分解到不同职能部门，可以更有针对性地实现成本降低的目标。图 5-3 展示了标准成本管理系统与目标管理相结合的工厂绩效管理体系。

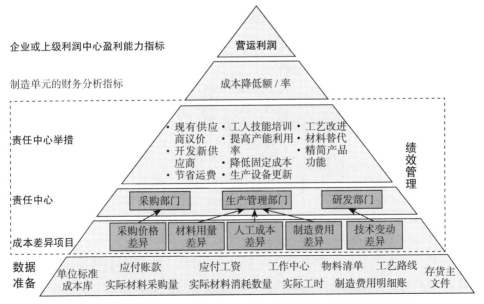

图 5-3　标准成本管理系统与目标管理相结合的工厂绩效管理体系

一般来讲，各项成本要素的价格差异的负责人是对相应资源拥有采购权的部门，而耗费差异主要由生产管理和工程技术部门负责，因此在很多实行目标管理的欧美企业的制造单元中，制造成本差异科目也是采购、运营、工程技术、生产管理部门的关键绩效指标（KPI）。表 5-3 以装配行业制造单元为例，列出了各项制造成本差异的计算公式与负责部门。

表 5-3　制造成本差异

制造成本差异类型	计算公式	确认时点	负责部门
采购价格差异（purchase price variance，PPV）	（实际采购发票价格 − 标准单价）× 实际采购入库数量	采购材料入库	直接材料采购部门
材料用量差异（material usage variance，MUV）	（实际投入材料数量 − 下达工单时物料清单定义的材料消耗定额）× 标准单价	材料领用	生产车间
技术变动差异	（下达工单时物料清单定义的材料消耗定额 − 期初标准成本设定时物料清单定义的材料消耗定额）× 标准单价	下达工单	工程技术部门
直接人工价格差异（labor rate variance）	（实际小时工资 − 标准小时工资）× 工单实际投入的工时	产品完工关闭工单	人事劳资部门 生产车间
直接人工效率差异（labor efficiency variance）	（工单实际投入工时 − 期初标准成本设定时工艺路线定义的工时定额）× 标准小时工资	产品完工关闭工单	生产管理部门
变动制造费用耗费差异	（每单位成本分配基础的实际变动制造费用 − 每单位成本分配基础的预算变动制造费用）× 实际产量下变动制造费用分配基础的实际耗用量	产品完工关闭工单	间接物料和燃料动力采购部门
变动制造费用效率差异	（实际产量下变动制造费用分配基础的实际数量 − 实际产量下变动制造费用分配基础的预算数量）× 成本分配基础的预算变动制造费用分配率	产品完工关闭工单	生产管理部门
固定制造费用耗费差异	实际发生的固定制造费用 − 预算固定制造费用	期末成本中心费用分摊	工厂所有管理部门
产量差异	预算固定制造费用 − 实际产量下每单位产品吸收的预算固定制造费用	期末所有工单关闭	工厂管理层

需要注意的是，在现代大型企业的制造单元中，常需要依赖信息技术完成产品单位标准成本的设定、制造成本差异的计算与结转、各类存货的

管理、生产订单的计划与下达、物料清单与工艺路线的发布与修订,这类信息系统不论是基于 ERP(企业资源计划)还是 MRP(物料资源计划)的管理思想,都具备成本会计所需的标准成本卷积计算、自动生成存货流转交易分录、运行成本分配与结转程序、出具制造成本差异报告的功能。因此工厂的成本会计或财务分析师一般基于本企业的信息系统来设计适合自己企业的成本差异分析指标,不同的系统对于制造成本差异的分类不同,可能会对表 5-3 中所列的差异项进行合并或进一步细化,例如以外币结算的进口材料还需要将 PPV 进一步分离出汇率兑换差异(ERV)、关税运杂费差异等。

由于各项成本差异的计算公式都是实际值减标准值,所以如果计算结果为负值,称为"有利差"(favorable),代表该项成本要素实现了成本降低。在西方一些跨国企业财务分析师的日常工作中,常将产生有利差的成本事项(例如某种物料某次采购价差为负,或者某项技术变更使用了某种替代物料产生了负的材料用量差异)称为"好的损益项"(P&L good guy)。反之,如果计算结果为正值,称为"不利差"(unfavorable),代表该项成本要素没有达到"标准"中设定的"合理成本"。产生不利差的成本事项被称为"不良损益项"(P&L bad guy),往往成为工厂财务分析师和相关负责部门的焦点。对不利差项目的调查和制订行动计划是工厂财务分析师推动改进工厂经营绩效的重要工作。

5.2.3 成本差异的账务处理

由于制造成本差异是在存货接收与流转过程中形成的,所以当完工产成品最终实现销售并以标准成本结转销售成本时,在会计期末也须计算相应比例的成本差异转入利润表,作为以标准成本计价的销售成本的调整项,这种对差异的会计处理在成本会计实务中称为"成本差异分配"。特别是当期末资产负债表上有存货时,为符合收入与成本配比的会计原则,成本差异账户的累计发生额必须根据一定分配规则保留相应比例在资产负债表的存货科目。

在一些欧美企业，成本会计实务的惯例是先将各项制造成本差异计入损益科目，而后在期末做存货计价（inventory valuation）或差异资本化（capitalize）的会计分录，目的是将未售出的存货产生的那部分制造成本差异从损益科目转回资产负债表中的存货科目，作为以标准成本计价的存货余额的调整项。中西方企业对差异的会计处理方法虽然不同，但宗旨相同，即通过这种会计处理，使资产负债表中的存货与利润表中的销售成本都能体现为实际成本。鉴于此部分内容在工厂财务部门日常实务工作中属于成本会计的工作范畴，且各企业采取的差异分配方法各不相同，故本节对成本差异账务处理的实务操作不做展开讲述，财务分析师仅需要在工厂管理利润表的"其他生产成本"中列出这一项即可。

5.2.4　标准成本法下的期末成本分析：实际成本去哪儿了

由于制造业务单元对企业盈利的主要贡献是成本降低而非收入和毛利，所以"总制造成本降低率"是财务分析的关键绩效指标。由于不同制造成本差异产生的时间有先后，因此以年度内累计发生额（year-to-date，YTD）比以本期发生额（period-to-date，PTD）计算总成本降低率更为合理。比较的基础是本年累计标准生产成本，即以标准成本计价的实际产量的生产成本（cost of goods manufactured），在一些欧美企业又称之为生产活动（manufacturing activity）。

$$总制造成本降低率 = \frac{本年累计发生的制造成本差异}{本年累计发生的标准生产成本}$$

假设 A 集团的三家子公司的工厂都只有最简单的三类制造成本差异（manufacturing variance）：采购价格差异（PPV）、材料用量差异（MUV）、吸收加工成本差异（over/under absorption）。假设 A 集团的会计政策是将所有制造成本差异计入损益科目，在每月成本会计完成对差异分配的会计处理后，成本分析师可以把制造单元的管理利润表 5-1 中的"其他生产成本——制造成本差异（@标准成本）"一项展开明细列示，并且加上直接计入成本的生产损失、物料日常盘点调整和存货跌价损失等"非增值成本",便可以得到当期该工厂的"其他生产成本"总发生额,并根据本年累计发生的各项数字计算总制造成本降低率,如表5-4所示。

表5-4 其他生产成本分析

一级项目	二级项目	三级项目	计算
本期标准生产成本(@总产量)			1
其他生产成本	制造成本差异(@标准成本)		2 = 3 − 4
本期发生(PTD):			
其他生产成本	制造成本差异(@标准成本)		3
		采购价格差异	3.1
		材料用量差异	3.2
		吸收加工成本差异(人工+制造费用)	3.3
其他生产成本	制造成本差异(@标准成本)	制造成本差异分配转出	4
其他生产成本	生产损失		5
其他生产成本	物料日常盘点调整		6
其他生产成本	存货跌价损失		7
本期非增值成本占比(%)			8 = (5+6+7) / 1
本年累计发生(YTD):			
其他生产成本	制造成本差异(@标准成本)		9 = Σ3
		采购价格差异	9.1 = Σ3.1
		材料用量差异	9.2 = Σ3.2
		吸收加工成本差异(人工+制造费用)	9.3 = Σ3.3
本年累计标准生产成本(@总产量)			10 = Σ1
本年累计非增值成本			11 = Σ(5+6+7)
总制造成本降低率%			12 = 9 / 10
非增值成本占比			13 = 11 / 10

总成本降低率只是制造单元成本降低分析的第一个角度。在经营多种产品的事业部,由于不同产品市场需求量不同,因此需求量大的产品工厂接到的订单量与产量也高。这些产品所需的原材料在采购时因为量大所以会从供应商那里获得更大的价格折扣,生产车间也会因生产这些产品更

娴熟、更有经验，使效率更高、非正常生产损失更低。所以在不同产品需求量和生产量不同的影响下，一定存在不同产品的成本降低率不平均的现象。制造单元的上级需要知道主流市场需求的产品的实际单位成本是多少，相对于标准成本有多大幅度的降低。因此产品级的单位成本降低率是制造单元成本降低分析中的第二个角度。计算产品级的单位成本降低率需要计算产品层面的单位实际成本，这就需要将各类制造成本差异分配到不同的产品。

通过对标准成本管理系统的介绍我们可以看出，标准成本法相对于实际成本法核算的缺点是很难快速还原出产品层级的单位实际成本，即将各种成本差异从原材料逐步结转到产成品。成本差异分配的账务处理虽然可以使法定会计报告上的存货与销售成本体现为实际成本，但仅限于总成本层面，无法细分列示到每种不同的产品。特别是材料和产品品种都繁多的工厂，想要在期末快速完成差异逐层结转到产成品以计算出不同产品的单位实际成本，通常需要借助信息化技术来实现。例如国际知名的 ERP 解决方案 SAP，在采用物料分类账与标准价格结合的系统设置时，可以利用"差异上卷"技术将各种成本差异按照生产过程从原材料逐层"上卷"，这样即使平时存货的移动是以标准成本计价，但从期末的物料分类账也可以算出原材料、半成品和产成品的单位实际成本。

然而不是所有的 ERP 应用程序或生产管理系统都能够如 SAP 一样有差异上卷的功能。如果没有信息技术辅助，企业要计算分析产品层级的单位实际成本就是一件棘手的事情。为了克服这个缺点，充分利用现有信息系统的功能，有的企业选择每个月修订一次直接材料的标准价格，然后重新对半成品和产成品的标准成本进行卷积计算。这样确实可以使实际成本更靠近标准成本，方便快速得到不同产品的"单位实际成本"。但是，这样的做法会造成库存单价变化带来的差异分配问题，即前面在"标准成本的设定"中提到的存货再估价（inventory revaluation），而且标准价格的改变会影响到未来采购价格差异（PPV）归零，那么当 PPV 成为采购部门的业绩考核指标时，频繁变更材料标准价格严重不利于用 PPV 科目的累计发生额衡量采购部门对成本降低业绩的贡献。在很多采用目标管理（MBO）绩效管理体系的美国公司每年只更新一次标准成本，因为在目标管理体系下，标准成本是衡量业绩的基准，不宜经常变动，如果为了得到实际成本而去改标准，显然是为了弥补标准成本管理的缺点而摒弃了它的优点。

为了解决这个难题，成本分析师可以变通地重新定义"实际成本"。会计学上对存货的实际成本的定义是依据历史成本计价，但实际成本法通常核算烦琐，而且从会计角度来说实际成本是指某个期间的"平均"成本，即它的计算与存货移动的次数和每次移动的数量有关，用 SAP 系统"差异上卷"技术计算出来的产品实际成本其实也是会计意义上的"实际成本"。根据国际会计准则对财务报表列报的要求，并不需要分产品型号列报产成品和销售的实际成本，因此是否需要按照"历史成本"的会计原则和"平均"算法计算出每种产品的单位实际成本？管理者是否真的在意必须根据会计原则计算出每种产品"历史平均"的单位成本？对管理会计来说不需要财务会计的"过去期间"的信息，因为管理者心中的"实际"往往是"现在正在发生"的事情。因此如果没有信息技术的辅助，企业要计算产品的单位实际成本及其在期初标准成本基础上的成本降低率，可以**将"现行成本"（current cost）视为实际成本**。对管理者而言，期末直接利用实际成本信息计算每种产品的"当前成本"对于寻找未来改进点更有意义。

计算"现行成本"的要点在于忽略实际成本期间的平均属性和本期产生的差异，直接获取直接材料价格和最新变更的物料清单与工艺路线对管理者想要了解的主流需求的产品型号做卷积计算（rolling up），就像期初为产品计算标准成本一样。因为当前已生效的实际材料价格、物料清单与工艺路线文件已反映了本期发生的各项成本差异。并且，如果当期某种物料不同批次的采购价格不同，现行成本可以选取最低价以最大限度地体现采购的成本降低业绩。

$$产品单位成本降低率 = \frac{产品单位标准成本 - 产品单位现行成本}{产品单位标准成本}$$

以"现行成本"法计算产品实际单位成本,可以按照如下步骤卷积计算直接材料成本与直接人工成本。在信息系统的支持下,这些步骤可以通过在系统内创建和复制成本组、自动更新当前采购订单价格、本期采购发票价格回写、冻结当前物料清单与工艺路线后再执行"卷积计算"而实现。

步骤一: 在会计期末创建所有物料种类的"现行成本组"与现行加工费分配率表。

步骤二: 从采购部门获取实时更新的采购订单价格清单和每种物料当前的首选供应商。

步骤三: 将首选供应商的当前生效采购价格写入现行成本组。

步骤四: 调取本期发生采购的物料的应付发票记录,选择首选供应商的发票价格中的最低者更新现行成本组的价格。

步骤五: 从劳资部门了解不同车间班组工人的当期薪资水平是否发生变化,折算每个工作中心的工资率,更新现行加工费分配率表。

步骤六: 调用并冻结当前工程技术部门最新变更签发的物料清单和工艺路线,采用现行成本组的物料价格对每个主流产品线的产品型号进行卷积计算。

对于制造费用则有些复杂,因为包含不随产出水平变化的固定制造费用,所以如果工厂产量的季节性波动大,而固定制造费用是每月均匀发生,那么会造成产量大的月份固定制造费用被摊薄,实际单位成本会显得较低,而产量小的月份则反之。这样每月或每季度计算的产品实际单位成本其实只反映了产能利用差异,而并不能反映产品当月真实的成本降低率。因此,在计算产品实际成本降低率时,对于制造费用的处理最稳妥的方式是仅更新变动制造费用的分配率,当标准成本的设定不区分变动制造费用与固定制造费用时,沿用标准制造费用分配率,原因是标准制造费用分配率的计算是基于整个预算年度的制造费用和分配基础的数量的,季节性波动的影响已经被平滑了。

另一种处理方式是索性不考虑制造费用，只计算直接材料和直接人工的现行成本。这就是成本会计中的主要成本（prime cost），也称直接成本法。虽然这种方法不能用于财务会计核算和法定会计报告中列报存货，但在展现分析产品实际成本降低率时是合理的。在很多直接材料占比高的公司，甚至可以只分析每种产品的实际材料成本。

综上所述，制造业务单元对盈利性的分析是企业或利润中心的"销售成本"项目在经营层面更进一步的细化。制造单元的损益分析重点在于生产成本的跟踪和成本降低率的持续改进，在标准成本管理框架下的成本分析由三个板块构成：

（1）**工厂管理利润表与营运利润贡献**（见表5-1）。

（2）**制造成本差异与本年累计总成本降低率**（见表5-4）。

（3）**主流产品的单位实际（现行）成本**。

5.3 工厂营运资本效率分析

在第4章曾提到对利润中心资产负债表项目的分析重点是营运资本管理效率指标，那么现金、应收账款、存货、应付账款这四个营运资本要素中，在没有外部销售收款责任的制造业务单元需要关注管理存货和应付账款这两项，其中最重要的是存货。

5.3.1 存货分析：不只是周转率那么简单

由于有加工过程，工厂的存货常常种类繁多，特别是在产品种类繁多、不同存货之间的需求量和采购提前期差异明显的情况下，**对存货的分析指标也不能只停留在存货总体水平，而需要按照存货构成分析**。另外，如果行业特性决定了产品或原料保存周期短或易变质（如食品加工），或者是技术革新与产品升级迅速（如IT与高科技产品制造），**分品类分析呆滞、残次、废弃的存货风险和对损失的可修复性尤为重要**。

1. 存货周转效率分析

在第3章3.2节"评价盈利能力的财务分析指标"中,曾在"揭示盈利驱动因素"指标中列出了存货周转率。无论是企业整体、内部利润中心还是制造单元,只要是企业内部有存货的经营性单位,都应首先分析这个存货管理的业绩指标。但需要注意的是存货周转率计算公式"销售成本/平均存货余额"的取数口径。

不论是利润中心还是成本中心,计算存货周转率时,分子不能直接取会计主体的最终利润表中的"主营业务成本"数字,应只包括产成品销售发货结转的存货成本,不包括主营业务成本中的其他销售成本与其他生产成本。因为其他销售成本中包含了与存货流转无关的其他附加销售成本,例如运费,制造单元中的其他生产成本中包括了非正常生产损失与存货盘盈亏调整。针对采用标准成本系统的企业,销售成本与存货余额都以标准成本计价,因此**在计算存货周转率时销售成本与平均存货余额也均应以标准成本计价**。

另外对于分母"平均存货余额",财务报表比率分析时一般采用期初余额与期末余额相加除以2作为平均值。但对于每月或每季度都需要分析存货周转率的工厂而言,年度内由于接单与生产的季节性波动会使月份之间的存货余额差距很大,在某些月份为了下月初生产的某几笔大销售订单备料而形成高库存,因此期初与期末余额的平均值被大幅拉高,但计算出的低存货周转率并不说明存货管理水平差。因此,存货分析实务中较为稳健的计算方法是分季度"滚动"计算存货周转率,即采用本季末与过去4个季度末共5期存货余额的平均值作为分母,分子也采用过去一年的销售成本,目的是尽量平滑掉一年内的周期性季节波动的影响。如果企业是分月度计算分析存货周转率的,则需要将分母变为本月与过去12个月月末存货余额的平均值。

$$存货周转率 = \frac{过去一年内存货销售成本}{本季(或月)与过去4个季度末(或12个月月末)存货余额的平均值}$$

例如，A 集团如果要求三个子公司按季度计算存货周转率，那么当 2020 年 9 月末计算存货周转率时，存货销售成本的取数区间为 2019 年 10 月至 2020 年 9 月，计算存货余额平均值所用的 5 期数字分别是 2020 年 9 月末、2020 年 6 月末、2020 年 3 月末、2019 年 12 月末、2019 年 9 月末。

此外还需要分存货类别（如原材料、半成品、产成品、备品备件、包装物）分别计算存货周转率。在 A 集团变更了组织交易模式后，在没有销售职能、产品完工即通过内部销售的方式移交给销售组织的工厂，原材料常常是存货中占比最高的，因此计算分析原材料周转率比分析产成品周转率更有意义。

$$\frac{原材料}{周转率} = \frac{过去一年内原材料耗用额}{本季（或月）与过去 4 个季度末（或 12 个月月末）原材料余额的平均值}$$

存货周转率的另一个表述指标是存货持有天数（days on hand，DOH），在传统的财务分析理论中它的计算公式为：

$$存货持有天数 = \frac{365 \text{ 天}}{存货周转率}$$

然而，不论是存货周转率还是存货持有天数，对于存货的传统财务分析指标都是基于对过去一年存货周转效率的回顾。企业持有存货是为了在未来的耗用和出售中获得收入，但如果未来几个月的存货需求量锐减，即使过去一年的存货周转率指标表现良好，也无法反映企业未来存货周转变慢甚至某些存货无法出售变现的风险。因此，**站在管理会计的角度来分析存货，需要"前瞻性"的存货周转效率指标**。

在实行了科学严谨的销售—生产—采购循环一体化的计划机制的欧美企业，常常使用**存货"未来持有天数"**（days on hand forward，DOHF）作为存货管理的"先行指标"，它是对传统的"回顾性"存货周转率指标的补充。顾名思义，DOHF 是利用未来一年的生产计划和订单储备的产品型号与数量，乘以单位标准成本计算出未来一年各个月份的"预计生产量的生产成本"与"预计发货量的销售成本"，然后倒算目前的存货余额会在未来多少天被销售或耗用。

下面是一个计算 DOHF 的例子，如表 5-5 所示。

表 5-5　存货未来持有天数的计算

	单位标准成本	计划产量		
		2020 年 9 月	2020 年 10 月	2020 年 11 月
标准工作天数		22	18	20
A 类产品	¥650.00	11 300	9 500	11 900
B 类产品	¥580.00	17 200	14 300	15 300
C 类产品	¥800.00	560	620	720
A 类产品生产/销售成本	¥650.00	¥7 345 000	¥6 175 000	¥7 735 000
B 类产品生产/销售成本	¥580.00	¥9 976 000	¥8 294 000	¥8 874 000
C 类产品生产/销售成本	¥800.00	¥448 000	¥496 000	¥576 000
总产值		¥17 769 000	¥14 965 000	¥17 185 000
	8 月末实际	9 月末预计	10 月末预计	11 月末预计
现有存货余额	¥38 650 000	¥20 881 000	¥5 916 000	¥0
现有存货未来持有天数	47	22	18	7

在这个例子里，计算 8 月末的存货余额未来持有天数是基于先进先出的存货流转假设，同时每天的消耗量是均匀的，并且假设生产完工的产成品都会发货实现销售（转移至内部销售分公司）。那么按照 9 月至 11 月的生产计划，8 月末 38 650 000 元的存货到 10 月底仍有 5 916 000 元没有被售出（38 650 000−17 769 000−14 965 000），根据 10 月底未消耗存货余额占 11 月总产值的比例计算，在 11 月的第 7 天，原 8 月底的存货全部被消耗出售，计算过程如下：

（5 916 000 / 17 185 000）× 20 天 ≈ 7 天

因此，8 月末存货的未来持有天数是 9 月与 10 月的标准工作日加 7 天：

22 天 +18 天 +7 天 = 47 天

在物料需求计划（material resource planning，MRP）管理系统运转成熟的工厂，DOHF 不仅可以用来分析总存货周转效率，也可以用来分析特定原材料的周转效率。因为在 MRP 系统中，只要更新了未来一年的生产计划与订单，相应的物料需求量也会被计算出来，每种原材料的主数据文件中都会显示未来一年的总需求数量（gross requirement），通过获取每种物料的目前持有数量、总需求量、工厂日历上每个月的工作日，就可以计算出该种物料目前库存量的未来持有天数。

需要注意，使用 DOHF 作为先行指标对存货管理可以起到预警作用，使工厂管理者及时采取管理举措以改进周转时间长这一问题，但它的可参考性必须以准确性高的销售与生产计划功能为基础。

2. 残次存货库龄分析

残次存货（defected inventory），主要是指质量有损坏、达不到产品工艺的质量标准不能用于生产的原材料，一般在采购入库质量检验后产生。采购部门与仓储部门对这部分原材料的及时处理以减小其比例，是改进存货周转效率、降低存货占用资金的重要举措。财务分析在其中的支持作用体现在提供残次存货的库龄（aging）并追踪处理措施的进度。

先进的工厂库存管理制度要求对残次存货在实物保管方面要区分单独库位、相应的信息流管理，如在 ERP/MRP 系统库存管理模块中也需要设置单独的库位标志，将残次物料与正常待领用的物料区分开来。处置残次原材料一般是采购部门的职责，采购部门根据残次物料的进货批次与供应商沟通了解可修复性及索赔金额，然后对残次物料按以下几种方式处置：

a. 退回供应商后，索赔获得红字发票，抵减采购支出。

b. 退回供应商修理后，返回正常物料库。

c. 自行修理后，返回正常物料库。

d. 不可修理，经管理层核准报废出库（计入管理利润表中"其他生产成本"中的"生产损失"项）。

因此，为追踪以上几种处理方式的进度，财务分析师分析残次品的库龄时也需要分别分析以下各项。

（1）尚未出具处置方案的残次品库龄——没有执行上述 a、b、c、d

任何处置方案。

（2）已退回供应商未获取红字发票的残次品库龄——对应上述 a 处置方案。

（3）已退回供应商修理但尚未返回正常库的残次品库龄——对应上述 b 处置方案。

（4）已入修理库尚未完工返回正常库的残次品库龄——对应上述 c 处置方案。

由于残次物料和采购职能与供应商绩效管理相关，因此上述四种残次品库龄分析的维度都是供应商，财务分析师根据这种库龄分析向负责的采购员跟进残次品的处置进度。表5-6是其中第（1）种"尚未出具处置方案的残次品"的库龄分析示例。

表 5-6 残次品库龄分析

供应商	负责的采购员	尚未出具处置方案的残次品库龄						
		残次品总额	0～30天	31～60天	61～90天	91～180天	181～360天	360天以上	小计
供应商1									
供应商2									
供应商3									
供应商4									
供应商5									
供应商6									
供应商7									
供应商8									
供应商9									
供应商10									
总计									

另外，定期提供针对每个供应商（1）～（4）的残次品的构成，以及不可修理报废的残次品金额，这种**分供应商的残次品构成分析可以帮助采购部门评估供应商在"供货质量"方面的绩效，继而采取恰当的举措**，如表5-7所示。

表 5-7 逾期未处置残次品分析

供应商	库龄在 90 天以上的残次品					已报废转当期损失
	残次品总额	尚未处置	已退回供应商未获取红字发票	已退回供应商修理未返回	已入修理库未完工	
供应商 1						
供应商 2						
供应商 3						
供应商 4						
供应商 5						
供应商 6						
供应商 7						
供应商 8						
供应商 9						
供应商 10						
总 计						

3. 积压呆滞品存货跌价风险分析

存货作为一项流动资产，必须满足会计准则中对流动资产的定义，即"预计在下一个正常营业周期中变现、出售或耗用"，并且以"历史与可变现净值孰低"的原则反映在法定会计报告中。在很多制造单元，即使是采用以销定产的模式，工厂标准生产周期（从接受订单到产品完工发货的天数）也往往不能满足客户要求的交货期，即不能实现完美的"拉式生产"（pull-based manufacturing）或"零库存"模式，那么即使工厂在执行由销售订单驱动生产计划、由生产计划驱动物料需求的管理机制，也需要根据预计订单和预计销售的产品型号采购备料。因此，在市场变化程度高、技术更新换代快、订单的数量和产品型号变化频繁时，这种"预计"式的备料方式很容易形成积压或呆滞品库存（excess and obsolete inventory, E&O），不仅不满足流动资产的定义，而且企业如果对这些积压或呆滞品库存不加以分析和制定改善举措，它们在账面的历史成本将不可避免地高于其可变现净值。

此外，由于原材料供应商需要时间生产和运输，部分定制化和专用性程度高的材料（例如用于精密仪器和高技术附加值设备的电子元件）供应商一般不会连续生产，也会采取以销定产的模式，并在签署合同时要求订货方不可取消订单，所以造成采购这类原材料需要较长的提前期（lead time）。如果采购部门已下采购订单，工厂生产计划部门收到市场销售部门的销售订单后发现型号和数量变更，不可避免会导致所需材料的变更或使得需求量减少，这时即使这些材料没有运达收货入库，也是工厂不可取消的债务，未来迟早会变成库存。因此这一部分材料不论是供应商已发货的在途状态（in transit），还是未发货的已订货状态（on order），都属于积压存货的范围。

从库存管理的角度讲，工厂管理者对积压呆滞品的重视程度要高于残次品，因为这些积压呆滞品库存并非像残次品那样有质量问题，而是有"不被市场需要的风险"，可能在未来一个营业周期（一个年度）内都不会被生产耗用，甚至因产品的技术更新换代而永远不会被耗用变现。从这个意义上来说，积压呆滞品存货蕴含的"外部市场性"风险要比残次品不可修复报废带来的"内部运营性"风险高很多。因此，制造单元的财务分析师对这类存货只分析它的库龄是不够的，还需要**定期分析积压呆滞品存货的跌价风险**。根据会计法定报告对存货的列报要求，定期分析积压呆滞品存货的跌价风险是计提存货跌价准备的必要程序和证据，表 5-1 中的"其他生产成本——存货跌价损失"项就是对计提存货跌价准备的损益科目在管理利润表中的体现。

在很多具备全集团范围内完整风险管理体系的跨国企业，一般都有**至少每季度一次的全集团范围内的风险回顾与报告流程，积压呆滞品存货的跌价风险分析便属于这个流程的一部分**。积压呆滞品存货分析由财务分析师发起并组织协调生产计划、采购、工程技术、销售等部门组成 E&O 存货风险分析小组，对物料明细账中符合积压呆滞标准的材料逐一分析它们可被处置变现的概率，即分析确定每一种积压呆滞材料的风险概率，用以计算每种材料无法耗用或变现的风险敞口（risk exposure）：

$$\text{积压呆滞材料的跌价风险敞口} = \Sigma \left(\text{每种积压呆滞材料的风险概率} \times \text{单价} \times \text{积压呆滞数量} \right)$$

由于材料入库后可能会经过多次移动，所以除非依据先进先出原则按进货批次发放实物，否则企业需要制定物料属于积压呆滞的划分标准，例如利用物料需求计划（MRP）系统计算每种原材料的周转率，根据周转率低于所有原材料的平均周转率而判断。在途与已订货状态的物料有在将来成为积压呆滞品的，也需要计算在内。因此在生产计划运转良好的企业可以利用 MRP 系统运行"存货主数据文件"（inventory master data file）来计算。在 MRP 系统中，由于生产计划部门会根据接单情况和来自销售组织的客户需求预测实时输入并滚动更新未来一个营业周期（一年）的每种产品的产量计划，由产量计划和每种产品的物料清单计算未来一年的每种物料的需求量，方便采购部门向供应商订货、设置交货期和一次订货量、商议不同订货量的价格折扣等活动，因此"存货主数据文件"会显示每种物料未来一年的总需求量、库存数量、已下订单数量、已计划入库日期数量。**一种材料在没有保质期的前提下，如果总需求量小于现有库存量加已订货未到达数量，即符合积压呆滞的定义，因其已不符合流动资产"预计在下一个正常营业周期中变现、出售或耗用"的定义**。所有现有库存数量加已订货数量大于总需求量的原材料即可被筛选出来，作为存货风险分析小组分析积压呆滞材料跌价风险的第一手资料。

$$\text{某物料积压呆滞材料数量} = \text{该物料未来一年总需求量} - \text{现有库存数量} - \text{已订货数量}$$

每种积压呆滞材料的风险概率是由存货风险分析小组成员主观判定的，可以根据需要将风险水平分为几档，例如高风险概率为 100%，中等风险概率为 50%，低风险概率为 30%，以及无风险为 0%。判定风险率的过程也是小组探讨处置该种材料的可选方案及可实现概率的过程，例如一类材料是某系列产品的专有材料，如果小组成员判定以下几种情况同时出现，那么可判定为废弃型材料（obsolete material），有必要给予其高风险概率：

- 专用该类材料的产品属于公司已明令工厂停产、销售组织停售。
- 不能通过高效且低成本的方式改造为能用于其他产品的材料。

- 该类材料在三包期内退换服务和收费维修业务也没有需求。
- 在本土区域的上游行业完全没有外部市场。

在销售与运营计划机制和供应链管理机制较为成熟的企业，E&O 库存中废弃型材料很少，大多数是积压型材料（excess material）。分析评估积压型材料的跌价风险要更为复杂，它们多数是因为在根据销售订单意向运行 MRP 程序并采购备料后客户取消销售订单或减少订货量造成的。这类材料需要分析小组根据以下几种情况来判定它们的风险概率：

- 该物料是否可以向供应商取消已订货的采购订单。
- 该物料是否具有通用性、可用于其他型号的产品。
- 用到该物料的产品目前的订单量是否呈连续增长趋势。
- 市场部门的产品需求量预测未来是否有增加的可能。
- 将该物料通过技术改造成高需求量的替代材料是否便利可行。
- 该物料是否可以折价卖给售后维修或三包服务部门。

表 5-8 是根据"存货主数据文件"加工的积压呆滞存货分析报表的示例。

对于积压呆滞存货中的产成品，风险评估分析与原材料不同，因为它直接面向外部市场，以出售为变现的唯一渠道。在采用以销定产模式的工业品制造业，成品一般都会"锁定分配"给特定客户订单，不存在积压无法售出的风险，但在定期风险回顾报告流程中，财务分析师需要注意以下特殊存货，分析其存在的跌价风险。

- 因质量问题客户要求退换货形成的库存，经工程技术部门评估鉴定是否可修复或再制造出售？修复与再制造所耗成本是否超出原成本？
- 产品经理已发布停售下架、停止接受新销售订单通知的品类的现有库存，是否已与客户协调后在安排发货列表中？

表 5-8 积压呆滞存货分析报表

物料代码	标准成本 1	总需求量 2	库存数量 3	订货数量 4	积压数量 5=(3+4)−2>0	库存金额（元）6=1×3	跌价风险率 7	跌价风险敞口（元）8=1×5×7	讨论决定的处置措施
A001	32.10	3 405	3 430	200	225	110 103	30%	2 167	可改造为替代部件
A002	13.47	9 377	2 344	450	0	31 574		0	1. 取消100个采购订单 2. 等待新客户订单
A003	5.60	7 843	8 599	100	856	48 154	50%	2 397	
A004	2.83	10 293	6 742	500	0	19 080		0	折价一半卖给售后维修部门
A005	67.20	200	310	0	110	20 832	50%	3 696	
A006	25.93	3 084	3 721	100	737	96 486	0%	0	销售部门即将签订新销售合同，下月提交订单
A007	1.83	13 462	8 902	500	0	16 291		0	
A008	120.00	8 774	2 344	300	0	281 280		0	新品专用材料，目前市场需求预测乐观
A009	189.00	4 793	5 206	0	413	983 934	10%	7 806	
A010	78.10	13 462	4 278	500	0	334 112		0	
A011	295.33	369	348	50	29	102 775	100%	8 565	报废
A012	56.00	1 322	1 502	0	180	84 112	30%	3 024	可改造为替代部件
总计						2 128 733		27 654	

注：表中数据在计算过程中有四舍五入。

- 库龄超过平均周转速度的库存，长库龄的原因是什么？如果没有锁定分配给任何客户订单，是否必须以大幅折扣的低价才能售出？

以世界知名工业品制造商西门子公司为例，其事业部的财务控制分析师以库龄为标准对产成品库存的积压呆滞风险分析一般分为三类风险。

（1）**数量风险**（quantity risk）：库龄或周转天数越长的存货给予越高的风险概率。

（2）**技术风险**（technical risk）：产品因技术更新或市场需求变化报废的高风险。

（3）**价格风险**（price risk）：产品因质量纠纷、公众口碑下降等外部原因大幅降价，出售变现的价格低于存货历史成本。

某些特定行业成品跌价风险较高，例如食品制造行业产成品有保质期的限制，所以需要基于库龄分析不同品类存货出售给经销商与渠道零售商的折扣，这些折扣也属于积压呆滞存货跌价损失。对于如有色金属这种行业，其产品价格与商品交易市场息息相关，随行就市的特点使产成品库存的可变现净值波动很大，财务分析师也需要密切关注成品库存的跌价损失。

5.3.2 应付账款分析

应付账款也是制造单元或工厂应管理的营运资本要素，相对于应收账款和存货，它的风险没那么高。但如果应收账款和存货管理不好造成流动资产占用过多资金，会对应付账款按期支付产生影响。如果不按合同约定的商业信用期而拖延向供应商付款，会对生产效率产生重大的影响，小到可能使供应商停止下次供货、使生产线缺料延误交付，大到损害供应商联盟关系，采购部门需要付出更大成本频繁寻源（sourcing）更换符合资质的供应商。因此管理应付账款账龄也是工厂日常经营财务分析的一项内容。当然在很多工厂，这项分析是由应付账款或往来账会计岗位负责的。

应付账款的核心分析指标是账龄，在严格执行核销发票付款的流程下，应付账款的账面余额应该可以细化分解到发票，即支付给每个供应商的每一笔款项都能与具体采购发票号相关联，这样每个供应商的应付账款余额也可以按照未付发票号展开明细，计算每笔未付发票的账龄：

未付发票账龄（天数）= 当前报告日期 − 发票日期

由于企业与供应商的采购合同中会制定信用期，一般为发票日期后的一定天数，因此在财务应付账款核算系统中可以自动筛选逾期未付发票。逾期未付发票金额是应付账款会计部门的关键绩效指标。

5.4 固定资产与资本性支出分析

在制造业务单元中，除了存货以外，固定资产（property plant & equipment，PP&E）也是财务分析师需要关注分析的资产负债表项目。固定资产的分析侧重在资产的新增，在没有对外长期投资权、不存在股权债权投资的制造单元，资本性支出（capital expenditure，CAPEX）分析的范围仅指固定资产的新增，以及与扩大生产规模和生产能力、提高产品质量直接有关的投资支出，包括生产线设备、检测设备、生产用厂房建筑、生产用工夹模具等方面的投资。因此，本节中的资本性支出仅指生产性资本性支出，不涉及股权债权等对外投资的资本性支出。

由于资本性支出与经营性支出（operation expenditure, OPEX）的性质不同，是企业跨年度受益的投资，在法定会计报表中的列报也需要资本化，即属于长期资产（固定资产、无形资产），所以在申请资金拨付和采购时都需要有与OPEX不同的控制程序。例如，有的企业在对固定资产请购与资本性支出拨付款前，要求业务部门或专业对口部门另行提交**"资本拨款申请"**（capital appropriations request，CAR）。对于如工厂改扩建、生产线设备替换、技术改造之类的大型且涉及多项长期资产的项目，提交资本拨款申请前还需附上项目可行性研究报告。资本拨款申请程序通常由业务部门主导，但财务分析师需要参与并提供决策支持，并且对每一份资本拨款申请提交公司投资委员会批准拨付预算额度，批准后创建编号（CAR number）并将所有支持性文件按此编号归档以供日后追踪分析预算执行情况。在涉及长期建设的项目的执行过程中，财务分析师还需要时时介入跟进，这些分析内容将在第 6 章 "专题项目的财务分析指标"中讲述。

在日常的经营财务分析中，制造单元的财务分析师需要分析资本性支出的预算执行情况，分部门（即资本拨款申请的申请单位）列示每个资本拨款申请编号下的如下内容。

- 已关闭的 CAR 档案：累计实际支出额与拨款额度的差异对比。
- 未关闭的 CAR 档案：累计完成资本化确认固定资产的比例。
- 涉及项目的 CAR 档案：根据项目计划时间表对比支出与资本化的执行进度。

表 5-9 是期末对所有资本拨款申请所做的分析统计的节选示例。

从表 5-9 可以看出，在资本性支出预算（即每一个 CAR 批准额度）中，**一个资本拨款申请的额度不一定都是资本性支出，还可能包括其他支出（期间费用或流动资产），这通常基于此项资产购置或建造的整体性考虑**，购置一项资产或许包括为支持主体资产正常运行所必须额外购置的附件。例如，为购买一套中央空调申请的 CAR，主机是需要资本化的，但安装空调必须发生的零星物料易耗品、人工的交通差旅费等，都需要归集核算到同一个 CAR 档案下；再如更为复杂的建造工程项目，在项目期内往往需要垫支流动资金，这在会计上也不会被资本化，但属于该工程投资项目投入资源总额的一部分。编制资本拨款申请是为了估算该项目所需要投入的总资源，而不仅是单项固定资产的金额。因此，为了财务分析师根据 CAR 编号做上述预算与支出的对比分析，在会计上对涉及 CAR 的所有支出也需要核算到 CAR 编号，这需要规范界定从采购到付款的会计制度和业务流程，即区分资本性支出项目的采购付款（被分配 CAR 编号）与日常经营性支出（没有 CAR 编号）的采购付款。

第 5 章 制造业务单元的财务分析指标

表 5-9 资本拨款分析统计

(单位：元)

资本拨款申请 (CAR)	支出事项描述	部门	状态（开放/关闭）	拨款额度总计			累计支出发生			支出差异		累计资本化金额	资本化进度
				资本性支出 1.1	其他支出 1.2		资本性支出 2.1	其他支出 2.2		资本性支出 3.1 = 2.1-1.1	其他支出 3.2 = 2.2-1.2	4	5 = 4 / 2.1
CAR2010001	工厂改扩建	A3 工厂	开放	80 000 000	163 000		18 362 934	150 321		(61 637 066)	(12 679)	3 659 680	20%
CAR2010002	物流分配系统	零售业务事业部	开放	3 135 000	0		0	0		(3 135 000)	0	0	0
CAR2010003	更换中央空调系统	集团总公司	关闭	37 500	2 800		37 500	2 680		0	(120)	37 500	100%
CAR2010004	仓库叉车 3 辆	A1 工厂	开放	23 600	1 350		0	0		(23 600)	(1 350)	0	0
CAR2010005	购新员工电脑 10 台	工业客户事业部	关闭	55 000	2 500		55 000	2 600		0	100	55 000	100%
……													

◎ 情景5 对话疑问的解答

1. **成本会计的双重作用**：成本会计一方面是财务会计的组成部分，影响法定财务报告中资产负债表的存货与利润表的营业成本的列报；一方面是管理会计的核心内容，为成本控制提供数据支持。在满足法定财务报告要求的前提下，成本分析应不拘泥于交易层面成本会计核算的步骤，根据内部管理者需求，以变通和简化的逻辑计算产品实际成本。

2. **采用标准成本法的优缺点**：标准成本相比实际成本的优点是核算简单，并且有利于业绩评价。它通过制定高效运营条件下的"现行可达到标准"，并借助差异分析评价工厂"成本降低"的业绩贡献，通过监控偏离标准成本的各项差异来寻求资源节约或浪费的原因，并推动相关部门采取必要的修正措施改进绩效。缺点是难以核算出不同产品的单位实际成本，将成本差异还原分配至产成品操作烦琐，工作量大。但可以用"现行成本"取代会计意义的实际成本，通过对选定的产品型号直接获取直接材料价格和最新变更的物料清单与工艺路线计算。

3. **积压原材料的跌价风险评估**：原材料的积压由多种原因产生，因此存货跌价损失的业绩指标不应分配给某一个职能部门，而应分配给事业部或拥有完整计划、采购、制造、仓储职能的工厂。不论是事业部还是制造工厂，财务分析师评估存货跌价损失都需要协调生产计划、采购、工程技术、销售等部门组成跨职能评估小组，通过定期发起"风险回顾与报告流程"，依赖小组成员的专业技术与经验综合评定。

4. **资本性支出分析**：凡是为需要资本化的长期资产（固定资产、无形资产）投入资源的事项都属于企业的投资活动，因此需要从预算环节起就分项目建立档案和核准投入额度。财务分析师按项目创建 CAR 编码，并将 CAR 编码植入日常采购申请、付款和会计记账的业务流程中。

第 6 章

专题项目的财务分析指标

◎ **情景6**

在与三个工厂的财务经理一起交流工作了一个月后，小张很高兴，因为他终于按照 A 公司新的业务运营管理架构建立起了事业部和工厂的月度财务分析指标框架。他正在琢磨怎么把这些分析指标和计算规则体现在集团汇总财务分析报告中的时候，财务总监王总又给了他新的任务。

王总：小张，我刚开完 A3 工厂改扩建项目的会，李总裁提到以后每个月要看这个项目的最新进展，看它是不是按计划进行。小吴（即 A3 工厂财务经理）会后跟我提起，虽然你跟她一起梳理了一下固定资产支出的预算分析内容，但她觉得像这类大型资本性支出项目财务部门应该参与更多，特别是投资方案决策前期。由于这个项目在可行性分析阶段财务部门参与得不够，现在她觉得有些基础数据是有问题的。

小张：前期不都是估计的吗？本来这种长期投资项目跨好几年，不可能在可行性分析阶段把每年的收入成本预计得很全面，数据自然就不会很细。再说还有折现的问题，用什么做折现率也很影响项目收益。

王总：（笑）呵呵，照你的意思，就因为预测不靠谱，所以我们财务做了也没意义？如果每个项目前期财务参与都不彻底，由着项目经理和那些在财务领域不专业的人随便估计，那项目的各项预算数字就不靠谱，那么我们每月跟这个不靠谱的预算数做比较分析有什么意义呢？

小张：……那您的意思是？

王总：我只是借这个项目举个例子。因为小吴提醒了我，财务分析应该不只是例行的那些分析报告。那些分析内容既然已经定了，你可以先放一放，反倒是那些不是每天都会发生的专项分析，我们做得很不够。比如这个项目还算复杂，他们才想得起财务，如果是普通的固定资产购置，肯定没什么财务分析。虽然财务每年会做资本支出预算，但我认为他们也只是大体计算控制一下各公司和各部门报上来的数字，没有分项目一个个去跟他们估算投入产出和投资回报，所以整个资本性支出分析就没做好。因而借着这次构建财务分析体系的时机，我们把资本性支出项目的完整分析方法梳理一下，比如项目在哪个阶段财务分析要做什么。

小张：好，那我要先总结一下我们都有什么类型的资本性支出项目，现在项目执行后的预算分析有了，主要是缺资本支出预算这块。

王总：小吴还跟我诉苦，说虽然早期这项目她参与得不够，但业务部门也不主动找她，所以造成可行性分析阶段项目组做的有些项的数字和财务会计的口径有差异，比如他们认为的成本与费用的划分和我们在会计意义上的成本费用的定义可能不一致。这个问题我感觉在整个公司都比较普遍，我觉得项目这个东西比较特殊，因为常常涉及很多部门，所以关于涉及财务的指标如何能在项目相关部门之间达成口径一致，也需要想想怎么改进，是整理出一套通用术语还是怎样。

小张：是呀，我早就发现了，上次对董事会汇报您让我做的财务决算指标体系，不是也说各部门习惯按自己的理解去预测自己部门的业绩吗？我还专门问了零售业务部的莉莉，他们果然就是把收入算成含增值税的，让我哭笑不得……

王总：嗯，这个你也和三个财务经理多探讨一下，他们毕竟接触一线运营部门较多，知道怎么去沟通更能让外部门接受。业务部门不懂财务，我们是不能跟他们讲财务语言的……另外，这个项目也让我想起一点，就是除了资本性支出这块，整个项目财务分析我们都欠缺。以前都是基于经营主体做的财务分析，没有基于项目的，比如零售事业部经常组织那么多营销活动，市场费用那么高，收到的效果如何？再有，新产品开发引进也是笔大投资，财务分析是不是也缺少参与和支持导致盈利性不好？

小张：哦，对了，我想起来了，以前A1公司的孙经理也跟我说很头疼那些市场费用，不知道该怎么管，说总看到市场部门报各种方案让她批，但不知道他们说的那些销售业绩都实现了没有。我当时就在想，是不是应该以每个方案为一个项目专项核算分析呢？

王总：对，你现在就把类似这种总是要跟财务伸手"要钱"的项目类型总结一下。这些项目的财务分析都要事前参与估计盈利性，事中控制支出，事后分析达成效果。必要的话，这些专项型的财务分析内容也要纳入我们每月或每季度的管理报告。

小张：好。

焦点问题：

◆ 对于消耗资源大的专题项目需要做哪些财务分析？在什么时间做？
◆ 做这类专项财务分析的要点是什么？
◆ 如何能使项目相关部门理解并接受财务分析指标的计算口径？

在第4章和第5章讲述的经营财务分析，虽然是对第3章企业综合绩效评价指标在企业内部不同类型责任中心的细化，但它们仍然是围绕同一营业周期（年度、季度、月度）的财务报表要素展开的，即这些分析的要素如收入、成本、费用、存货、应收账款等几乎是每个最小营业周期内都会发生的。然而还有**另外一种经营财务分析，即分析的内容和目标不一定是每月、每周甚至每天都会发生的，从频率上看不具备周期性和例行性**，

这类财务分析可以称为专题项目财务分析，常见的专题项目有投资项目、市场营销项目、新产品研发引进项目、工程项目等。

这些专题项目要根据企业的行业特性和自身战略发展阶段而定，例如快速消费品行业和零售企业需要频繁但不定期地组织市场促销推广活动，因此需要做市场营销项目的财务分析，但装备制造、房地产开发、建筑工程类的行业就不需要。另外，对于房地产开发、专业服务、建筑工程企业而言，其基本运营模式和最小运营单位就是项目，因此本章不涉及这些整体属于项目制运营的企业所做的财务分析，只就传统制造业与商业企业日常运营中几种常见的专题项目讲述它们各自的财务分析指标。

6.1 内部投资项目分析

为了企业长期发展的投资活动是所有企业都会发生的，只是投资的类别不同、投资项目立案执行的期间不同。企业的长期投资根据投资方向不同可以分为外部投资与内部投资，本节不讲述企业基于外部扩张需求通过中介机构和资本市场开展的外部企业并购项目，只讲述企业基于内生发展需求的内部投资，即企业将资金投放于为取得生产经营用的固定资产、无形资产、其他长期资产而形成的投资，即本书第 5 章 5.4 节中讲述的资本性支出（CAPEX）分析。例如，为扩大生产规模或开发新产品而购置生产线、设备，厂房更新或改建，新产品研发，实施信息化管理系统，建设工程中购置政府强制的环保设施等。

第 5 章 5.4 节只介绍了资本性支出执行过程的定期分析，但这只是资本性支出财务分析的一部分。财务分析师在内部投资项目的前期可行性研究与方案选择中的职责是**财务效益评估**，这是投资项目评估的重要部分，是对整个项目寿命期内的成本与收益情况进行评估，从而论证项目是否具有经济上的可行性。财务效益评估是决定项目可行与否、银行是否提供贷款的基本依据，在财务管理领域也将此称为**投资决策分析**。

下面来看一个发生在 A 集团的案例。

○【案例 6-1】购买实施物流分配系统项目

　　A 集团新成立的零售业务事业部由于整合了全国所有城市包括香港 PNK 贸易公司在内的销售组织，所以事业部管理层发现需要更整合和透明的库存信息管理系统来减少存货积压，并且拟建立区域分发中心（regional distribution center，RDC）的物流运作模式，使每种产品在全国范围内以低物流成本快速满足经销商和终端消费者的购买需求。为此零售事业部启动了关于在全部销售组织范围内实施 RDC 的流程变革项目。

　　在这个项目大背景中，A 集团信息管理部经理受零售事业部总经理委托正与软件开发商洽谈，考虑购买上线一套基于"零库存"管理模式的物流分配系统，并要求小张分析这个物流管理信息化项目的成本效益并论证是否可行。该物流分配系统包括一套计算机系统和一套自动扫描处理设备。计算机系统的硬件和软件初始成本为 230 万元，自动扫描处理设备成本为 83.5 万元，它们的使用年限均为 5 年，采用直线法折旧，无残值。第 5 年年底自动扫描处理设备的预计售价是 28.6 万元，计算机系统在第 5 年年底不产生处置收入。

　　零售事业部参与该方案可行性分析的跨部门小组提交了如下信息：

- 因为这个物流分配系统改进了客户服务的效率，A 集团零售事业部将在第 1 年实现 150 万元的增量收入，且以目前已知的销售业绩增长幅度看，销售收入平均每年以 10% 的速度增长。
- 平均产品毛利率为 60%。
- 由于零库存管理模式会导致采购次数和采购订单增加，材料采购费用每年预计增加 12.5 万元。
- 由于这个系统是基于零库存的管理模式设计的，因此预计到第 1 年年末现有库存会大幅下降，存货占用的营运资金将会一次性减少 32 万元，在此之后的 4 年每年年末存货都将维持相似的水平。
- 由于建立区域配送中心的集约效应，仓库的数量和面积减少，仓库租金将节省 20%，现在事业部在全国所有区域仓库的年租金是 65 万元。

这个物流分配系统项目的购置成本即属于典型的资本性支出，这个项目即成为内部投资项目的一种。该项目如果经可行性调研和分析论证，结果为可行，财务分析师便可以提交论证结果和文档向公司高级管理层申请"资本拨款申请"，使项目正式进入筹资与执行环节。本节将主要围绕这个案例来讲述财务分析师对内部投资项目需要做哪些工作。

6.1.1 货币时间价值

由于企业的投资是跨多个年度收益的，因此投资项目的财务分析不同于前面章节讲述的经营性内容，需要考虑时间价值。因此，**项目的财务分析也可以分为动态分析（折现分析）与静态分析（非折现分析）**。

时间价值，是指因时间而引起的货币资金价值量的变化，即现在收到一元钱比明天收到一元钱更有价值。因为今天的一元钱可以用来进行投资赚取比如说年回报率10%的收益，这样到了明年的今天这1元就有了1.1元的价值，这1元资金的时间价值就是今天放弃这笔投资的机会成本，即放弃0.1元的回报。也就是说一年后的1元钱只相当于现在的 $1/(1+10\%)=0.909$ 元。这便是动态分析中提到的"折现"或"贴现"。所谓动态分析方法，就是在计算项目经济寿命期内各年发生的费用与收入利润时，考虑货币时间价值。资金的时间价值对短期项目影响不大，但对5年以上的长期项目却有很大影响。长期项目的每一年都有资金的流入流出，为保证项目支出与收入的可比性，必须采用贴现的方法把不同时间的价值转换为相同时间的价值，使不同时期不同种类的成本、收入和效益能进行比较。

动态分析方法中必须用到的工具是**复利系数表**。复利是计算利息的一种方法，每经过一个计息期（年度），要将所生利息加入本金再计利息，逐期滚动计算。复利系数有以下四个基本参数。

（1）**复利终值系数**：当前1元投资的未来第 N 期期末的累积金额。

（2）**复利现值系数**：未来第 N 期期末的1元在当前的价值。

（3）**年金终值系数**：在连续期间的每期期末收（付）的1元在最后一期收（付）时的本利合计。

（4）年金现值系数：为了在未来每期期末取得 1 元，现在需要投入的金额。

静态分析是指在计算项目经济寿命期内每年发生的费用和效益时不考虑货币时间价值。例如财务会计中常计算的投资回报率就是典型的静态分析指标。在投资项目分析中也会用到这种指标。

6.1.2 计算项目现金流量

尽管投资决策是评估项目的成本与效益，但需要注意的是，**投资决策中评估的是现金流量而不是会计利润**，也就是说备选投资方案的成本和收入是以收付实现制为基础的。这是因为，首先，会计利润是以年度为单位并基于权责发生制报告的，受存货计价、待摊预提项和折旧的影响而不反映真实的资金流向。例如，折旧会抵减会计利润，但实际并未发生现金流出，采用现金流量考虑了投资的实际效果。其次，会计利润是一年期内的短期业绩指标，会使管理者因短期盈利业绩的压力摒弃长期现金流量充沛的投资项目。最后，会计利润并不考虑货币的时间价值，而采用现金流量能通过界定每笔收支的具体时间来将资金的时间价值反映到投资效益中去。

内部投资项目中的现金流量包括以下三种。

（1）**原始投资，包括以下几部分：**
① 在项目初期一次性投入或在后续分期追加投入的资本金，如果是债务性筹集的资本，还需要包括资本化的利息支出。
② 项目初期垫付的流动资金，如购买的新设备安装运行所需的备件和物料、扩大规模或增加新业务后形成的应收账款与应付账款的增加。净流动资金是指流动资产与流动负债的差额。
③ 处置旧资产获得的现金流入。

（2）**经营净现金流量**：在项目开始后每年的收入抵减成本的净额。这里的收入和成本都以收付实现制计量，不包括待摊预提项和折旧。

（3）**项目结束时回收的现金流量**：在项目终结时收回的流动资金，例如出售与项目有关的存货、为使营运资金恢复原有水平的应收账款的变现，以及处置（报废）资产取得的现金残值收入。

另外，在预计现金流量时还有几个问题需要注意。

（1）**所有的现金流量都需要转换成税后现金流量**：所得税是一种现金流出，在预计经营现金流量时应考虑折旧带来的所得税节省。

（2）**现金流量应该是增量现金流量**：所谓增量，是指接受或拒绝某个投资方案后，企业总现金流量因此发生的变化。无论接受还是拒绝该项目都不发生变化的现金流入和流出项，不属于项目的增量现金流量，即投资决策中的现金流量应该是与项目"相关"的现金流量。

（3）**现金流量应该考虑机会成本**：如果选择了一个投资方案则必须放弃投资其他途径的机会，其他投资机会可能取得的收益便是实行选择的方案的代价，即机会成本。

（4）**通货膨胀的影响**。

估算现金流量涉及很多变量，所以需要财务分析师组织协调多个职能部门参与。例如，销售部门负责在考虑产品组合、营销影响、竞争者动态等因素的基础上预测销量和售价；产品开发和技术部门负责估计投资方案所需购置设施的种类和技术性能，提供可选的供应商、市场价格、建造工程所需的承包商、单位工程费用造价等信息；生产和采购部门负责估计制造成本，涉及新产品物料清单、原材料采购价格、工艺路线等。**财务分析师除了审核以上信息输入在逻辑上的合理性，以及提供如标准成本汇总测算之类的支持性工作外，更重要的任务是为各部门的预测建立共同的基本假设**，例如物价水平和通货膨胀率、贴现率、存货计价方法（先进先出或标准成本或加权平均）、流动资金中应收应付款项的账期等。

继续来看案例 6-1 中 A 集团物流分配系统的项目。

小张作为财务分析师，首先要计算每个年度的现金净流量，这个计算过程要考虑所得税的影响以及不在会计核算范围内的机会成本。目前 A 集团所有运营子公司都使用 25% 的所得税税率。在计算前，小张先对如上增量收入、采购与仓储成本的变化、毛利率、现有库存金额等信息进行核实检验，确认逻辑合理后他编制了该项目生命周期 5 年内每一年的现金净流量（见表 6-1），可以看出各期现金流是不相等的。

从表 6-1 中可以看出以下两点。

（1）"存货减少带来的付现成本节省（I）"项的 32 万元，作为现金流入项在第 1 年的现金毛利基础上加回，这是因为表中"增量现金毛利收入（CM）"这一项是基于"增量现金收入（S）"乘以统一不变的毛利率 60% 计算而得的，这个毛利相当于已扣除与销售收入相匹配的销售成本即存货成本，那么第一年的销售成本里应该已包括原有的 32 万元存货余额，而这 32 万元不属于第 1 年的付现存货成本，所以应视为第 1 年的付现成本节省在增量现金毛利中加回。

（2）折旧的影响：在现金流量计算中，折旧是权责发生制基础上的非付现成本，本身是与收付实现制基础上的现金流量分析不相关的，但是由于企业在缴纳所得税时折旧可以从应纳税所得额中抵扣，因此折旧会带来所得税的现金节省。从某种意义来说，折旧抵扣的所得税现金节省部分抵消了这个信息管理系统的取得成本，因此这种税额的节省是与投资项目相关的。

6.1.3 资本预算程序

包括内部投资项目在内的一切资本性支出项目都依赖资本预算（capital budgeting）程序来立项和执行。完整的资本预算程序应由如下步骤组成。

第一步：研究和发现投资机会。识别和挑选与公司战略目标契合的资本支出项目。例如，实施成本领先战略的企业应首选有利于提高生产能力和效率、降低成本的项目，而实施产品差异化战略的企业会首选开发新产品、新市场的资本支出项目。

表 6-1 投资项目税后净现金流量计算

	第 0 年	第 1 年	第 2 年	第 3 年	第 4 年	第 5 年	备注
现金流入:							
增量现金收入 (S)		150.00	165.00	181.50	199.65	219.62	$S_n=S_{n-1} \times (1+10\%)$
增量现金毛利收入 (CM)		90.00	99.00	108.90	119.79	131.77	$CM = S \times 60\%$ 毛利率
仓库租金节省 (W)		13.00	13.00	13.00	13.00	13.00	$W = 65$ 万元 $\times 20\%$
存货减少带来的付现成本节省 (I)		32.00					
终止时出售资产现金收入 (AS)						28.60	
现金流出:							
初始投入资本 (C)	313.50						$C=230$ 万元 $+83.5$ 万元
采购成本增加 (P)		12.50	12.50	12.50	12.50	12.50	$P=$ 每年 12.5 万元
现金营运利润 (OP)		122.50	99.50	109.40	120.29	132.27	$OP = CM+W+I-P$
净现金流量 (NCF1)	-313.50	122.50	99.50	109.40	120.29	160.87	$NCF1 = OP+AS-C$
所得税对现金流量的影响:							
现金营运利润的所得税支出 (T1)		30.63	24.88	27.35	30.07	33.07	$T1 = OP \times 25\%$
出售资产现金收入的所得税支出 (T2)		0.00	0.00	0.00	0.00	7.15	$T2 = AS \times 25\%$
折旧 (D)		62.70	62.70	62.70	62.70	62.70	$D=(230+83.5)$ 万元 / 5 年
折旧的所得税现金节省 (T3)		15.68	15.68	15.68	15.68	15.68	$T3 = D \times 25\%$
税后净现金流量 (NCF2)	-313.50	107.55	90.30	97.73	105.89	136.33	$NCF2 = NCF1 - (T1+T2) +T3$

注: 表中数据在计算过程中有四舍五入。

第二步：调查与初选。从价值链上挑选跨职能部门的团队（工程技术、采购、财务、制造、市场销售等）评估可供选择的项目计划，做出初步的方案筛选。

第三步：收集数据。预计备选投资方案的成本和收入，在考虑财务因素之余也需要考虑非财务的定性因素。

第四步：评价和选择方案。采用定量分析，选择预计收益最大的项目。

第五步：筹资。取得项目资金，资金来源包括自有资金和从资本市场获得的权益性资本或债务性资本。

第六步：项目实施与控制。当项目实施时评估资本支出是否已经做过预算并且一直在预算限额以内，即在第 5 章 5.4 节"固定资产与资本性支出分析"中讲述的根据"资本拨款申请"来跟踪资本性支出。在开始创造现金流后，还需要对项目进行后续审计监控，将项目实际进展结果与选择项目时的预测值比较。

在资本预算程序中，尽管属于固定资产与资本性支出的资本拨款申请很多，但大多不需要财务分析师很早介入。例如，外购单项固定（无形）资产，如果不涉及复杂多元的评估考量，且过去有置换类似资产的经验和判别资产技术构造、性能、价格方面的知识，申请拨款的业务部门常常有能力完成上述资本预算程序的前三步，如仓库新增或更换叉车、货架，那么财务分析师往往不介入前期的调查和初选，只需到第四步定量分析资产寿命期内的效益时才参与。但是，当资本性支出项目属于跨年度建设性投资时，财务分析师应该在早期介入参加跨职能评估小组。例如，A 集团 A3 工厂的扩建项目就属于这种复杂、长期的建设投资项目。

1. 建设投资项目的可行性研究与投资估算

建设投资项目与 A 集团零售业务部外购物流分配系统的项目不同，它涉及建造过程和多项资产的购置，所以初始投资不容易确定。这类项目通常要进行周密的可行性研究，**可行性报告是申报"资本拨款申请"的重要支持性文档。**一份工业项目的可行性分析报告大致要包括如下章节内容：项目背景与概况、承办单位概况、项目立项论证过程、产品市场预测与竞争力分析、资源条件评价（仅指资源开发项目）、建设规模与产品方案、场址选择、技术方案、设备方案、工程方案、主要原材料与燃料供应、总图运输与公用辅助工程、节能措施与环境影响评价、劳动安全卫生与消防、组织机构与人力资源设置、项目实施进度安排、投资估算、融资方案、财务效益分析、社会效益与社会风险评价、分析结论与建议。可以看出，严密的可行性分析的学科内容与涉及的职能部门非常广泛，**财务分析师需要在项目可行性研究阶段参加项目组，参与投资估算、融资方案与财务效益分析这几方面的工作。**

首先是投资估算。建设投资项目通常因为时间长、投资额大，而且需要外部筹资来满足资金需求，所以建设投资估算是资本预算程序中第三步"收集数据"的重要工作。建设投资一般由以下三部分构成。

（1）**工程费用：** 由建筑工程费、设备与器具购置费和安装工程费构成，需要在建设完毕转固定资产。另外，建设期的利息费用也需要资本化，是资本性支出的一部分。

（2）**工程建设及其他费用：** 内容名目较多，且随行业和项目不同而不同，例如土地征用、勘察设计、土地使用权、技术转让费、设计费、职工培训费和开办费等。这些费用依据性质不同在会计上计入固定资产、无形资产和其他资产。

（3）**预备费：** 也称不可预见费，指在初步设计和概算中难以预料的费用，分为基本预备费和涨价预备费。

在项目建议书阶段和可行性研究阶段对建设投资估算的方法不同，一般项目建议书阶段的估算较为简单粗糙，可行性研究阶段建设方案已具备详细资料，对投资计算精度要求高，应按照编制概预算的方法进行详细估算。例如，建筑工程费用通常以工程承包商对每单项建筑物的平方米单位造价来估算，安装工程费用以设备购置费的百分比来估算，基本预备费以工程费用的一定百分比估算。

在可行性研究阶段，投资估算的另一个重要内容是流动资金。对**流**

动资金的估算需要以项目总成本费用估算数据为基础，采用分项指标估算法，即先按流动资产项目分别确定存货、应收账款、应付账款、现金的最低周转天数，然后计算每项的周转次数（周转次数 = 360天 / 最低周转天数），最后根据项目期内年均经营成本除以每项的周转次数来估算每一流动资金项的投入额：

（1）应收账款 = $\dfrac{\text{全年经营成本}}{\text{应收账款年周转次数}}$

（2）现金 = $\dfrac{\text{全年工资及福利费} + \text{全年其他费用}}{\text{现金年周转次数}}$

（3）存货 = 在产品 + 产成品

$\quad\quad$ 在产品 =（全年外购原材料及动力 + 全年工资及福利费 + 全年修理费 + 全年其他制造费用）÷ 在产品年周转次数

$\quad\quad$ 外购原材料及动力 = $\dfrac{\text{全年外购原材料及动力}}{\text{原材料年周转次数}}$

$\quad\quad$ 产成品 = $\dfrac{\text{全年经营成本}}{\text{产成品年周转次数}}$

（4）应付账款 = $\dfrac{\text{全年外购原材料及动力}}{\text{应付账款年周转次数}}$

（5）流动资金 = 应收账款 + 现金 + 存货 − 应付账款

由上述计算公式可以看出估算流动资金之前，先要对项目期的收入、成本、税金和费用进行估算，才能获得全年经营成本、工资福利费用、外购原材料及动力的数字。而且这些收入成本费用的估算都是项目可行性研究报告的重要附表，估算逻辑与企业每年的预算相似。

（1）**起始于营业收入估算**：在明确项目建设规模、产品方案的基础上进行严格的目标市场细分的调查和分析，明确项目期内合理的销量，再以现行价格为基础编制营业收入估算表。

（2）**总成本费用估算**：可参照可行性研究报告中提供的同类企业营业收入与总成本费用的比例来估算项目总成本费用，但更精确的估算方法是分成本要素估算，如分别估算外购原材料及动力、工资与福利、修理费、折旧费、摊销费、融资借款利息、其他费用，然后加总。

（3）**经营成本估算**：经营成本不同于一般会计成本概念，是指项目为生产销售产品发生的经常性现金支出，等于总成本费用减去折旧、摊销、融资利息支出后的金额，主要成本要素包括工资福利费、修理费、外购原材料与动力支出和其他费用。经营成本估算不仅是估算投资中的流动资金的基础，同时也是编制项目现金流量的重要依据。

2. 项目的融资方案与偿债能力分析

不论是建设投资项目还是其他投资项目，当自有资金无法满足投资需求时都需要外部筹资，特别是对于建设投资项目，融资方案是可行性研究报告的必要组成部分。因此项目决策需要**区分融资前分析与融资后分析**，区分的**目的是了解在项目投资效益可接受的情况下，针对特定的融资方案，项目的效益如何**。项目融资前分析是在不考虑债务融资条件和项目资本结构的情况下进行的，是从项目投资总获利能力角度考察项目方案的财务可行性。在融资前分析结论满足要求的情况下，初步设定融资方案，再进行融资后分析以判断项目方案在融资条件下的可行性，并用于比较融资方案。

在资本预算程序的第五步"筹资"阶段，财务分析师主要需要**计算资金成本来分析比较不同的融资方案**。资金成本包括资金占用费和资金筹集费，通常用资金成本率来表示，当资金筹集费比例很小时也可忽略不计：

$$资金成本率 = \frac{资金占用费}{筹集资金总额 - 资金筹集费}$$

$$= \frac{资金占用费}{筹集资金总额 \times (1 - 资金筹集费率)}$$

例如，如果一个投资项目的融资方案是从银行一次性借入 1 000 万元的 5 年期长期借款，年利率为 10%，筹资费用率为 0.5%，在这种融资方案中，资金占用费是为使用这 1 000 万元资金向银行支付的利息费用。由于利息具有抵扣所得税的作用，因此，在所得税税率为 25% 的情况下，该投资项目使用这笔长期借款的资金成本率为：

$$长期借款资金成本率 = \frac{1\,000 \times 10\% \times (1-25\%)}{1\,000 \times (1-0.5\%)} = 7.54\%$$

对于某些投资额大的项目，公司需要从外部多种渠道筹资，这些渠道包括银行长期借款、发行债券、发行普通股和优先股。在项目从多种渠道筹资时，项目的资金成本需要用加权平均资金成本（weighted average cost of capital，WACC）来表示，它是以各种资本在企业全部资本中所占的比重为权数，对各种长期资金的资本成本加权平均计算出来的资本总成本：

$$WACC = \frac{股本占融资}{总额的百分比} \times \frac{股本}{成本} + \frac{债务占融资}{总额的百分比} \times \frac{债务}{成本} \times (1-所得税税率)$$

我们假设 A 集团的 A3 工厂改扩建项目总投资额为 8 000 万元，项目的融资方案如下：

(1) 向银行申请固定资产贷款 2 000 万元，年贷款利率为 10.5%，期限为 5 年，筹资手续费率可忽略不计。

(2) 发行一次还本付息单利企业债券 1 500 万元，委托某证券公司代理发行，发行费用为 30 万元，5 年期，年利率为 15.5%。

(3) 发行个人普通股 200 万股，每股发行价格为 15 元，每股股利为 0.8 元，每年预期增长 5%。

(4) 企业自有盈余资金（留存收益）1 500 万元。

企业的所得税税率为 25%。以下为该项目的加权平均资金成本的计算过程。

第一步：计算每种筹资方式的资金成本

长期借款资金成本 = $10.5\% \times (1-25\%) = 7.875\%$

债券资金成本 = $1\,500 \times 15.5\% \times (1-25\%) / (1\,500-30) = 11.86\%$

普通股资金成本 = $0.8 / 15 + 5\% = 10.33\%$

留存收益资金成本 = 普通股资金成本 = 10.33%

第二步：计算每种筹资方式的资金额占长期投资总额的比重

长期借款 = $2\,000 / 8\,000 = 25\%$

企业债券 = $1\,500 / 8\,000 = 18.75\%$

普通股 = 200×15 / 8 000 = 37.5%

留存收益 = 1 500 / 8 000 = 18.75%

第三步：计算项目加权平均资金成本

WACC = 7.875%×25% + 11.86%×18.75% + 10.33%×37.5% + 10.33%×18.75%

= 10%

在融资方案的比较中，加权平均资金成本是一个重要指标，加权平均资金成本小的方案更优。

在选择确定了融资方案后，财务分析师对于债务资本还需要编制借款还本付息计划表。另外，**财务分析师还需要分析项目的偿债能力**。在投资项目中，**偿债能力的分析指标主要有偿债备付率或已获利息倍数**。已获利息倍数在第 3 章 3.3 节"评价财务风险控制能力的财务分析指标"中已有介绍，偿债备付率是指项目在借款偿还期内，各年可用于还本付息的资金与当期应还本付息金额的比值，计算公式为：

$$偿债备付率 = \frac{可用于还本付息的资金}{当期应还本付息的金额}$$

$$= \frac{息税前利润 + 折旧 + 摊销 - 所得税}{当期应还本付息的金额}$$

某些大型投资项目需要以注册法人公司（即项目公司）独立核算和资金结算的形式来实施，对于这种情况还需要每年编制项目公司的财务报表，这时项目便成为独立运营的实体，项目公司的财务分析师便需要站在法人实体的角度分析整体偿债能力的指标，这些指标可以参照第 3 章 3.3 节"评价财务风险控制能力的财务分析指标"中的内容，例如资产负债率、流动比率等。

3. 项目实施过程中的财务分析

资本预算程序的第六步"项目实施与控制"是针对项目管理的，因为财务分析师在投资项目中的工作既包括项目前期的可行性分析、财务效益分析、方案比较和选择，也包括项目启动实施到项目终止期间内的持续控制，以保证企业把钱投下去后实际情况与原来预期相比不出现大的差异。如果项目管理不善，投资项目极可能效益产出严重偏离预期甚至失败。

财务分析师在投资项目管理过程中最重要的工作是做好预算控制，在第 5 章 5.4 节"固定资产与资本性支出分析"中对此已做介绍，例如分"资本拨款申请"编码来追踪，包括每个项目各项支出（原始投资、流动资金、建设期内各项成本费用和融资的还本付息等）的实际发生额与预算值（即可行性分析中的各项估算及评价选择方案中的现金流量预测）之间的差异、资本化进度与项目计划时间表的差异。如果项目的成本和产出的实际结果与预计的差异很大，管理者必须调查原因：是原来的评估过于乐观，还是项目实施中出现了问题。

另外，**财务分析师还要监控单项外购资产的招投标流程中的财务事项**，如供应商的选择和采购价格是否符合原始项目计划。以上这些内容应在每月或每季度的业务经营分析会议中在"资本性支出分析"一节中展现和汇报。如果投资项目是以法人实体形式（项目公司）实施和投入运营的，还应每期编制项目公司的财务报表，并围绕盈利能力与偿债能力对关键财务报表分析指标进行计算并对比资本预算分析差异，在业务经营评审会议中展现汇报。

6.1.4 投资项目财务效益的评价方法

关于资本预算程序的第四步"评价和选择方案"，是指**通过比较项目的投入与产出分析评价投资项目的获利能力**。常见的评价方法有如下几种，尽管它们都有利有弊。

1. 回收期法

回收期（payback）是指投资引起的现金流入累积到与投资额相等所需要的时间，代表收回投资额所需要的年限。回收年限越短，方案越好。回收期法是一种不考虑资金时间价值的静态分析方法。

在投资是在项目期初一次性投入且各期经营现金净流入的金额相等

时，投资回收期的计算公式如下：

$$投资回收期 = \frac{初始净投资}{每年的净现金流入}$$

当各期现金流不等时，回收期法应采用累加方式，将各年的净现金流入逐年累加，直到初始投资额被完全收回。

仍以案例6-1中A集团零售事业部购买上线物流分配系统的项目为例，表6-2展示了采用累加方式计算该项目投资回收期的过程。

从表6-2中可以看出，到第3年年末，313.5万元的初始投资在前三年累计产生现金净流入295.58万元后，只余下17.92（313.5-295.58）万元未收回，而第4年可产生105.89万元的现金净流入，这意味着第4年只用0.17年即可收回剩余投资，投资回收期为3.17年。

表6-2 投资回收期计算

年度	现金流入（万元）	累计现金流入（万元）	年末补偿后的初始投资净值（万元）
0	0.00	0.00	313.50
1	107.55	107.55	205.95
2	90.30	197.85	115.65
3	97.73	295.58	17.92
4	105.89	401.47	0.00
5	136.33	537.80	0.00

$$投资回收期 = 3\ 年 + \frac{17.92\ 万元}{105.89\ 万元} = 3.17\ 年$$

在这个例子里，投资是在第0年一次性发生313.5万元的现金流出，实际有不少项目的投资额是在不同期间发生的多次现金流出，但是由于回收期法不需要考虑资金的时间价值，因此**如果遇到分次投入资本的项目，可以将所有期间的现金流出加总得到总的现金流出来计算。**

使用回收期法的企业**通常需要设定一个取舍期，将项目回收期与取舍期比较，小于取舍期的方案才被视为可行，项目风险越大，取舍的期间定得越小**。取舍期可根据行业特点进行选择，但如果一个企业存在潜在的现金流量问题以及严重的资本预算限额，便适合制定较短的取舍期。据调查统计，日本的企业更偏好用回收期法，它们的取舍期一般定为3～5年。

如果 A 集团以 5 年为标准,这个物流分配系统的项目是可行的。

回收期法的一个优点在于简单易于理解,另一个优点是它强调流动性,即资金的周转效率。风险厌恶的管理者总会偏爱回收期短的项目,因为如此可以较快收回资金以供其他项目使用,何况对于较远期收入的预测往往不那么准确。在项目风险变大时,例如项目未来的效益很不确定而利率又很高时,管理者更强调短的回收期,而不愿将资金投入长期的投资项目。这是很多企业在投资项目的选择中仍喜欢用回收期法的原因。

回收期法的主要缺点是,首先忽略了资金的时间价值,其次忽略了收回初始投资后的项目现金流。如果企业管理者根据风险偏好制定了较短的取舍期,那么在对多个项目进行初步筛选的阶段,管理者会只选择回收期小于取舍期的短期投资项目,而放弃回收期大于取舍期但远期有较大收益的项目。另外,取舍期的制定虽然可以根据企业现金流量情况来确定一些原则,但最终**标准回收期仍有随意性**,这就可能导致对项目是否接受做出随意的决策。经理们可以改变项目"可接受回收期标准",以便"合法"选取他们希望进行的项目,而不是使所有者的利益最大化的项目。因此,回收期法适用于以下情况:

(1) 不需要对多个项目进行初步筛选。

(2) 远期的现金流十分不确定且难以预测。

(3) 取舍期的制定以行业惯例或过往同类项目的实际回收期作为标准。

2. 会计收益率法

会计收益率法(accounting rate of return,ARR)是另一种不考虑资金时间价值的静态分析方法,在不同的项目方案间比较时选择会计收益率高的项目。它的计算公式为:

会计收益率 = 预计税后年平均营业利润的净增加额 / 初始净投资

会计收益率法与回收期法虽然都没有考虑资金时间价值,同属静态分析方法,但回收期法以现金流量为基础,而**会计收益率法以权责发生制会计为基础**。尽管会计收益率法没有体现投资项目的实际资金使用效益,但它相对于回收期法的**优点是考虑了生命周期内所有的收入**,而不像回收期法一样忽略回收期后的现金流入。此外,会计收益率法更为简单明了,因此在小企业中应用普遍。这种方法主要适用于资金少、追求较快回收投资和管理水平较低的企业。

仍用案例6-1中A集团物流分配系统的案例来看会计收益率法的应用。

小张用会计收益率法做这个物流分配系统的财务效益评价时,之前计算的现金净流量(见表6-1)将不适用,因为会计收益率是以权责发生制为基础的,而现金流量是基于收付实现制计算的。但小张询问了零售事业部的销售部门,销售经理认为业务性质决定收入与成本的账期很短,所以小张认为可以忽略权责发生制基础上的应收应付账款造成的差异,每年取得的增量现金销售收入即可视为会计销售收入。另外案例中提到的"存货占用的营运资金将会一次性减少32万元"这一条件不在会计收益率法的考量范围内,因为在权责发生制会计的基础上,上年库存金额的减少意味着已体现在与第1年销售收入相匹配的销售成本里,即根据统一不变的毛利率计算的现金毛利可视为权责发生制基础上的会计毛利。

表6-3展示了项目期内每一年的会计收益(即税后增量营运利润)。

表6-3 投资项目的会计收益计算

	第0年	第1年	第2年	第3年	第4年	第5年	备注
增量收入(S)		185.00	203.50	223.85	246.24	270.86	$S_n=S_{n-1}\times(1+10\%)$
增量毛利(CM)		111.00	122.10	134.31	147.74	162.52	$CM=S\times 60\%$ 毛利率
折旧(D)		62.70	62.70	62.70	62.70	62.70	$D=(230+83.5)$ 万元/5年
终止时出售资产收入(AS)						28.60	
采购成本增加(P)		12.50	12.50	12.50	12.50	12.50	$P=$ 每年12.5万元
仓库租金节省(W)		13.00	13.00	13.00	13.00	13.00	$W=65$ 万元 $\times 20\%$
税前营运利润(OP)		48.80	59.90	72.11	85.54	128.92	$OP=CM-(D+P-W)+AS$
所得税(T)		12.20	14.98	18.03	21.39	32.23	$T=OP\times 25\%$
税后增量营运利润(NP)		36.60	44.93	54.08	64.16	96.69	$NP=OP-T$

注:表中数据在计算过程中有四舍五入。

$$税后年平均营业利润的净增加额 = \frac{36.6+44.93+54.08+64.16+96.69}{5}$$
$$= 59.29（万元/年）$$

$$会计收益率 = \frac{59.29 \text{ 万元}}{313.5 \text{ 万元}} = 18.91\%$$

由于项目组尚未明确评价投资项目需用的最小可接受收益率标准，所以小张通过与集团资金计划部门沟通后，确认该物流分配系统的初始投资313.5万元可以用A集团的自有资金盈余来解决，因此小张决定采用A集团的净资产收益率作为本项目评价的比较基准。上年A集团的ROE为12.3%，因此该投资方案的会计收益率大于ROE，在财务效益的角度是可行的。

以上案例表明，与回收期法一样，企业采用会计收益率法评价投资项目时也**需要制定最小可接受收益率，只有会计收益率大于最小可接受收益率的项目才是可接受的**。最为合理的标准是同行业基准投资收益率。另一种标准是参考占用资本的收益，这是经常用于衡量管理业绩的尺度，例如在第3章盈利能力分析指标中提到的"净资产收益率"（ROE）与"投入资本回报率"（ROIC），都可以作为制定最小可接受收益率的参考。在财务杠杆与有息负债比例较低的资本结构下，ROE是较合理的参考标准；若负债经营程度较高，可以参考ROIC来制定最小可接受收益率。

3. 净现值法

净现值法（net present value，NPV）是考虑资金时间价值的动态分析方法，用应得收益率（required rate of return）将投资项目未来每年的预计现金流量贴现为现值，并计算出该项目的预计净现值，根据净现值进行取舍。**净现值大于零的项目才是可取的，不同的方案比较时选择净现值高的项目**。

采用净现值法的关键是如何确定应得收益率。应得收益率是指投资项目应达到的可接受的最低年收益率，也称为贴现率（discount rate）。在很多财务管理的教材中都提到可选择的应得收益率是资本成本（cost of capital）。对于有多样资本筹集渠道、资本结构复杂的企业来说，资本成本是加权平均资本成本，但做内部投资项目的财务分析师需要根据投资项目的性质来选择适合的贴现率。

（1）对于投入资金巨大的大型长期的工程建设性项目，企业必须从外部资本市场筹资，且沿用公司目前的资本结构为新项目筹资，拥有足够的资本市场信息来计算，那么用加权平均资本成本作为计算净现值的贴现率是恰当的。

（2）固定资产购置类的资本性支出项目，大多发生在企业下属运营子公司或业务单元，如果可以依靠自有资金满足资本拨付需求，且这些运营组织有着稳定的主营业务和市场竞争优势，更为现实的贴现率是选择竞争对手的投资报酬率，但这常常被视为商业竞争秘密而不容易获得。因而可以采用企业内部的业绩指标，例如在正常运营时达到的总资产报酬率（ROA），即如果1元钱不用在投资该项目而是用在正常已有业务的生产运营上可以获取多少净利润。

（3）对于过往没有投资项目经验、初次尝试用折现方式评价项目收益的情况，最保守的选择是采用无风险利率，例如一年期银行存款利率。

再看案例6-1中A集团的物流分配系统的项目。

首先，小张与王总讨论应以什么作为应得收益率来为现金流折现。考虑到本项目的初始投资共计313.5万元可以用自有资金盈余满足，无须外部筹资，所以二人讨论确定以A集团最近一年的总资产报酬率（ROA）10%作为应得收益率。

在加入10%应得收益率的1至5年的复利现值系数后，小张计算出该项目的净现值，如图6-1所示。

因此本项目净现值大于零，从财务效益的角度来看它是可以接受的。

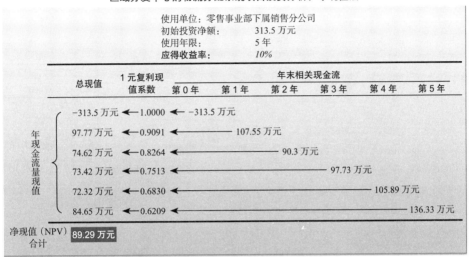

图 6-1 投资项目评价方法：净现值法

4. 内部收益率法

内部收益率法（internal rate of return，IRR）是另一种常用的动态分析方法，它是计算使投资项目预计现金流入量现值与现金流出量现值相等时的贴现率，也就是使**项目的净现值（NPV）为零时的贴现率**。

在实际工作中，财务分析师可以借助 Excel 电子表格应用程序中的函数 IRR 计算精确的内部收益率。但在没有计算机程序辅助的情况下，内部收益率需要依靠"试误法"（trial and error approach）得到。即先用一个贴现率计算投资项目的净现值，如果净现值小于零，则换一个更低的贴现率，这是因为根据复利现值系数表可以看出，一个较低的贴现率会使净现值增加；相反地，如果净现值大于零，则换用一个更高的贴现率以使净现值降低。如此逐步试算直到找出净现值为零或趋近于零的贴现率。

仍沿用 A 公司物流分配系统的案例，图 6-2 展示了在应得收益率为 20% 的时候 NPV 接近于零（1.24 万元）。

如果投资项目每年的现金流量相等，内部收益率的计算会简单得多，只需用初始总投资额除以年现金净流量，然后使用年金现值系数表查询哪个利率满足计算结果。

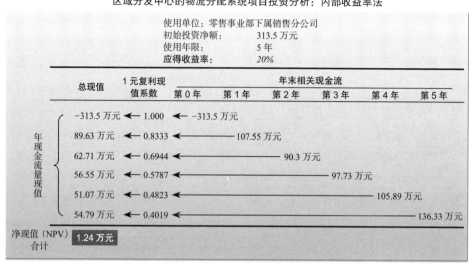

图 6-2　投资项目评价方法：内部收益率法

当拟投资项目涉及负债融资时，在测算 IRR 时需要考虑项目的负债融资方案对项目现金流量的影响。当项目的初始投资额较大比例通过负债融资获取资金时，后续每年的利息支出会减少年现金净流量，这样计算出的项目 IRR 与全部自有资金投入的 IRR 差距较大。这类**财务杠杆较高的项目通常会计算两个 IRR：全投资 IRR（亦称项目 IRR）和自有资金 IRR（亦称股东 IRR）**。

全投资 IRR 是指在计算回报率时考虑项目期内获取的全部资金，全部资金包括自有资金也包括有息负债融资资金；自有资金 IRR 是指仅计算股东自有资金投入的回报率。全投资 IRR 评价的是项目的可行性，自有资金 IRR 评价的是自有资金的获利能力。两者在计算年现金流量时的口径也不同，全投资 IRR 不计算有息负债利息的支出，因为对项目来说，所有资金投入方都要求投资回报，利息即贷款方要求投资回报的一种形式，可视为项目利润；自有资金 IRR 在计算年现金流量时，对股东而言贷款利息是项目获取利润的一项成本，需要计为现金流出项。

当一个项目有有息负债融资时，全投资 IRR 可以视为自有资金 IRR 和贷款利率的加权平均值，权数是自有资金和贷款的金额占比。当一个项目初始投资总额和每年的经营现金净流量确定时，全投资 IRR 是固定值，有息负债融资的比例和利率只影响自有资金 IRR 的计算结果。**评价非全部自有资金投入的项目的基本标准是：贷款利率＜全投资 IRR＜自有资金 IRR**。只有这样，项目的投资回报才能抵销贷款成本。如果全投资 IRR 小于贷款利率，自有资金 IRR 必然小于贷款利率，投资回报还不够还贷款，这样的项目理应被否决。

尽管净现值法（NPV）与内部收益率法（IRR）都属于计算逻辑相同的动态分析方法，但当在两个项目间做出选择，且这两个项目的限额或投资额不同时，这两种方法将得到不一样的结论，原因是 NPV 是以绝对金额值来表述的，而 IRR 是以相对比率值来表述的。**净现值法常被认为优于内部收益率法，因为它适用于投资项目各年应得收益率不同的情况**。在实施物流分配系统的案例中，当零售事业部的管理者预期项目后 3 年新的零售业务管理体系运转磨合得完善以后，事业部的盈利能力提高，总资产利润率会高于 10% 时，那么管理者对本项目后 3 年的投资回报预期也相应提高，所以应改用高于 10% 的贴现率来计算现金流量现值，这种处理是 IRR 不具备的。

综合以上几种在内部投资项目的资本预算分析中常用的财务评价方法可以看出，动态分析方法因为考虑货币时间价值故在理论上更为科学，然而**动态分析法带给财务分析师最大的挑战是如何合理预测项目期内的现金流，以及如何选择折现率**。

首先是以上的例子都是假设项目期内现金流是可以确定的，但实际上所有项目都有风险，未来现金流量具有不确定性，所以更为科学的方法是对净现值做风险调整，例如使用肯定当量系数、β 系数、资本资产定价模型等工具。然而这些定量方法都要基于大量资本市场信息才能应用，对于投资额不大的项目来说，例如为运营业务单元购置或更新固定资产或无形资产，财务分析师未必需要考虑得如此复杂，毕竟在任何一项管理决策中，**除了定量的财务效益分析，其他非财务的因素也很重要**。

以这个物流分配系统为例，即使用以上任何一种财务评价方法都证明项目不具备财务效益不值得投资，但零售事业部的管理者或许会强调采用 RDC 物流管理模式会提高配送效率、为消费者提供更好的服务，在市场上赢得更好的品牌口碑，而这套物流配送系统是 RDC 项目中必不可少的信息技术支持。所以，**资本投资决策需要考虑战略因素**，要求管理者考虑更大范围内的因素，而这些因素是很难量化评估的，制定某些战略投资的原因是避免给企业带来竞争劣势。因此财务分析师在投资管理决策中需要用科学定量的分析方法，但也需要把握其他管理重点并综合权衡财务与非财务、定量与定性的效益，不能将自己的分析工作变成一个纯粹收集数据，建立计算模型的"技术活"。

6.1.5 投资项目的投后效益动态管理

由于投资项目通常是通过购置长期资产以期获得长期经济效益，所以具有长周期的特点，尤其是涉及多个单项资产购置和建设、运营的项目，从初始投资到最后处置资产收回投资，一般都需要 10 年以上。在投资领域通常对项目的管理强调"全周期项目管理"，即"融—投—管—退"的全流程。

前面介绍的计算现金流量、资本预算和几种项目评价方法，都是针对前两个环节"融"和"投"而言的，那些财务测算和分析方法都是为了支持投资决策，而一旦项目通过投资决策并拨付了资金进入购置或建设、运营期，项目每年产生的现金净流量是否能达到投资决策前预测的水平，将决定整体项目的投资回报率是否达到预期。在项目投资后长达 10 年的期间，外部市场、政策必会发生很多投资决策时无法预料的变化，而且随着技术革新和自身各项能力的改变，项目团队在建设期和运营期的效率和成本也会发生变化。如果在项目建设和运营期内不紧密跟踪每年的效益和现金流，到项目退出清算时实际的投资回报指标结果很可能达不到投资前的预测值。因此，在"融—投—管—退"投资项目全流程中投后管理的环节，需要在每年度进行动态的财务效益跟踪。

投后项目财务效益动态管理是通过**"项目全周期经营滚动预测"**来实现的。全周期，是指项目从初始投资到处置全部资产退出（或项目公司清算）的完整周期。项目周期需要在初始投资前确定，一般涉及建设工程的投资项目的周期均在 10 年以上。

全周期经营滚动预测跟踪的财务效益涉及损益表和现金流量表两部分，预测的关键指标是净利润、NPV 和 IRR。在项目投资前决策测算收入、成本、费用和现金流时通常以年为单位，但在投后动态管理中，每年初需要将已过去一年的收入、成本、费用、现金流入流出项更新为实际发生值，再根据最新内部与外部环境变化情况更新未来年份收入与支出的预测值，并且对过去年份和当年的收入、成本、费用、现金流入流出的预测需要精确到月份，便于分析和预测由销售和结算的季节性变化带来的效益和现金流波动。

不同项目对损益与现金流量表关注的明细事项不同，特别是损益表，除收入之外还会预测驱动收入的主要因素。例如，商业不动产开发运营项目的运营收入主要是租金收入，租金收入的核心驱动因素是出租面积，那么在这类项目的损益滚动预测中就会有出租面积这一项；如果是医疗诊所的项目，驱动收入的核心因素是床位或者其核心诊疗设施的数目。但无论如何，**项目损益表的常见财务指标包括毛利率、净利率、EBITDA 利润率；现金流量表除了要计算全周期每年的经营现金净流量外，还要据此更新计算项目的 NPV 和 IRR。**

当发现效益指标与项目 IRR 未达到投资前的预期目标时，需要及时组织相关部门调整增收、降本、提效等多种经营策略，尽量弥补绩效差距。

表 6-4 是一个集商场、酒店、写字楼等多业态的商业地产项目在建成开业第 5 年更新的全周期滚动经营预测。由于该项目是建设周期长、资金投入大的持有运营型地产项目，故在投资决策时将必要报酬率设定得比销售型地产项目低（8%）。投资初始测算的项目 IRR 在 9% 以上，但在项目建设阶段，物业的建设成本比原计划高了 5%，且比原建设计划节点延迟了一年竣工，运营后第一年出租率也比投资决策时低许多，到 2020 年更新全周期经营现金流时，项目 IRR 已经降到了 8.58%（见表 6-5），需要项目管理团队研究调整经营策略，以提高全周期的净现金流量和 IRR。

表 6-4 项目全周期整体效益

单位：万元

序号	项目	整体	2016年前累计	2016年	2017年	2018年	2019年	2020年 1月	2月	3月	4月	5月	6月	7月	8月	9月	10月	11月	12月	2020年合计	2021年	2022年	2023年	2024年	2025年	2026年	2027年	2028年
一	营业收入（不含处置收入）	838 544	20 536	36 265	43 371	47 337	50 641	3 936	3 830	4 097	4 017	4 046	4 168	4 266	4 347	4 424	4 326	4 331	4 256	50 042	55 012	59 332	62 584	66 648	74 127	81 908	90 559	100 180
1	商业租赁收入	291 959	8 164	9 367	11 917	14 047	15 775	1 363	1 351	1 324	1 307	1 333	1 343	1 352	1 430	1 447	1 459	1 454	1 464	16 628	20 277	21 945	23 305	24 451	27 167	29 884	32 873	36 160
2	写字楼租赁收入	203 791	7 394	10 682	12 147	13 608	13 848	996	997	1 003	984	979	1 061	1 140	1 164	1 158	1 100	1 112	1 128	12 819	13 403	14 201	14 172	14 990	16 489	18 138	19 952	21 947
3	酒店收入	195 680	1 300	8 376	10 603	11 267	11 249	818	738	1 018	978	979	990	984	960	1 026	979	975	881	11 326	11 692	12 978	14 442	16 109	18 011	20 180	22 658	25 489
4	其他经营收入	147 114	3 678	7 840	8 704	8 415	9 769	758	744	752	749	758	775	790	792	792	787	789	783	9 269	9 640	10 209	10 666	11 098	12 460	13 706	15 076	16 584
二	营业成本	369 180	15 217	22 055	23 289	25 985	22 902	2 123	2 082	2 130	2 115	2 220	2 251	2 308	2 315	2 219	2 287	2 257	2 529	26 836	27 584	28 107	28 636	28 546	29 114	29 698	30 298	30 913
1	投资性物业折旧	125 085	5 833	10 163	10 900	10 335	10 652	715	715	715	715	715	715	715	715	715	715	715	715	8 578	8 578	8 578	8 578	8 578	8 578	8 578	8 578	8 578
2	固定资产折旧及无形资产摊销	12 378	500	1 969	1 699	1 990	1 033	42	42	42	42	42	42	42	43	43	43	44	47	515	552	556	561	566	583	600	618	637
3	长期待摊费用	15 221					672	63	63	71	86	101	112	122	124	128	137	138	138	1 284	1 472	1 525	1 554	1 641	1 691	1 741	1 794	1 847
4	其他营业成本	216 496	8 884	9 923	10 690	13 660	10 545	1 303	1 262	1 301	1 272	1 362	1 381	1 429	1 434	1 334	1 393	1 360	1 628	16 459	16 982	17 447	17 943	17 761	18 263	18 779	19 308	19 851
5	营业税金及附加	15 034	1 150	2 063	2 454	2 651	1 026	29	36	28	22	21	25	29	37	37	33	36	33	366	488	553	586	629	637	717	807	907
三	毛利	454 330	4 169	12 147	17 628	18 701	26 713	1 784	1 712	1 939	1 881	1 805	1 892	1 928	1 994	2 167	2 006	2 038	1 694	22 841	26 939	30 672	33 362	37 473	44 376	51 493	59 454	68 360
四	期间费用	229 061	18 590	12 961	13 575	10 607	14 322	1 184	1 153	1 357	1 557	1 297	1 392	1 187	1 243	1 302	1 246	1 335	1 853	16 107	16 150	16 370	17 112	17 424	18 002	18 615	19 267	19 961
1	营业费用	68 472	11 766	6 982	4 502	4 602	4 518	195	196	355	320	292	398	231	302	328	301	395	525	3 839	3 772	3 637	3 964	3 935	4 053	4 174	4 300	4 429
（1）	其中：折旧摊销	0																										
2	管理费用	160 590	6 824	5 979	9 073	6 005	9 804	990	957	1 001	1 237	1 005	994	956	941	974	946	939	1 328	12 268	12 378	12 733	13 148	13 489	13 949	14 440	14 967	15 532
（1）	其中：折旧摊销	35 783	0	0	0	0	0	332	335	335	332	332	332	332	326	322	319	319	317	3 933	3 943	3 953	3 964	3 975	3 986	3 997	4 009	4 021
3	财务费用	153 228	8 192	13 074	13 463	11 950	10 218	850	955	1 087	1 087	1 087	1 085	1 083	1 083	1 082	1 080	1 080	1 078	12 638	12 675	12 209	11 627	10 928	10 229	9 530	8 714	7 782
六	投资收益	1 054					0																					
七	营业外收支净额	177			893	161	177																					
八	土地增值税	0					0																					
九	利润总额	73 271	-22 613	-13 888	-8 517	-3 695	2 350	-251	-395	-504	-764	-579	-585	-342	-332	-216	-320	-377	-1 237	-5 903	-1 886	2 093	4 624	9 121	16 146	23 349	31 474	40 617
十一	所得税	29 340																							5 480	5 837	7 868	10 154
十二	净利润	43 931	-22 613	-13 888	-8 517	-3 695	2 350	-251	-395	-504	-764	-579	-585	-342	-332	-216	-320	-377	-1 237	-5 903	-1 886	2 093	4 624	9 121	10 666	17 512	23 605	30 463
十三	毛利率	54%		33%	41%	40%	53%	45%	45%	47%	47%	45%	45%	45%	46%	49%	46%	47%	40%	46%	49%	52%	53%	56%	60%	63%	66%	68%
十四	收入净利率	5%		-38%	-20%	-8%	5%	-6%	-10%	-12%	-19%	-14%	-14%	-8%	-8%	-5%	-7%	-9%	-29%	-12%	-3%	4%	7%	14%	14%	21%	26%	30%
十五	EBITDA利润率	45%		31%	39%	43%	49%	36%	36%	34%	29%	34%	33%	38%	38%	40%	38%	37%	17%	42%	39%	42%	43%	46%	50%	53%	57%	59%
十六	EBITDA利润	381 501	-8 088	11 318	16 713	20 580	24 925	1 419	1 379	1 411	1 167	1 366	1 370	1 621	1 633	1 750	1 653	1 600	742	21 044	21 391	24 962	26 944	30 834	37 226	43 798	51 178	58 677

表 6-5 项目全周期整体现金流

金额单位：万元

序号	项目	整体	2016年前累计	2016年	2017年	2018年	2019年	2020年合计	1月	2月	3月	4月	5月	6月	7月	8月	9月	10月	11月	12月	2021年	2022年	2023年	2024年	2025年	2026年	2027年	2028年
一	现金流入	1 590 613	8 482	37 094	50 414	56 813	61 695	57 390	4 528	4 415	4 697	4 611	4 643	4 778	4 886	4 978	5 060	4 954	4 960	4 881	60 974	65 512	69 075	73 518	81 181	89 694	99 155	779 617
1	商业租赁收入回款	292 789	1 179	7 468	12 755	16 847	19 146	18 424	1 512	1 500	1 473	1 456	1 482	1 492	1 502	1 580	1 598	1 610	1 605	1 614	20 482	22 166	23 540	24 698	27 167	29 884	32 873	36 160
2	写字楼租赁收入回款	206 267	4 231	11 453	13 770	14 972	14 887	13 471	1 050	1 051	1 057	1 038	1 029	1 115	1 194	1 219	1 213	1 155	1 167	1 183	13 595	14 201	14 172	14 990	16 489	18 138	19 952	21 947
3	其他收入回款	200 016	1 000	10 328	11 084	12 144	12 575	11 326	818	738	1 018	978	979	990	984	960	1 026	979	975	881	11 692	12 978	14 442	16 109	18 011	20 180	22 658	25 489
4	酒店收入回款	160 286	2 072	7 845	12 805	12 850	15 087	9 332	763	749	757	754	763	780	795	798	797	792	795	789	9 839	10 417	10 887	11 327	12 460	13 706	15 076	16 584
5	销项税回款	61 311						4 838	384	377	392	385	389	401	411	421	426	418	419	415	5 367	5 749	6 034	6 393	7 054	7 786	8 596	9 493
6	项目退出收入	669 944																										669 944
二	现金流出	929 224	308 949	43 588	42 488	56 730	39 152	82 048	43 589	3 141	3 829	4 280	4 125	4 085	3 201	2 936	2 935	3 117	3 007	3 804	40 137	36 536	37 945	38 620	45 848	48 146	52 259	56 780
1	初始投资	385 760	279 844	15 285	12 329	26 443	4 237	43 876	40 646	646	646	646	646	646	646	646	646	646	646	646	3 746							
1.1	土地出让金	76 848	76 848																									
	拆迁补偿款	0																										
	其他土地成本	0																										
1.2	建设支出	308 912	202 996	15 285	12 329	26 443	4 237	43 876	40 646	646	646	646	646	646	646	646	646	646	646	646	3 746							
	前期工程费	22 733	19 022	681	661	1 507	862																						
	建安工程费	230 940	162 213	11 705	8 811	20 952	2 359	21 154	17 924	646	646	646	646	646	646	646	646	646	646	646	3 746							
	基础设施费	16 598	12 739	793	754	1 962	350																						
	配套设施费	30 129	510	2 106	2 103	2 022	666	22 722	22 722																				
	开发间接费	8 513	8 513																										
2	经营成本付现支出	232 663	8 949	13 759	13 573	16 709	16 879	16 459	1 303	1 262	1 301	1 272	1 362	1 381	1 429	1 434	1 334	1 393	1 360	1 628	16 982	17 447	17 943	17 761	18 263	18 779	19 308	19 851
3	付现期间费用	191 497	18 590	12 467	13 514	10 278	13 424	12 173	852	818	1 022	1 224	965	1 060	855	917	980	927	1 016	1 536	12 207	12 416	13 148	13 449	14 016	14 617	15 257	15 940
3.1	营业费用	68 931	11 766	7 570	4 502	4 566	4 425	3 839	195	196	355	320	292	398	231	302	328	301	395	525	3 772	3 637	3 964	4 053	4 174	4 300	4 429
3.2	管理费用	122 566	6 824	4 897	9 012	5 712	8 999	8 335	657	623	667	905	673	662	623	615	652	626	621	1 011	8 435	8 779	9 184	9 515	9 963	10 443	10 958	11 511
4	进项税流出	13 898						1 791	143	76	161	206	212	191	165	113	115	147	122	141	1 298	1 139	1 150	1 150	1 749	1 810	1 873	1 938
5	缴纳增值税	50 219			2 454		2 806	3 047	242	301	231	180	212	180	246	308	311	271	297	274	4 069	4 610	4 884	5 244	5 305	5 976	6 723	7 555
6	营业税金及附加	16 505	1 565	2 077		3 300	1 420	366	29	36	28	22	21	25	29	37	37	33	36	33	488	553	586	629	637	717	807	907
7	缴纳所得税	29 340			618		386																			5 480	5 837	7 868	10 154
8	固定资产购置与长期待摊费用支出	9 342				83		4 336	375	2	440	730	743	572	477	128	157	346	176	192	1 346	371	234	386	398	410	422	435
三	经营活动净现金流入	661 388	-300 467	-6 494	7 926	83	22 543	-24 657	-39 061	1 274	869	331	517	693	1 685	2 042	2 126	1 837	1 953	1 077	20 837	28 975	31 130	34 898	35 333	41 548	46 896	722 837
五	IRR	8.58%																											
六	NPV (@8%)	17 431																											

6.2 新产品开发与引进项目分析

营销和创新是企业的两项基本职能，制造业企业为了维持市场竞争力常常需要推陈出新开发新产品，优秀的企业在新产品的开发方面投入更多资源，新产品研发与产品管理在企业的经营中起着越来越重要的作用。世界知名管理咨询公司 PRTM 的创始人迈克尔·E.麦克哥拉斯认为，产品开发是 21 世纪的商业主战场，今后将是"研发生产率年代"，即新产品是可以批量开发出来的，公司将更多地关注新产品开发的资源管理、项目管理、技术管理与产品战略。

新产品开发（new product development，NPD）应被视为投资决策，它涉及一个产品从上市到退出市场的完整生命周期。新产品包括以下几种类型。

（1）**全新的产品**：新的品牌或新的产品族类，拥有全新的功能和用户体验。

（2）**现有产品族类的功能变更**：功能模块的新增、删除或变化，涉及重要材料与工艺的变更。

（3）**包装的变更**（仅适用于消费品行业）：不影响产品功能结构，只影响外观。

对工业品制造企业来说，新产品开发项目只涉及前两种。一个新产品开发项目一般包括以下几个阶段：申请立项、商业案例分析、概念开发、产品系统级设计、原型开发、试生产与测试、大量生产。在这个流程中，前四个阶段一般由企业的研发部门主导，后三个阶段逐步过渡到制造业务单元主导。后三个阶段在有些企业也称为新产品引进项目，在制造业务单元内部单独立项执行。因此在多层级复杂的组织结构里，整个新产品开发项目中需要涉及不同业务单元的财务分析人员参与其中，例如事业部（利润中心）财务、研发中心（成本中心）财务、工厂（成本中心）财务等。

对于消费品制造企业来说，新产品开发项目的流程与工业品有所不同，这是由于多数民用消费品没有工业设备那么复杂的产品结构，因此在设计与试制测试方面比较简单。但由于消费品产品面临的客户是最终消费者，因此强调产品的市场战略、创意、试制后的市场推广和效益监控。一一般快速消费品的新品开发流程包括以下几个阶段：产品战略优先排序、创意产生与筛选、概念形成、设计与制造、市场测试与推出决策、大量生产、推广与效益监督。对于快速消费品制造企业而言，事业部与制造单元的财务分析人员都需要参与到新产品开发项目中。

不论由哪个组织的财务部门参与，财务分析师在新产品开发与引进项目中的职责主要集中在四个方面。

（1）**商业案例分析**：产品生命周期内的盈利性以及新品开发项目投资回报的预测（NPD 项目财务）。

（2）**开发阶段**：研发项目支出的预算与控制（研发业务单元财务）。

（3）**设计阶段**：新产品价值工程分析（NPD 项目财务）。

（4）**试制及生产阶段**（NPI）：新产品标准成本的计算（制造业务单元财务）。

6.2.1　商业案例分析：让高管批准项目的途径

商业案例分析（business case analysis）可用于辅助新产品开发项目的投资决策。大公司常常需要响应市场与客户的需求，不断生成改变产品功能属性的创意或想法，特别是更新换代频繁的电子产品制造企业，一年间的新产品开发项目多达上百个。企业的市场与研发部门为了将这些想法升级为创新力并开发出成功的新产品，需要对这些想法进行分析、评估和优先级排序，目的是向企业高级管理层陈述足够的论据来要求合理的资源投入，这就是 NPD 项目需要做商业案例分析的原因。

商业案例分析需要阐述目前公司遇到的挑战和解决问题的可选方案，并描述每一个可选方案的可行性、成本与效益、风险与基本假设，以及方案的评分选择方法和最终建议的方案，对建议的方案列出实施计划和项目管理计划。这个列举备选方案可行性与评价筛选方案的过程一般需要包括对市场、技术、财务分析三方面的评估，并且能够契合企业的战略目标。

负责撰写商业案例分析的是新产品开发的项目经理，财务分析师为商业案例中财务分析这一决策标准提供支持。"财务"标准很少在 NPD 流程的早期被用作方案评估标准，由于缺乏数据，财务标准中的收入、成本只能被称为"最佳可用的预估数字"（best available estimate）。商业案例分析中常见的财务指标有估计价格、估计销售收入、估计毛利、估计营运利润、目标利润、市场份额、现金净流量和投资回收期等。尽管商业案例分析需要基于市场评估和技术评估的数据计算，但最终的商业案例分析中的财务分析应**尽量以简洁少量的信息反映新产品的财务回报**。以工业品为例，在商业案例分析中计算财务回报的必要信息项有：

（1）**开发成本**（NPD）：是指从商业案例分析决策后选择的方案立项开始到生产引进试制期间发生的支出。开发成本包括人工成本、物料、设备模具、供应商合作开发费用、外部测试与鉴证服务支出、知识产权、差旅费、培训费、资料印制、行政办公费分摊等。开发成本由 NPD 项目经理负责按主要成本项分项预估。

（2）**引进成本**（NPI）：也可称生产准备成本，是指在制造业务单元从试生产与测试到批量生产期间发生的支出。引进成本包括专用物料与设备、检测、培训、资料印制及办公杂费，由工厂运营或工程技术支持部门 NPI 项目的经理负责预估。

（3）**单价**：基于商业案例分析中的市场评估部分的数字，可以参考竞争对手的功能属性相似的产品的市场报价，也可以参考企业现有产品中与新产品结构功能相似的产品市价，总之新品的单价应反映为客户愿意为产品新增或变更的功能属性支付的成本。

（4）**单位生产成本**：生产一单位产品的原材料、人工与制造费用。在商业案例分析阶段，这项数字需要基于技术评估，并参考现有的功能与结构最相近的产品的成本数据。另一种预计方法是采用目标成本法，即根据单位售价减去目标利润（通常以利润率百分比表述）得到，这个目标成本包括研发、营销、制造、售后服务、管理支持等全价值链活动所消耗的资源，财务分析师需要将目标成本进一步分解到生产环节。

（5）**单位毛利**：单价减去单位生产成本。

（6）**销量**：参考商业案例分析中的市场评估内容，根据产品目标市场的总容量、企业的市场份额、竞争者分析做出预估。在新产品初上市时，为便于监控销售业绩，应分季度估计，之后分年度估计，直至产品停售下线。销量由 NPD 项目经理与新产品所属产品族类的产品经理一起预估。

（7）**总毛利**：单位毛利乘以销量。

（8）**营销与支持成本**：营销推广成本应只估计为新产品专门发生的增量费用，例如广告、促销、展会、宣传册印制等支出，以及为新产品新投入的销售人员成本和渠道建设成本。此项数字由新产品所属产品族类的产品经理估计。

（9）**利润**：总毛利减去营销与支持成本。

（10）**投资回收期**：商业案例分析中的财务回报分析应以年度为单位来做，如必要还需配合 NPD/NPI 项目的执行进度（如季度、月度）来反映不同期间的利润，最终计算投资回收期。计算方法参见本章 6.1.4 节 "投资项目财务效益的评价方法"。

○【案例 6-2】彩色数字打印机开发项目的全生命周期投资回报

假设某公司的产品企划部门准备开发彩色数字打印机的新产品族类，产品经理正在撰写该项目的商业案例分析，项目组成员进行市场评估和技术评估后，得到如下预估数字：

- 产品开发期为 5 个季度，其中研发部门总开发成本为 500 万元，在第 1 个季度至第 4 个季度发生。
- 工厂从第 4 个季度始进行产品引进与试制，为期两个季度，预计总成本为 200 万元。
- 产品在第 6 个季度上市并批量生产，从第 5 个季度起发生营销支持成本，营销成本在第 2 年发生 110 万元，之后第 3 至第 6 年预计降为每年 100 万元，预计总成本 510 万元。
- 销量预计在第 6 个季度为 2 000 台，第 7 个季度为 5 000 台，第 8 个季度为 8 000 台，之后的 4 年内的销量分别为 20 000 台、15 000 台、10 000 台和 5 000 台，并于第 6 年年末停产退市，总计销量 65 000 台。
- 预计销售单价 700 元，预计单位生产成本 400 元。

根据以上信息，该彩色数字打印机开发的商业案例分析中的财务分析如表 6-6 所示。

表 6-6 新产品开发项目的商业案例分析——全生命周期利润

	第 1 年 开发期				第 2 年 第 5 个季度
	第 1 个季度	第 2 个季度	第 3 个季度	第 4 个季度	
开发成本（NPD） ¥400	¥1 250 000	¥1 250 000	¥1 250 000	¥1 000 000	
引进成本（NPI）				¥1 250 000	¥1 000 000
单位生产成本：¥400					
销量					
单价：¥700					
销售收入					
单位毛利：¥300					
总毛利					
营销与支持性成本					¥300 000
全生命周期利润	（¥1 250 000）	（¥1 250 000）	（¥1 250 000）	（¥2 250 000）	¥1 300 000

	第 2 年 上市运营期			第 3 年	第 4 年	第 5 年	第 6 年	总计
	第 6 个季度	第 7 个季度	第 8 个季度	全年	全年	全年	全年	
开发成本（NPD） ¥400								¥5 000 000
引进成本（NPI）								¥2 000 000
单位生产成本：¥400								
销量	2 000	5 000	8 000	20 000	15 000	10 000	5 000	65 000
单价：¥700								
销售收入	¥1 400 000	¥3 500 000	¥5 600 000	¥14 000 000	¥10 500 000	¥7 000 000	¥3 500 000	¥45 500 000
单位毛利：¥300								
总毛利	¥600 000	¥1 500 000	¥2 400 000	¥6 000 000	¥4 500 000	¥3 000 000	¥1 500 000	¥19 500 000
营销与支持性成本	¥300 000	¥250 000	¥250 000	¥1 000 000	¥1 000 000	¥1 000 000	¥500 000	¥5 100 000
全生命周期利润	¥300 000	¥1 250 000	¥2 150 000	¥5 000 000	¥3 500 000	¥2 000 000	¥500 000	¥7 400 000

该新产品在全生命周期的利润为 740 万元。开发引进成本共计 700 万元属于该项目的投资，如不考虑折现则静态投资回收期为 2.72 年（见表 6-7）。

表 6-7　新产品开发项目的商业案例分析——投资回收期

年度	本年利润	累计利润	年末补偿后的初始投资
1	0	0	7 000 000
2	3 400 000[①]	3 400 000	3 600 000
3	5 000 000	8 400 000	0
4	3 500 000	11 900 000	0
5	2 000 000	13 900 000	0
6	500 000	14 400 000	0

① 第 6~8 个季度"全生命周期利润"之和扣减第 5 个季度"营销与支持性成本"。

$$投资回收期 = 2 + \frac{3\ 600\ 000}{5\ 000\ 000} = 2.72（年）$$

6.2.2　新产品开发项目投入成本预算

从上节的商业案例分析中可以看出，新产品开发项目的投入资源分为开发成本和生产准备（NPI）成本（即引进成本）。在生产准备期较短的前提条件下，批量生产前的支出都属于产品研发成本，在会计上予以费用化处理，所以对 NPD 项目的研发支出的财务分析可以比照第 4 章 4.2.4 节"期间费用分析"中的介绍，将研发支出视为与销量无关的固定费用，以预算差异为分析指标。为了确定预算值，对 NPD 项目研发成本分析的重点是**合理估算开发期投入，即研发项目预算**。

工业品制造企业研发投入的直接费用包括人工费、物料费、仪器设备及软件费、模具费、差旅费、资料印刷费、知识产权费、对第三方支付的测试费、技术合作费等。有些 NPD 项目在开发期就需要有市场推广的投入，所以这种项目的研发预算中还需包括前期市场费用。

（1）**工作分解结构**（work breakdown structure，WBS）：工作分解结构是项目管理专用术语，即将项目的工作任务分解成较小的、更易于管理的组成部分，最小的单元称为"工作包"，每个工作包明确编码层次、工作内容、责任人。**WBS 是构建项目成本预算的基础**。

（2）**人工费**：人工预算的数据基础是项目组开发人员工时表，根据 WBS 分工作包来预计每种职责的开发人员（经理、硬件开发、软件开发、测试、工艺）的工作量（以人天为单位），然后再乘以平均工资率。

（3）**物料费**：物料费包括样机、实验、试制、包装等各环节消耗的物料，由 WBS 工作包的负责人提交物料清单确定。

（4）**仪器设备、软件、模具**：由 WBS 工作包的负责人分项列示并界定是否属于资本性支出。

（5）**差旅费**：项目经理根据出差事由估计出差人次，费用预算参考企业制定的每人天的差旅费定额计算。

（6）**专用生产设备**：由 NPD 项目经理协调工厂工程技术部门提交设备规格和资本拨款申请（CAR）。

新产品开发项目投入的预算控制分析的前提是需要以项目为主体核算实际支出，即"基于项目"的核算与管控：每个 NPD 项目需要在立项后即建立项目编码作为会计的辅助核算维度，每一笔研发部门的支出都要记录在某个特定的项目编码上。每期期末，项目财务分析师通过比较每个成本项目的实际发生额与预算额分析差异产生的原因。

6.2.3 新产品价值工程分析：提升产品的"性价比"

新产品的概念开发完成后，产品的功能已确定下来，下面会进入产品设计阶段。在设计阶段，研发团队需要完成产品的细节设计，包括产品内部结构模块设计和机械图纸。到原型开发阶段时，应该满足"为制造而设计"的需求，确认详细物料清单（BOM）和新零部件的结构图纸。设计和原型开发的阶段将确定新产品的最初制造成本，这个成本是由产品设计特点决定的。根据调查统计显示，**产品成本的 70%～80% 都是在开发设计阶段决定的，设计决定了该产品成本的先天特性**，也就是说，投产后留给工厂通过提高生产效率以及留给采购部门通过与供应商议价来降低成本的空间最多只有20%。开发设计人员有一种职业惯性，就是希望设计出功能"完美"的产品，但忽略成本和产品在客户眼中的"性价比"。因此**在设计与原型开发阶段，成本分析师需要在构建新产品成本模型过程中参与并帮助开发团队完成价值工程分析。**

价值工程（value engineering，VE），是通过对产品功能的分析，正确处理功能与成本之间的关系来节约资源、降低产品成本的一种管理技术。它研究如何以最低的生命周期成本，可靠地实现产品的必要功能，目的是寻找可以提高产品价值的替代方案。在价值工程中，产品的价值是指产品对用户的价值，俗称"性价比"，用公式表示是功能与实现这项功能所耗费的成本之间的比例关系：

$$价值（V）= \frac{功能（F）}{生命周期成本（C）}$$

价值工程中的"生命周期成本"包括开发、设计、制造、营销和销售、客户服务这些运营环节中发生的所有成本，不是会计意义上的"生产成本"，因此NPD项目的成本分析是针对"全成本"的。

以案例6-2中商业案例分析中的数字计算（见表6-6）为例，新的彩色数字打印机的单位生产成本是400元，但它的全生命周期成本应为：

$$全生命周期成本 = \frac{总开发成本 + 总生产准备成本 + 总生产成本 + 总营销支持成本}{生命周期内总销售量}$$

$$= \frac{5\,000\,000 + 2\,000\,000 + 400 \times 65\,000 + 5\,100\,000}{65\,000}$$

$$= 586（元/台）$$

全生命周期成本原则上应该是"目标成本"，即预测的市场价格减去目标利润。通过将目标成本分配给不同运营环节确定产品在制造环节的目标成本，价值工程通过以下两种方式来进行"价值分析"以满足产品的功能与目标成本相配：

（1）减少产品不必要的功能或复杂程度。

（2）在不牺牲功能的前提下，减少产品部件和制造工艺来降成本，考虑可替代的原材料，考虑使用其他产品中能执行同样功能的材料，提高零部件的标准化程度。

在通过以上两种方式来控制设计成本不超过目标成本时，需要选择价值工程对象，即确定产品哪些部分或零部件需要降成本或增加功能。价值工程对象选择的方法可以采用经验分析法、ABC分析法以及强制确定法。

（1）**经验分析法**。由开发人员凭经验主观判断影响成本的关键因素，把存在这些关键问题的材料作为价值工程研究对象。

（2）**ABC分析法**。被广泛应用在存货管理中，它的要义是少数的A类材料对成本的影响重大，而多数的B类与C类材料对成本的影响是次要的，A类材料应作为价值工程的重点分析对象，B类为一般分析对象，C类不分析，如图6-3所示。

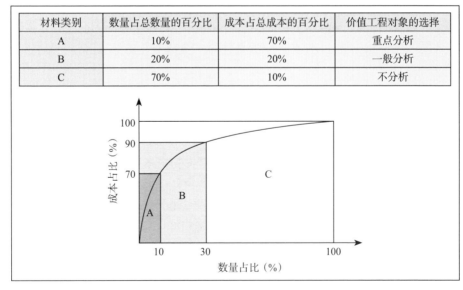

材料类别	数量占总数量的百分比	成本占总成本的百分比	价值工程对象的选择
A	10%	70%	重点分析
B	20%	20%	一般分析
C	70%	10%	不分析

图6-3　ABC分析法

（3）**强制确定法**（force decision）。强制确定法是以功能重要程度作为选择价值工程对象的方法，它通过计算产品不同零部件的功能重要性系数、成本系数、价值系数，根据价值系数的高低判断价值工程对象。

$$功能重要性系数 = \frac{某零部件的功能重要性得分}{全部零部件的功能重要性得分总数}$$

$$成本系数 = \frac{某零部件的成本}{全部零部件的总成本}$$

$$价值系数 = \frac{某零部件的功能重要性系数}{该零部件的成本系数}$$

根据价值系数偏离 1 的程度选择价值系数小于 1 且容易改进功能的零部件。

价值系数 <1：功能重要程度小而成本高，作为重点价值工程对象，考虑降成本或增加功能。

价值系数 >1：功能重要程度大而成本低，可作为价值工程对象，考虑减少不必要的功能，也可提高一些成本以补充功能。

价值系数 =1：功能重要程度与成本相称，不作为价值工程对象。

价值系数 =0：该零部件功能不重要，可考虑取消或合并。

强制确定法在评定零部件的功能重要性时需要采用专家 01 评分法，即由熟悉产品功能和零部件结构的几名专家独立打分，将构成产品的零部件排列成矩阵，站在用户的角度按功能重要程度进行一对一的对比，两两评分，功能相对重要的得 1 分，不重要的为 0 分，再合计零件的人均得分除以全部零部件的得分总和，即为各零件的功能重要性系数。

以开发彩色数字打印机的案例为例，假设该新产品主要模块部件的功能比较评分和现行成本如表 6-8 所示。

通过计算可以看出，8 个模块部件的功能重要程度由高到低排列为：D、A、B、H、C、F、E、G。其中部件 G 价值系数为 0，功能最不重要，可以考虑取消，而部件 A、B、E 的价值系数小于 1，应作为价值工程重点分析对象。但由于现行总成本为 482 元，比目标生产成本 400 元超出 82 元，因此成本分析师需要根据各部件的功能系数计算各自的目标成本，目标成本与现行成本的差异即为降低成本的目标，计算过程如表 6-9 所示。

表 6-8　价值工程对象的选择——专家 01 评分法

模块部件	一对一功能比较评分								功能总得分	功能重要性系数 1	现行成本（元）2	成本系数 3	价值系数 4=1/3
	A	B	C	D	E	F	G	H					
A	—	1	1	0	1	1	1	1	6	0.214	122	0.253	0.847
B	0	—	1	0	1	1	1	1	5	0.179	181	0.376	0.476
C	0	0	—	0	1	1	1	0	3	0.107	15	0.031	3.443
D	1	1	1	—	1	1	1	1	7	0.250	58	0.120	2.078
E	0	0	0	0	—	0	1	0	1	0.036	37	0.077	0.465
F	0	0	0	0	1	—	1	0	2	0.071	25	0.052	1.377
G	0	0	0	0	0	0	—	0	0	—	6	0.012	—
H	0	0	1	0	1	1	1	—	4	0.143	38	0.079	1.812
总计									28	1.000	482	1.000	

表 6-9　价值工程成本降低目标的计算

模块部件	功能重要性系数 1	现行成本（元）2	成本系数 3	价值系数 4=1/3	价值工程对象	按功能系数分配目标成本（元）5=1×400	降成本目标（元）6=2-5
A	0.214	122	0.253	0.847	√	86	36
B	0.179	181	0.376	0.476	√	71	110
C	0.107	15	0.031	3.443		43	−28
D	0.250	58	0.120	2.078		100	−42
E	0.036	37	0.077	0.465	√	14	23
F	0.071	25	0.052	1.377		29	−4
G	—	6	0.012	—		0	6
H	0.143	38	0.079	1.812		57	−19
总计	1.000	482	1.000			400	82

确定了价值工程对象后，项目团队会进行信息收集、功能系统分析、确定功能现实成本、寻找替代方案、方案评价等步骤，最终努力达到目标成本。由于价值工程是一门复杂的技术经济学科，在此不做更多介绍。也正因此我们容易发现一个现实的问题——很多企业的新产品开发项目中，财务分析师几乎不参与价值工程分析，因为价值工程分析需要相关人员熟

悉企业的产品结构和功能,然而很难在财务部门培养出既懂成本管理又对产品功能和结构工艺有通识的人才,因此一些企业倾向于在研发技术部门寻找或培养懂得财务成本管理的人才,例如设置成本工程师的岗位。然而这个现象引发的思考是,对于财务分析师而言,树立产品"生命周期全成本"的观念,前瞻地深入业务运营,学习产品知识对于实现成本分析的终极目的"降低成本"而言是意义非凡的。

6.2.4 新产品标准成本的计算

完成原型开发后,NPD 项目便进入工厂试制与测试阶段。此时,制造业务单元可以获取新产品样机,生成生产性物料清单;采购部门可以获取所有原材料的结构图纸和技术性能信息,向供应商寻求报价;产品工程师或 NPI 项目经理协调支配试制过程中的各种资源;生产车间也可以安排工艺路线。在采用标准成本核算框架的制造业务单元,当物料清单、工艺路线和原材料的供应商报价齐全以后,工厂的财务分析师就可以开始建立新产品的标准成本。这个标准成本是为未来接受客户订单、批量生产、发货交易的会计核算准备的,不是 NPD 项目在开发与设计阶段的"生命周期成本"和"目标成本"。

相对于现有产品,新产品的标准成本制定有其困难之处。困难在于成本的不稳定,因为毕竟只是试制阶段,生产技术部门会频繁变更物料清单与工艺路线文件,也会相应引起供应商报价的变动,因此**成本分析师需要与运营和采购部门频繁沟通,检查确认最新的采购价格以便更新材料的标准成本,继而在产品层级重复做成本卷积计算**。有关标准成本建立和卷积计算的内容参见第 5 章 5.2 节"标准成本框架下的生产成本分析",本节不做赘述。

新产品的标准成本建立还要**注意采购批量大小对采购价格的影响**。在新产品试制阶段采购的都是少量样品,供应商给予的价格往往会比批量订购价格高很多。新产品不同于现有产品。对于现有产品,企业通常会在每年年底做出第二年的销售计划,产销平衡后会有相应的生产计划,继而通过 MRP 程序计算每种物料的全年需求量。采购部门可以依据全年需求量与供应商议价，并确定第二年的最佳订货批次与批量的采购价格，因此现有产品的物料标准成本可以根据新年度第一笔采购订单的价格建立。然而新产品往往在刚开始接单生产时产量很小，原材料的采购量也相应很小，第一笔采购订单价格可能会严重高于数月后产量增加后的价格。另外，那些新产品专用的零部件，对供应商而言也是第一次制造的新产品，根据学习经验曲线（learning curve）理论，在新产品制造初期成本会高，但随着工人不断提高技术娴熟程度，制造成本会在接下来的一年内大幅下降。所以如果以新产品上市初期的物料采购价格作为标准成本，会产生较大的采购价格差异，也使标准成本失真。

针对这个问题比较好的操作是，对每种新产品专用的材料以"加权平均采购价格"为标准成本。加权平均采购价格是根据新产品上市后两年的预计产量估计每种物料前两年的采购量，以此为据要求供应商在这个批量基础上报不同的价格区间，计算正式投产后第一笔订单与后两年采购的加权平均价格作为材料的标准价格。我们来看一个例子。

假设某新产品在今年 7 月完成试制测试并正式接单生产，这个新产品专用的某个零件的第一次采购量为 10 个，供应商报价 22.5 元；新产品上市当年该零件的总需求量为 60 个，供应商报价 22.5 元；新产品上市的第二年该零件的总需求量为 460 个，供应商报价为 18.5 元。由此可以看出第二年供应商的报价 18.5 元比第一年降低近 20%。因此，成本会计应以加权平均采购价格 19.028 元作为该零件当年的标准成本，而不是第一次采购的 22.5 元：

$$标准采购价格 = \frac{10 \times 22.5 + 60 \times 22.5 + 460 \times 18.5}{10 + 60 + 460} = 19.028 \text{ 元}$$

当然，这种以加权平均采购价格作为新产品专用材料的标准成本的实践前提是有相对准确的产量与物料需求计划。对于产品结构复杂的离散制造企业，一个新产品族类中会有不同产品型号的结构差异，这些结构差异会产生不同零部件的需求,所以预计每种零部件的需求需要预计不同产品型号的市场需求比例,这种计划的颗粒度不是新产品开发项目的商业案例分析阶段可以做到的。如果没有好的方法计算新品上市两年内的物料加权平均价格,就只能用第一次采购价格作为标准成本,在产生大额采购价格差异时再予以调整。

在很多企业中,财务人员对新产品开发项目参与不够,项目团队也只是在最后工厂试制生产阶段为新产品计算成本时才想起需要找财务部门,事实上在这个阶段新产品的成本与收益状况已基本成型,前期没有发现的问题已很难扭转。这个在中国企业普遍存在的现状体现了"核算型"财务与"伙伴型"财务角色定位的差异,作为经营财务分析师更应起到"业务伙伴"的作用,在NPD项目的前期参与,只有了解熟悉企业的产品战略和产品功能结构,才能为业务部门提供更有价值的分析和改进建议。

6.3 市场营销活动项目分析

企业常常策划实施多种市场营销方案以促进销售收入增加,典型的方式包括广告、人员推销、促销、直接营销、公共关系等。公共关系的主要目标是提升企业形象而不是某个期间财务效益(销售收入、利润)的增长,人员推销和直接营销主要依靠人力资源和人际关系网络。让企业投入大量货币资金和多元化资源要素(人力、物力、地点和外部机构服务)的营销方案主要是促销活动和广告。特别是对于消费品和零售行业的企业而言,由于产品或商品面向的是购买动机和行为更为随意和易受影响的个体消费者,他们容易发生冲动购买行为或做出即兴采购决策,产品的外观(包装)、广告促销、价格、销售地点对消费者购买倾向起着重要作用,因此企业在产品销售过程中需要进行大量广告宣传和促销活动来吸引消费者。如第4章4.5节所述,某些快速消费品制造企业的广告费和支付给分销商与零售商的促销费用占收入的比例很高,本节着重介绍这两种营销方案的财务分析。

在频繁发生促销活动的消费品行业企业，信息化技术是近年来比较流行的管理营销活动的工具，例如上线营销费用管控系统，或者利用某些ERP组件中的项目管理或内部订单管理模块。在这样的管理信息系统环境中，控制促销费用是基于项目的（project-based），一个营销活动即在管理信息系统内创建一个项目代码，例如一次节假日卖场促销、一个针对学生暑假的促销方案、一次店庆促销、一次展会、一次广告策划等。营销财务分析师不能像费用核算会计一样，在费用发生的时候才简单地将实际发生金额与预算金额相比较、拒绝超支的费用申请，而是要前瞻地参与到资源的配置中，即评价资源投入哪些营销活动中、活动的目标、投入哪些资源要素可以最好地实现目标。因此，从市场营销部门提交活动方案时营销财务分析师就应该参与其中了。既然是项目就有起止日期，财务分析的核心便是在此期间内为该营销活动投入的资源与收到的效益，像管理投资项目的投资回报率一样关注营销活动的投入产出比。

本节将采用这种"基于项目"的管控方法讲述如何对促销和广告活动进行财务分析。

6.3.1 促销活动的财务分析

在市场营销学中，促销也称销售促进，根据市场营销大师科特勒的定义，"销售促进包括各种多数属于短期性的销售刺激工具，用以刺激消费者和贸易商迅速或较大量地购买某一特定产品或服务"。促销在财务上的作用是通过降低单价来增加销量和收入。在快速消费品制造企业中常看到的对话场景是：当财务部门向销售部门质询业绩不达标时，销售经理的反馈是"那是因为促销资源不够，如果我能得到更多的价格折扣、赠品配额、经销商与卖场返利，我就可以卖出去更多"。因此**财务分析的作用不是简单地控制那些名目繁多的营销费用是否超预算，而是预计评估发生这些费用的市场营销活动是否达到预期效果。**

在评估促销活动方案时，营销财务分析师除了考虑盈利性以外，还需要考虑别的因素，例如促销是否为了减少库存积压。以汽车经销商为例，新车型出现时，需要对老款车型清仓以回笼资金，降低今后产生积压呆滞库存的风险，此时促销活动便不应以盈利为首要目标，而应以机会成本的视角来看。即使以低于成本的价格出售，节约的仓储成本、回笼的存货资金仍可为企业带来其他的机会，因为老车型如果不加紧卖出去，今后就很难再销售出去。而新车型一般都会比较好卖，同时价格上也会比较坚挺。因此，如果预期老车型不能在近期内销售出去的话，即使适度亏损也是合适的。

以下分别介绍在一个促销活动的项目档案中，从计划到执行再至事后评估整个过程中需要记录、计算和分析的内容。

1. 促销活动基本信息

在拥有多个市场区域、直营组、经销商网络、门店的消费品制造或零售企业，常分季度起草提交促销活动计划，并且细分到覆盖的省市区域、直营组、门店。由于消费品制造企业常与经销商或零售商共同组织促销活动，因此活动计划还需要分经销商和零售商编制。

营销财务分析师首先要在营销活动管理系统中记录每个营销活动的基本信息，主要包括如下几个方面。

- 活动名称或主题：如新店开业酬宾、公司周年庆、暑期促销、国庆黄金周促销等。
- 活动起止日期。
- 参与的销售部门与区域。
- 活动针对的渠道类别：零售商、经销商、关键客户。
- 涉及的门店数量：包括经销商、零售商的门店，也包括企业自营专卖店。
- 促销品牌与产品类别：如果是卖场的营销活动，需要区分是针对全场全部品牌还是指定品牌。
- 同期竞争对手同类活动的描述。

2. 预估销量与收入

预估销量是促销活动财务分析的核心，这决定了需要投入的资源，即促销费用预算。销量的预估由市场销售部门制定，科学的方法是统计回归分析模型加业务部门经理基于自身主观经验、考虑内外部影响变量后做的手动调整。营销财务分析师在做合理性检查时，可以根据活动的基本信息描述与历史同类促销活动的销量比较，因为促销活动有着很强的重复性，比如零售商的门店每年都会重复着相似主题的促销活动：节日、学生寒暑假、周年庆、新品上市……如果财务分析师一贯采用"项目制"的方法跟踪监控营销活动的支出与效果，那么这些以往同类促销活动的支出与销量、毛利等信息在信息管理系统中是可查的。

价格折让是预估活动期间销售收入的另一个因素。价格折让是企业除支付给渠道商的正常折扣返利以外，因促销活动额外支付的，亦称促销补差，例如返利、特价、福利单等名目。这种促销资源与品类和销量相配比，即每销售一单位商品给予的价格折扣。

在预估价格折让时应注意区分活动相关的价格折让，如果某项常规返利策略是无论举行促销活动与否都已签订在分销商合同内的条款，便不是本次促销活动相关的价格折让。同时，为了跟踪活动期间与本次活动相关的销售业绩，在实际核算时也应以不同的会计科目将常规返利与活动相关的促销补差区分开来。

营销财务分析师在比较不同方案的决策分析时特别要注意区分"相关信息"与"不相关信息"，相关信息是管理会计术语，本书将在第11章的11.1节具体讲述。

3. 投入资源的预算

当市场部门或销售部门提出某项促销计划时，营销财务分析师需根据活动期间预估销量做出合理项目预算。在评判审核市场销售部门提交的促销活动方案时，营销财务分析师首先需要了解促销费用的构成，在与市场和销售部门一起讨论促销费用预算时也应分明细类别预估。

卖场费用的名目繁多，以超市卖场为例，投入的促销资源一般由以下方面组成。

- 特殊陈列费用：与占用场地有关，如堆头费、端架费或专用陈列费用、进场费、配货费、赞助费、首单免费、户外场地费、街边秀费用、制作费用等。
- 广告宣传费用：DM 费（亦称快讯费，手招）、POP 费用（招牌、海报、彩旗）等。
- 人员费用：促销人员培训费、管理费、工资、销售奖金等。
- 促销用品费用：赠品、捆绑用品、陈列用品等，还包括促销品的开发、制作、物流运费、仓储费等。
- 其他费用：客户关系费用、运输费用、公司内部人员加班费等。

生成促销费用预算的核心逻辑是与销量相配比。促销费用可分为总费用和单位销量费用。预估促销总费用的目的是计算出该次促销的总成本，以便预测投入产出比。根据第 4 章 4.2.4 节"期间费用分析"中的介绍，投入产出比与费用收入占比的计算逻辑相同。预估单位销量费用的目的是知道每销售一单位产品所需的促销费用。这两个促销活动的财务分析指标体现了根据预计销量配置促销资源，解决了如何实现促销目标的问题。

投入产出比 = 预计促销期间总费用投入 / 预计促销期间总销售收入

单位销量促销费用 = 预计促销期间总费用投入 / 预计促销期间总销量

由以上指标可以看出，市场部门提交季度促销活动计划时不仅需要有支持促销费用投入的明细项目，例如海报数、赠品量、陈列个数，还要预估促销活动销售折扣与销售毛收入（GSV）。促销活动做得越详细，越有利于评估活动方案的投入资源的合理性。图 6-4 是一家国际快速消费品企业的营销活动系统内的季度促销活动计划的模板示例。

4. 贡献毛益与盈亏平衡点

在促销活动财务分析中，贡献毛益与盈亏平衡点是除去销量、投入产出比、单位销量促销费用之外的另两个重要指标。对于销售经理常抱怨的

"销售业绩上不去是因为我资源不够"的说辞，贡献毛益与盈亏平衡点是最好的质疑依据。

渠道	所属年度	所属季度	预算来源	主计划名称	主计划编号	计划类型	活动类型	KA 客户名称
MT	2013	Q3	重点客户部			新品全国促销	堆投	沃尔玛
TT	2013	Q2	销售总公司			重点客户折扣	折扣	

客户属性	销售区域	城市	促销品牌	促销产品	折扣比率	促销渠道	活动店数	开始时间	结束时间
	南区	广州	A		89%		50		
	北区	北京	B		92%		12		

促销 GSV 产出	费用合计	CD 费用合计	CM 费用合计	批发商促销折扣费用	陈列费用	陈列个数	折扣费用	促销海报
新品费用	外购赠品费用	陈列道具费用	促销员费用	促销员数量	市场部 DME	费销比		

图 6-4 季度促销活动计划

贡献毛益（又称边际贡献）与盈亏平衡点是管理会计术语，不体现在法定会计报表上。在第 4 章的费用分析中，我们讲述了根据成本性态区分变动成本与固定成本，随着销售量变化的只有总收入和总变动成本，贡献毛益是总收入与总变动成本之间的差额。**贡献毛益反映了为什么营业利润随销量变化，这个金额说明了企业有多大能力可以补偿不随销量变化的固定成本。**

单位贡献毛益是计算贡献毛益的一个工具，它是单位售价和单位变动成本之间的差额。例如一件商品售价 10 元，单位变动成本是 6.5 元，那么单位贡献毛益为：

单位贡献毛益 = 销售价格 − 单位变动成本 = 10 − 6.5 = 3.5（元）

单位贡献毛益实质上是每出售一单位产品可用于补偿固定成本的金额，上述的计算表明这家企业每销售一单位该商品可提供 3.5 元补偿固定成本。

总贡献毛益是单位贡献毛利乘以销售量的结果。假设这家公司售出 10 000 件该商品，那么总贡献毛益为：

总贡献毛益 = 单位贡献毛益 × 销售数量 = 3.5×10 000 = 35 000（元）

假如总固定成本为 28 000 元，那么该商品在销量为 10 000 件的营运利润为：

$$营运利润 = 总贡献毛益 - 固定成本 = 35\,000 - 28\,000 = 7\,000（元）$$

盈亏平衡点是总收入等于总成本时的销售数量，在这个销量上营运利润为 0，故名"盈亏平衡点"。在本书第 3 章中的盈利能力分析指标中曾提到盈亏平衡点的计算公式：

$$盈亏平衡点销量 = \frac{固定费用总额}{（单位产品销售收入 - 单位产品变动成本）}$$

$$= \frac{固定费用总额}{单位贡献毛益}$$

仍以上面的例子来看盈亏平衡点的计算：

$$盈亏平衡点销量 = \frac{28\,000}{3.5} = 8\,000（件）$$

以金额即销售额表述的盈亏平衡点的计算公式为：

$$盈亏平衡点销售额 = 盈亏平衡点销量 \times 单位销售价格$$

$$= \frac{固定费用总额}{1 - \frac{单位变动成本}{单位销售价格}}$$

我们仍以上面的例子计算：

$$盈亏平衡点销售额 = \frac{28\,000}{1 - \frac{6.5}{10}} = 80\,000（元）$$

在管理会计中将上述考察总收入、总成本和营业利润在产品销量水平、售价、单位变动成本和固定成本变动下的性态的分析模型称为本量利分析。本量利分析常被应用于促销活动方案的选择。

由上述计算公式可以看出，**促销活动的本量利与盈亏平衡点分析的关键在于区分促销资源的成本性态**，即划分哪些促销费用属于固定成本，哪些属于变动成本。促销费用虽然名目繁多，但大体来看，销售员佣金属于变动成本，此外与销量绑定的或具有"捆绑销售"的赠品费用也属于变动成本（例如"买一赠一"）；如广告费用、与卖场相关的陈列费用、活动期间不论销量如何都需发放的工资福利和人工费用，都属于固定成本。

在拥有多个品牌多种品类的消费品企业中，往往一次促销活动是多个品牌多个产品共同受益的，企业或许需要分析一次促销活动为哪个品牌和产品创造的利润更大，这时的本量利分析较为复杂，因为财务分析师不仅需要计算整体促销活动方案的总贡献毛益和盈亏平衡点，还需要计算不同产品的贡献毛益和盈亏平衡点。这便涉及将促销投入资源以合理的因数分配到不同产品中去，当然这仅仅是管理上的要求，财务会计准则认定促销费用属于期间费用，并不允许这样核算反映到法定会计报表上。期间费用的分配对于财务分析师而言是件微妙和具有艺术性的事，如果以销量这个单一分配基础将所有促销费用在不同产品间平均分配，实际是如我们在第4章4.3节"作业成本管理在盈利分析中的应用"中讲述的一样，这仍是一种"抹花生酱"式的交叉补贴方法，无法真实反映不同产品的盈利性，因为很多固定的促销费用跟销量没什么关系。所以，财务分析师在面对企业内部多个品牌经理对促销费用分配的合理性的质疑时，需要把握抓大放小的原则，针对发生额高的费用项目与品牌经理频繁沟通什么是最合理的"成本分配动因"，例如与卖场占地相关的陈列费用可以按货架数目或占地面积来分配。然而财务分析师需要明白，只要是不能直接认定到产品、需要分摊的共同成本，无论采用何种分配动因都存在主观武断的成分，**因此与相关利益方（对产品盈利性负责的经理）保持密切沟通并达成共识，要比采用最合理的分配因数重要许多。**

5. 促销活动的效果跟踪

业务部门关注的重心是促销活动的策划，目的是争取预算，但营销财务分析师更关注的是活动执行的效果——促销资源预算批出去了，钱花出去了，收效几何？企业可以从财务与非财务的角度分别评估促销活动的效果，非财务的评估角度包括顾客反馈、市场影响力等，但从财务角度来说盈利性业绩是最重要的。

一次促销活动的业绩评估表与第4章4.2节的管理利润表结构类似，包括销售量、销售额、毛利、促销费用支持、营运利润，此外，还需要加入前面讲述的本量利分析和相关性成本的内容。

表 6-10 是一个促销方案在某个经销商处实行时的损益分析示例。

从表 6-10 可以看出，本量利与盈亏平衡点分析中的很多项目是不在法定会计报表中的。

表 6-10　促销活动损益分析示例

	计划发生额	实际发生额	目标达成率	计算规则
销售量	50 000	50 100	100.2%	1
标准单位售价	10.00	10.00		2
单位成本	4.00	4.00		3
销售毛收入	500 000	501 000	100.2%	4 = 1×2
促销补差	3 500	3 600	102.9%	5
常规价格折让	7 500	7 580	101.1%	6
销售净收入				
会计净收入	489 000	489 820	100.2%	7.1 = 4-5-6
活动相关净收入	496 500	497 400	100.2%	7.2 = 4-5
销售成本	200 000	200 400		8 = 1×3
毛利				
会计毛利	289 000	289 420	100.1%	9.1 = 7.1-8
活动相关毛利	296 500	297 000	100.2%	9.2 = 7.2-8
促销费用	228 300	230 500	101.0%	10
变动费用	90 000	93 500	103.9%	10.1
固定费用	138 300	137 000	99.1%	10.2
活动相关贡献毛益	206 500	203 500	98.5%	11 = 9.2-10.1
营运利润	60 700	58 920	97.1%	12 = 9.1-10
活动相关利润	68 200	66 500	97.5%	13 = 11-10.2
利润率	*13.8%*	*13.5%*	97.3%	14 = 13/(4-6)
单位变动成本	5.87	5.94	101.2%	15 = 3+(5+10.1)/1
单位贡献毛益	4.13	4.06	98.4%	16 = 2-15
盈亏平衡点销量	33 487	33 728	100.7%	17 = 10.2/16

- **活动相关净收入**：只计算与本次活动相关的价格折让策略，"常规价格折让"是无论是否实行此次促销活动都需要支付给渠道中间商的折扣，尽管在财务会计核算时它会影响销售净收入，但对评估本次促销活动的业绩而言它是不相关成本。

- **活动相关毛利**：与活动相关净收入对应的毛利。
- **变动费用与固定费用**：这是为了在促销方案审核批准前计算贡献毛益与盈亏平衡点，对每种促销费用类别做的成本性态划分。
- **活动相关贡献毛益**：仅扣除与活动相关的变动成本。
- **活动相关利润**：在活动相关贡献毛益基础上扣除活动期间发生的固定促销费用。
- **单位变动成本**：总变动成本除以销量计算单位变动成本，目的是计算本次促销活动的单位贡献毛益与盈亏平衡点销量。
- **单位贡献毛益**：标准单价与单位变动成本之间的差额。
- **盈亏平衡点销量**：活动相关贡献毛益与固定促销费用相等时的销量。

对于促销活动的收效，可以用目标达成率来评价以上各项业绩是否达到计划目标，对于销量、收入、毛利、贡献毛益、营业利润而言，超过100%意味着达标；对于变动成本、固定成本和盈亏平衡点而言，低于100%意味着达标。

$$目标达成率 = \frac{实际发生额}{计划发生额}$$

当然，仅评价财务业绩是否达成目标是有失偏颇的，衡量一次促销活动是否成功还有很多非财务的因素，例如在消费者和目标市场是否提升了品牌认知度和市场份额，是否能在活动结束后的较长时期内对销售业绩有更积极的影响等。

6.3.2 广告方案的财务分析

广告也是消费品制造企业常发生的营销活动。常见的广告活动有传媒类和户外类两种，传媒类广告主要依靠报纸、期刊、电视、电台、互联网等媒体工具，户外类广告主要依靠公交车身、自用车身、户外门头、路牌、店外灯箱、店内灯箱、室内招牌等载体。还有一类是联合广告，例如汽车经销商与汽车厂商联合广告，在汽车厂商的广告中加入经销商的一些信息如地址、电话等。

与促销活动一样，**营销财务分析师也应从广告费用的投入产出比角度来评估广告方案**，即通过制定广告费用预算和销售目标，并在执行过程中对实际与预算之间的差异进行分析来选择广告方案和评估其执行效果。与促销活动不同的是，广告投入一般都是固定费用，而且一次广告一般只针对一个特定产品或品牌，不存在共同收益费用的分摊，所以广告活动方案的盈亏平衡点也比促销活动计算简单：

$$盈亏平衡点销量 = \frac{广告总费用}{单位贡献毛益} = \frac{广告总费用}{单价 - 单位成本}$$

基于这个计算公式可以看出，企业一次广告活动的投入产出比只有小于单位贡献毛益率才能达到盈亏平衡点，单位贡献毛益率决定了广告投入产出比的上限：

$$单位贡献毛益率 = \frac{单价 - 单位成本}{单价} = \frac{广告总费用}{盈亏平衡点销量 \times 单价}$$

$$= \frac{广告总费用}{盈亏平衡点销售额} = 盈亏平衡投入产出比$$

到底该如何制定一个合理的广告预算和投放方案？怎样才能既有效地促进销售，又能将投入产出比控制在单位贡献毛益率内？预测受广告影响的销量并不像促销活动那样容易，因为消费者无法直接因接收到广告而受益，很难找出广告费用与销量之间的比例关系。尽管市场营销部门会根据自己的经验和当前市场与竞争对手的信息预估销量与广告预算，但在方案选择和执行批准程序时，营销财务分析师还是需要采用一些科学定量的方法对市场营销部门提交的预算数字进行合理性检验，可以通过以下几种方法来核定广告费用预算。

1. 销售额百分比法

这是最常用的核定广告费用预算的方法，也最容易通过管理层批准。这里的销售额应该采用最新的销售预测数字，根据目标利润率和产品单位贡献毛益来确定合理的销售额百分比，也就是先确定广告活动的投入产出比目标，后测算广告费用预算。但这个比率要视企业所在的行业及其成熟程度来确定，而且还要参考企业的战略目标定位。一般来说，食品行业、保健品行业、饮料行业等快速消费品行业相对来说比率较高，家电、房产、汽车等耐用消费品相对较低。

另外，在确定了总体的费用比率后，还要对不同市场区域和产品进行广告费用的分配，要考虑区域机构的市场战略地位、区域机构的组织成熟程度、区域市场的消费容量、区域市场的消费者习性及竞争对手的对抗性程度等因素，以及企业自身在不同区域市场的销售规模。这些考量不是一成不变的，财务分析师在参与广告方案论证时需要注意市场与销售部门提出的市场信息，运用商业逻辑检验其是否合理，尽管这种检验分析的过程往往不是定量的。

例如，假设 A 集团一直在华南占据市场份额优势，消费者的品牌认知度也很高，广告作用已不那么明显，那么市场营销部门考虑到华南区销售额高，根据比率计算的广告费用绝对数额也相应变高，所以配置给华南区的广告费用比例就可以比全国平均比例低。然而，如果市场竞争情势发生了变化，华南区的销售公司能够列举竞争对手抢夺市场的举措，或者有竞争对手推出了更迎合消费者喜好的新产品，那么可以考虑这一因素的影响给华南市场留一部分机动费用，这样华南区的广告费用比例也很可能再向上微调。

2. 历史预算法

历史预算法是最简单的方法，即参照历史的广告费用占销售额的比例或占利润的比例确定广告费用预算。采用这种方法的前提是外部与内部环境基本没有什么变化或变化不大，否则就要根据形势的变化而变化。外部环境包括竞争对手格局、市场竞争环境、宏观政策等，内部环境包括经营模式、品牌扩张战略、定价策略、组织结构与销售团队的重组等。以 A 集团为例，内部组织刚变革为事业部运营体系，原有销售分公司和团队打散重组，同时正在推广新产品，故近期的广告活动不适合用历史预算法来测算。

3. 参照竞争对手法

根据竞争对手的广告开支确定广告费用，但前提是假设对手是正确的。这种方法的计算根据一是本行业广告费用的平均值，二是主要竞争对手的广告预算规模。采用这种方法的关键在于快速准确地获取竞争对手的广告预算规模，因此情报的收集是关键。相比前两种方法，这种方法的信息获取成本较高。

4. 目标达成法

目标达成法是根据广告媒介计划定量测算而得，和前几种简单"粗算"的方法相比，这是最为客观科学的测算广告费用的方法，也为众多快速消费品行业的跨国公司所使用。这种方法的步骤是企业先根据市场战略和销售目标确立具体的广告目标，例如最大化触达人数、N+触达人数、以最小接触频次为前提的最大化触达人数、指定总收视/收听点等，再根据广告目标制订出广告媒介计划，如投放量和投放时段，最后根据广告代理商测算的平均每人次广告到达费用预估广告费用。这一方法尤其适合新产品上市推广时的强力推销，可以灵活地适应市场营销的变化，广告阶段不同，广告攻势强弱不同，费用可自由调整。

在采用目标达成法测算广告费用时，营销财务分析师需要掌握市场营销学科的基本知识，了解广告媒体对于广告投放量的专用术语（例如到达率、接触频次及总收视点等）、测算平均每人次广告到达费用的方法，以及评价不同媒体和平台的广告成本效益的指标。这里只介绍两个常见的评价广告成本效益的指标——每收视点成本（CPRP）与每千人成本：

$$每收视点成本 = \frac{广告成本}{所得到的总收视点}$$

$$每千人成本 = \frac{广告成本}{到达人数} \times 1\,000$$

每收视点成本适用于评估同一市场、同一媒体平台的广告成本效益，但在评估不同平台、不同媒体形式的广告成本效益时适合采用每千人成本。每千人成本不仅适用于电视、电台等媒体形式广告，也适用于那些不能用 CPRP 表示的广告形式（如报纸），它意味着在不限于目标消费者的所有人中，每 1 000 个人看到广告 1 次或 1 次以上要用多少钱。

广告费用预算得到核定和批准后，方案的执行过程和结束后的效果评估与促销活动是类似的。在每个月末，营销财务分析师需要与市场和销售部门一起回顾讨论上月市场销售业绩和广告方案执行效果，其主要目的是分析新增有效顾客数及广告投放量，此外还需区分不同媒体的广告成本效益和投入产出比，并对比上期及上年同期的情况，找出最经济的投放媒体。

◎ 情景 6　对话疑问的解答

1. 对于非例行、非周期性但资源消耗大的项目，需要**分项目立案进行财务分析，且需要在项目执行前参与**，目的是评估其投入产出效益，判断其是否值得企业投资。

2. 项目财务分析的**重点在于投入资源（即拨款）前的预测**，财务分析需要关注的是投入产出比，对于跨会计年度的长期投资项目，还需要关注每期的收入成本估算，并且考虑资金的时间价值与公司对项目的风险偏好。

3. 长期投资项目存在不确定性，定量分析对于做出科学客观的投资决策而言是必要的论证工具，然而在建立财务估算规则与假设时应该灵活变通，**不必为了建立科学的量化分析模型而去耗费过多资源收集数据，适当考虑非财务因素和定性因素**，特别是项目实施的战略因素。任何项目的定量财务分析的目的是支持管理决策，管理决策是一门艺术而不是一项技术。

4. 在与项目相关部门沟通各项预算或成本分摊的基本假设和规则时，**促成业务部门之间"达成共识"比计算分配得"精准合理"更重要**，尽量采用项目组所有成员易于理解的"简单而令人信服"的规则和假设。

第二篇 小 结

通过第二篇"财务分析要做什么——WHAT"的讲述我们可以看出:

- 从服务外部股东/投资者以及企业最高管理决策层(董事会)的财务报表分析,到服务内部经营决策与执行层经理人的经营财务分析,是一个逐步分解细化的过程,目的是从了解评价企业绩效结果到挖掘绩效原因并改进绩效。
- 财务报表分析的对象是会计主体,经营财务分析的对象则更为灵活,可以是不同责任中心,也可以是不同的专题项目。
- 财务报表分析完全基于公认会计准则,经营财务分析也会运用管理会计技术。

综上,第二篇的内容可以用图 P2-1 进行概括性总结,它展现了有制造环节的企业的财务分析框架。

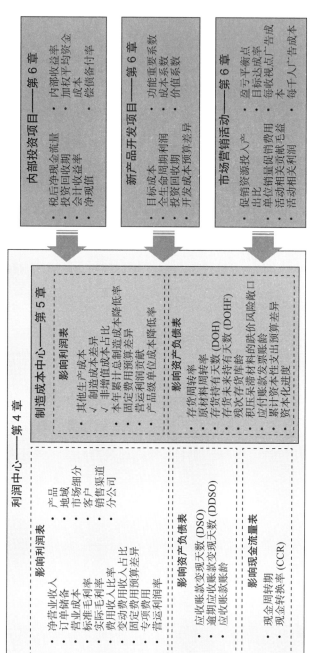

图 P2-1 有制造环节的企业的财务分析架构图

PART
第三篇

财务分析要如何做：
HOW

第 7 章

财务分析的常用技术

◎ **情景 7**

在确定各事业部、工厂、部门、专项的财务分析指标后,小张开始设计各类财务分析报告。但是,他仍然有困惑:这些指标计算出来的结果怎么解读业绩呢?这必然要考虑每项指标的实际结果和谁比的问题。于是他又就此询问财务总监王总。

小张: 王总,我们这个财务分析指标您觉得应该以什么为标准去比才能反映业绩做得如何呢?

王总: 你觉得呢?

小张: 我觉得分析技术无非就是环比和同比,也就是跟上个月和去年同期比,国家统计局那些宏观经济指标也都是这么分析的。我觉得只要将本期的结果与上期和上年同期比就可以了。

王总: 呵呵,虽说一般的指标分析都会用环比和同比这两种方法,但政府管理一个国家毕竟和股东授权经理人管理一个企业不一样。股东和投资者是有预期投资回报的,不论环比还是同比都是历史数字,但假设上期的结果股东就不满意,那本期比上期好股东就一定满意吗？所以我的看法是我们还是要和预先设定的期望值或目标值比，预算是一个可选的标准。

小张： 嗯，这倒也是，可是，预算是一年做一次，太刚性了，年度中间很可能会有各种变化，那些固定的管理费用还好办，但收入成本和变动费用就不好说了。

王总： 这也是我最近在想的问题，我在想我们应该每个月都做各项指标的最新预测，每个月结账后做下一个月的预测，这样起码保证能提前一个月大致了解业绩会是什么样。

小张： 啊？那这岂不又得催业务部门报数啊？就每年的预算他们都抱怨说是帮我们财务做数字游戏呢。

王总： 所以我们要慢慢跟他们沟通纠正观念……我也知道每月预测投入成本太高，但至少应该每季度做一次。我还是那句话，财务分析不是现在有什么、能做什么我们就去做什么，而是做什么能评价和改进公司业绩我们就去做什么，缺什么我们就去补什么，也不能因为没有做过每月的预测，财务分析报告就绕开这个难题。只跟历史业绩去比的财务分析或许能简单快速做出来，但这样做是缺乏价值的。

小张： 嗯，观念可以慢慢纠正，可是我发现之所以以前预算偏差大，有一部分原因是不同子公司和部门的预测能力不同，有的子公司报的预算没啥逻辑，就是瞎报的数，或者是子公司领导想要的数。预算本身没有逻辑，实际结果出来做差异分析也无从下手。如果以后要求每个月做预测，他们也这么报，我们也拿来就用吗？

王总： 呵呵，我想推滚动预测就是为了解决这个问题。因为预算偏差大，子公司和部门还可以"甩锅"说是因为市场和政策变化大，可要是每个月做预测偏差都很大，还解释不清楚为啥，可就暴露他们的问题了。做滚动预测的前提就是要让子公司和部门明白，我们财务在滚动预测中扮演的角色只是事前组织、事中推算和事后披露，而他们不能只给财务报预测数，还要每月负责解释预测差异，一旦他们自己没办法解释了，自然会想办法把预测做准确。

小张：哦！原来如此！好吧，要是这样，以后业务部门和子公司少不了向财务咨询请教报表口径和计算过程。这么看来，我建议重新搭建我们预算科的流程和人手配置了。

王总：这个你不用操心，我的构想是未来预算与财务分析合并成一个科，因为不做计划的财务分析就好比无的放矢一样。哦，对了，其实我还有个想法，就是我们除了和自己比，能不能和外部其他同行比？这个才是知道自身差距的标尺啊。

小张：这个恐怕比较难，只能找上市公司披露的财务报表来看，所以只能是那些财务报表层面的指标，经营财务分析的数据很多都拿不到。

王总：嗯，这个你再想想看，尽量找出几个通用的关键指标做行业对比分析，哪怕是财务报表层面的。再有，除了这种与某个标准比较的方法，你再想想有什么其他的分析技术。

小张：好的。

焦点问题：

◆ 如何根据财务分析指标的计算结果解读和评价业绩？标准是什么？

◆ 相比采用刚性的年度预算做业绩比较基准，每月更新的预测在财务分析中的价值是什么？财务分析如何使业务部门的预测更准确、缩小预测偏差？

◆ 除了与企业自身预设的标准比较外，还有哪些外部行业标准或分析技术可用于评价和解读业绩？

7.1 常用的财务分析技术

在第二篇了解了针对不同对象设计不同财务分析的内容后，财务分析师需要考虑的问题是采用什么技术和工具来展现并解读。财务分析师在取得了相应的分析数据、选择了相应的分析方法后，需要对原始数据进行一定处理，或者将数据结果与某标准进行比较以获得更具意义的信息解读。财务分析技术满足了这方面的需求，它在整个财务分析体系中属于一种统计手段，帮助使用者解读财务分析的结果。这些技术包括对比分析、趋势分析、结构分析、标杆分析（benchmarking）、因素分析、单指标分解、多指标赋权评分。这些技术也适用于运营、投资、融资任何一方面的决策。

7.1.1 对比分析

对比分析是指将某财务指标值与一定的标准进行对比并评价，可选择的标准有如下几种。

（1）**绝对标准**（理论标准）：理论上讲是各行业、各地区、各时期普遍适用的标准，只有极少数指标使用此标准。

（2）**本企业的历史标准**：来自本企业历史上的实际业绩，例如上月、上年同期数字。由于本财务分析指标在本企业内部计算口径一致，所以选用历史标准有较好的可比性，但往往只作为内部管理的依据，无法获知与外部同行业竞争者相比企业处于什么位置。

（3）**本企业的计划或预测标准**：来自本企业的年度业务计划、预算以及定期（月度、季度）的滚动经营预测。由于计划是常用的管理控制工具，预算与预测通常代表管理者对经营业绩的预期，因此选用计划数为比较标准在经营财务分析中应用最广泛。

（4）**行业标准**：在国际上进行公司业绩分析诊断应用最广泛的方法，特别是按国家、按地区所得出的行业标准，并且每年公布一次，以供比较。

7.1.2 趋势分析

趋势分析又称水平分析，是指将某个财务指标连续数期的结果值串联起来，揭示该指标反映的业绩增减变动的方向、数额和幅度。例如，通过对比连续5年的财务报表（比较财务报表）或财务比率，以揭示企业目前的财务状况和未来变动趋势。趋势分析最适合分析企业的成长能力。

另一个趋势分析的例子是对比某项指标在本年度不同月份的值，以反映该指标在本年内的变化趋势，一般用趋势线表述，即根据每个月的指标值上下变动的趋势绘制的折线。这种分析常用于经营财务分析中。例如图 7-1 展现了一个企业某年度内库存商品周转天数的月度变化趋势。

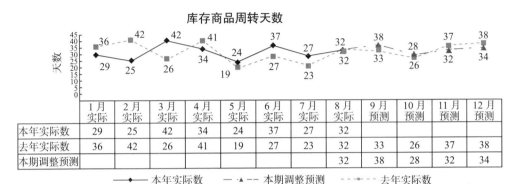

图 7-1 趋势分析技术示例

7.1.3 结构分析

结构分析又称垂直分析，是指将某个指标值与同类型指标在同一期的值进行比较，并用百分比的形式进行统计，例如每一资产项目占总资产的比例、每个费用项目占总费用的比例。利用财务报表项目进行结构分析的例子，如表 7-1 所示。

表 7-1 结构分析技术示例　　　　（金额单位：百万元）

项目	2018 年	2019 年	2020 年	2018 年	2019 年	2020 年
流动资产						
存货	3 007	3 295	3 494	1.8%	1.6%	1.5%
应收账款	7 153	6 985	6 913	4.2%	3.4%	2.9%
预付款及其他	4 613	5 680	7 641	2.7%	2.8%	3.2%
预付税款	468	124	39	0.3%	0.1%	0.0%
银行存款	82 294	109 685	130 833	48.8%	53.6%	55.4%
现金及现金等价物	71 167	78 859	87 426	42.2%	38.5%	37.0%
合　　计	168 702	204 628	236 346	100.0%	100.0%	100.0%

结构分析与趋势分析都属于同型分析（common-size analysis），即强调同类型项目的比较，但使用这种分析技术时需要注意，当指标绝对值很小的时候，一个微小的绝对值变化会导致一个很大的百分比变化。

7.1.4　标杆分析

标杆分析源于20世纪70年代的美国。所谓标杆就是测量的参照点，因此标杆分析也称为"基准分析"。最初利用对标是寻找与别的公司的差距，把它作为一种调查比较的基准。后来，对标管理逐渐演变成寻找最佳案例和标准、加强企业内部管理的一种方法。对标应用于财务分析，可以将企业内部和行业内计算口径一致的通用财务分析指标（例如毛利率、营运利润率、资产负债率）与内部外部的若干标杆伙伴（或称对标对象）的同指标值比较，找出自身业绩与标杆伙伴的最佳值或平均值的差距。

标杆分析的重点在于标杆伙伴的选择，即确定自己的业绩指标值"和谁比"。在标杆分析中不是只和一个标杆伙伴对比，而是选取一定数量的标杆伙伴作为样本集。标杆有以下三种类型，但这三种都不是完美的，不同类型的标杆对比都各有利弊。因此，企业在实际选择运用时，应该对每一种方法加以综合权衡，选择不同的标杆对比类型。

（1）**内部标杆**：标杆伙伴是组织内部其他单位或部门，主要适用于有多个规模或运营流程类似的业务单元、子公司、事业部的大型企业集团或跨国公司。采用内部标杆分析可以促进内部沟通和培养学习气氛，并且不涉及商业机密的泄露问题，但缺点在于视野狭隘，不易找到最佳实践。

（2）**竞争标杆**：标杆伙伴是同行业内部直接竞争对手。由于目标市场、产品结构和产业流程相似，因此与竞争对手即"同行"比较业绩，更容易找到差距。但往往因为信息具有高度商业敏感性，难以获得竞争对手真正有用或准确的资料，所以一般只适用于上市公司。然而更多经营层面的财务指标和运营流程效率的指标很难从上市公司公开披露的财务报告中获得,所以要获取更多信息需要确定对标的专题,并聘请专业咨询调研机构做标杆研究或向其购买标杆分析报告。

(3)功能标杆:标杆伙伴是不同行业但拥有相同或相似功能、流程的企业。功能标杆适用于与标杆对象有相似业务活动的财务指标值的对比,例如营销模式和方案趋同的企业可以比较促销活动的财务分析指标。然而功能标杆与竞争标杆一样有着类似的获取信息困难和获取信息成本高的缺陷。

7.1.5 因素分析

因素分析法是现代统计学一种常用方法,它用来分析总变动中各个因素的影响程度。在财务分析中,因素分析法常被应用在对比分析之后。在将某指标的实际值与标准值比较计算出差异后,采用因素分析法的目的是将总差异分解成几个不同的影响因素,并计算确定各个因素影响程度的数额,以揭示差异产生的原因。

因素分析法的关键在于识别影响指标变动的因素。可以根据细化子指标来识别因素,例如销售收入从上期到本期的变动,会受几个因素的影响:价格变动、销量变动、产品结构变动;另外也可以根据具体的职能部门或经营活动来识别影响销售收入的因素:促销活动影响、新产品上市影响、关键客户订单影响、新开门店影响等。

在财务分析报告的图表展现形式上,使用因素分析常常通过在 Excel 里绘制"堆积柱状图"来展现指标从变化前数值到变化后数值的因素分解过程。图 7-2 是一个将销售费用 2020 年对比 2019 年数值的变化按照市场区域分解的过程展现示例。

7.1.6 单指标分解

在第 3 章我们介绍了如何构建一个能够综合评价企业财务绩效的基本框架,这个框架由盈利能力、财务风险控制能力和成长能力三个企业绩效

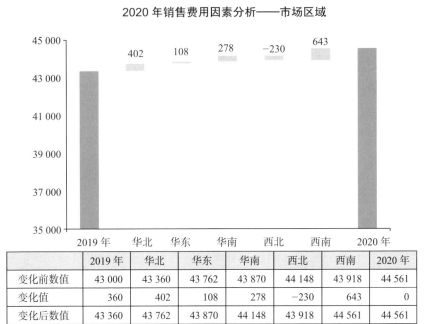

图 7-2 因素分析技术示例

能力维度构成。但在围绕这三个能力维度遴选出具体的财务分析指标后，采用什么方法评价企业的综合绩效的优劣？这里先介绍一种单指标分解的技术。

所谓单指标分解法，是指找到一个具备综合性的可以体现所有评价维度的指标，并且该指标可以依据某种数学运算法则分解成若干子指标，最经典的便是杜邦分析法。

杜邦分析法选取的综合性指标是**净资产收益率**（ROE），将它分解为子指标后可以看出它受三个方面因素的影响，即获利能力、资产使用效率、财务结构，分别以销售净利率、总资产周转率、权益乘数体现。用公式表述为：

净资产收益率 = 总资产报酬率 × 权益乘数

= 销售净利率 × 总资产周转率 × 权益乘数

= 销售净利率 × 总资产周转率 ×（1÷（1−资产负债率））

杜邦分析法的具体形式如图 7-3 所示。

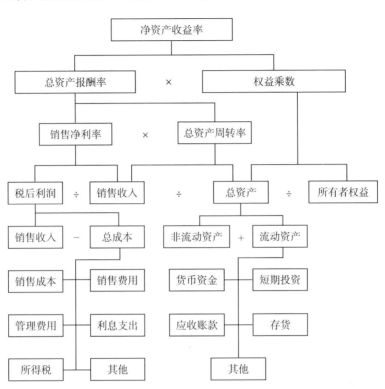

图 7-3 杜邦分析法

由上述分解计算公式可以看出杜邦分析法的基本思路。

- **净资产收益率**是一个综合性最强的财务分析指标，是杜邦分析系统的核心。
- **总资产报酬率**是影响净资产收益率的最重要的指标，取决于销售净利率和总资产周转率的高低。销售净利率反映销售收入的收益水平，扩大销售收入、降低成本费用是提高企业销售净利率的根本途径，而扩大销售收入同时也是提高资产周转率的必要条件和途径。总资产周转率反映总资产的周转效率，对总资产周转率进行分析，需要对影响资产周转的各因素进行分析，以判明影响公司资产周转的主要问题在哪里。

- **权益乘数**表示企业的负债程度，反映了公司利用财务杠杆进行经营活动的程度。资产负债率高，权益乘数就大，说明公司负债程度高，公司会有较多的杠杆利益，但财务风险也高；反之，资产负债率低，权益乘数就小，说明公司负债程度低，公司会有较少的杠杆利益，但相应的财务风险也低。

杜邦分析法最显著的特点是将若干个用以评价企业经营效率和财务状况的比率按其内在联系有机地结合起来，形成一个完整的指标体系。采用这一方法，可使财务比率分析的层次更清晰、条理更突出，为报表分析者全面细致地了解企业的经营和盈利状况提供方便。另外，杜邦分析法的数据资料源于资产负债表和利润表，数据的取得比较容易，而且在国际会计与报告准则下各国企业的财务报告的结构和列报项目趋同，在真实性与可比性方面有利于与公司外部标杆比较。

但是杜邦分析法也有局限性，主要体现在以下几个方面。

- 从企业绩效评价的角度来看，杜邦分析法只包括财务方面的信息，就财务论财务，对企业绩效评价和考核没有深入经营管理的过程，不能全面、动态地反映过程中的问题，也不能与企业的战略目标及战略管理手段实现有机融合。
- ROE 指标是以"净利润"为驱动先锋的，用净利润衡量企业的盈利能力会导致经营者对短期财务结果过分重视，有可能助长公司管理层的短期行为，忽略企业长期的价值创造；而且，用总资产收益率来衡量企业管理者的运营能力不够合理，因为作为分子的净利润不仅受所得税政策影响，还受非经营性业务利润以及融资利息的影响，这些都不是衡量经营获利能力的因素。
- 忽略了现金流量的分析。如今利润表粉饰现象日益严重，所以利润指标提供的财务信息远弱于现金流量。现金流量表以收付实现制编制，可以减少人为控制数据的可能性，增强财务分析结果的可信度，据此可以对企业经营资产的效率和创造现金利润的真正能力做出评价，也可以由此认识企业的偿债能力以及推断企业未来财务发展趋势。

第二种单指标分解法是经济增加值理论。经济增加值（economic value added，EVA）是由美国学者Stern和Stewart提出，并由美国思腾思特咨询公司（Stern Stewart & Co.）注册并实施的一套以经济增加值理念为基础的财务管理系统、决策机制及激励报酬制度。它是基于税后营业净利润和产生这些利润所需投入资本的成本的一种企业绩效财务评价方法。

经济增加值的核心是考虑了资本成本（机会成本），与传统体现盈利能力的财务指标的区别是，它主张企业只有获得高于其资本成本的盈利才是为股东创造了价值。其中资本成本既包括债务资本的成本，也包括股权资本的成本。因此，相比传统的会计利润，经济增加值是扣除了包括机会成本在内的所有成本的一种股东定义的"经济利润"，是一种全面评价企业经营者有效使用资本和为股东创造价值的能力，体现企业最终经营目标的经营业绩考核工具，也是企业价值管理体系的基础和核心。与杜邦分析法采用净资产收益率作为综合业绩评价指标相比，经济增加值更符合**基于价值管理的企业业绩评价指标**。以可口可乐为代表的世界知名跨国公司都使用经济增加值评价企业业绩，我国国务院国资委也在2012年颁发的《中央企业负责人经营业绩考核暂行办法》（新的《中央企业负责人经营业绩考核办法》已于2018年12月14日审议通过并于2019年4月1日起施行）中声明用经济增加值取代传统的净资产收益率指标。

经济增加值的基本计算公式为：

经济增加值＝税后净营业利润－资本总成本

＝税后净营业利润－投入资本总额×资本成本率

公式中的投入资本总额（invested capital，IC）是指企业已投入运营活动中的资本金，既包括股东投入的权益资本，也包括债权人有偿提供的债务资本（即有息负债），并扣除未投入经营的资金和交易性金融资产。它可以通过公司的资产负债表计算得出：

$$投入资本总额 = 所有者权益 + 有息负债 - 未投入经营的资金和交易性金融资产$$

由于资产负债表的总资产是经营性无息负债（经营过程中因商业信用形成的应付款项）、有息负债、所有者权益的合计，而总资产包括经营性资产、未投入经营的资金和交易性金融资产，故投入资本总额的计算也可以变异为：

$$投入资本总额 = 经营性资产 - 经营性无息负债$$

经济增加值计算公式中的税后净营业利润的数据来源是公司的利润表，但需要做一些调整以消除部分会计准则对企业真实经营情况的扭曲影响，常见的调整事项包括利息支出、投资收益、当期计提的减值准备、非经常性支出等。

在假设企业当期没有大额的非经常性支出、计提各类资产减值准备，也没有投资收益时，税后净营业利润就可以简化为在息税前利润（EBIT）的基础上计算：

$$税后净营业利润 = 息税前利润 \times (1 - 所得税税率) + 递延税款的增加^{\ominus}$$

关于资本成本率，通常采用加权平均资本成本（WACC），在第6章介绍项目融资方案的资金成本时曾提过它的计算方法，即分别计算权益资本和债务资本各自的成本后再依据各自资本占比加权平均：

$$加权平均资本成本 = 债务资本成本率 \times 债务资本占比 \times (1 - 所得税税率) + 权益资本成本率 \times 权益资本占比$$

综上所述，经济增加值的计算公式可以拓展为：

$$经济增加值 = 息税前利润 \times (1 - 所得税税率) - 投入资本总额 \times 加权平均资本成本$$

我们可以进一步将"息税前利润 × (1 - 所得税税率) ÷ 投入资本总额"视为投入资本回报率（ROIC）。于是，经济增加值的公式可进一步简

⊖ 这是税后净营业利润的标准计算公式。因很多公司没有递延税款，为计算简便，后续不考虑递延税款。

化为：

$$经济增加值 = (投入资本回报率 - 加权平均资本成本) \times 投入资本总额$$

$$投入资本回报率 = 息税前利润 \times (1 - 所得税税率) \div 营业收入 \times (营业收入 \div 投入资本总额)$$

$$= 息前税后利润率 \times 投入资本周转率$$

可以看出息前税后利润率、投入资本周转率、加权平均资本成本是影响经济增加值指标的三个主要指标。其中，息前税后利润率属于盈利能力指标，如果不考虑企业不可控的所得税税率（T），那么它主要由息税前利润率决定。息税前利润率可以分解为毛利率、销售费用率、管理费用率。投入资本周转率属于营运效率指标，提高该指标值的途径是提高经营资产和经营负债的周转效率。影响经营资产周转效率的关键因素为应收账款和存货的周转率，经营负债周转率主要受应付账款周转率影响。加权平均资本成本属于资本结构和财务风险类指标，可以分解为权益成本、债务成本、净负债权益比。

以上的经济增加值指标分解体系可以用图 7-4 展示。

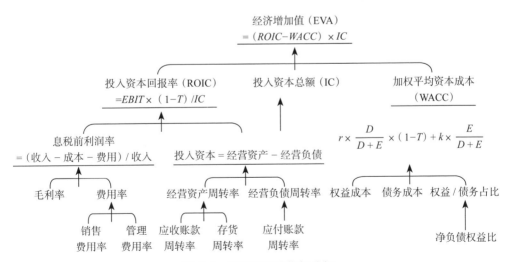

图 7-4　经济增加值指标分解

经济增加值指标分解的管理意义在于，它可以关联到具体的业务活动，由更多的子指标来衡量这些业务活动的绩效，这套指标体系旨在帮助企业内不同业务分部和职能的经理了解自己单位或部门的日常工作如何驱动影响公司整体价值最大化，帮助各级经理做出有利于公司价值最大化的决策。

尽管经济增加值考虑了财务报表中不体现的"权益资本成本"，比杜邦分析法等传统财务分析方法更能反映企业价值，但它也有局限性，主要体现在以下几个方面。

- **期间局限性**：经济增加值指标属于短期财务指标，虽然采用经济增加值能有效防止管理者的短期行为，但管理者在企业都有一定的任期，他们可能只关心任期内各年的经济增加值，然而股东财富最大化依赖于未来各期企业创造的经济增加值。若仅仅以实现的经济增加值作为业绩评定指标，企业管理者从自身利益出发，会对保持或扩大市场份额、降低单位产品成本以及进行必要的研发项目投资缺乏积极性，而这些举措正是保证企业未来经济增加值持续增长的关键因素。
- **信息含量的局限性**：在采用经济增加值进行业绩评价时，经济增加值系统对非财务信息重视不够，不能提供像产品、员工、客户以及创新等方面的非财务信息，需要与其他考虑到非财务信息的模型结合使用。
- **不反映现金流情况**：本质上仍然关注权责发生制基础上的会计利润。
- **折旧影响导致的缺陷**：随着资产可使用年限的减少，经济利润会上升，这是因为资本费用是根据资产的净账面价值计算的。在传统的采用直线法计算折旧的情况下，这个净账面价值在资产的寿命期内逐渐降低。在这种情况下将会得到不合理的结果，即资本化的经济利润在重置周期的前期一般是负值，而在重置周期的后期一般是正值。在该模型下，有着大量新投资的公司反而比拥有较多旧资产的公司经济利润低，这显然不能比较出公司的实际盈利能力。

7.1.7 多指标赋权评分

由于在需要考虑众多驱动因素深入揭示财务绩效的背景下，越来越难以找到或创造一个综合指标来反映所有的评价维度，因此多指标赋权评分的技术运用得更为普遍，即采用多个评价指标并加权平均计算总评分。它可以通过赋予评价指标不同的权重来体现管理的侧重点，并且可以根据不同时期管理的侧重点修改权重。另外，它能够以一个总分值来均衡、客观地反映企业财务业绩，有助于直接快速地判断企业的整体财务状况。这里介绍一种称为"沃尔评分法"的经典理论。

沃尔评分法是企业财务综合评价的先驱亚历山大·沃尔在1928年出版的《信用晴雨表研究》和《财务报表比率分析》中提出的，他把若干个财务比率用线性关系结合起来，以此评价企业的信用水平。

沃尔评分法是典型的运用"权重"水平对企业各方面能力进行评价的方法。它将选定的财务比率用线性关系结合起来，并分别给定各自的权重，同时确定各项比率指标的标准值，即各项指标在企业现时条件下的最优值，然后通过计算每个指标的实际值，将其与标准值进行比较，确定各项指标的得分及总体指标的累计分数，从而对企业的信用水平做出评价。

沃尔评分法选择了以下10个评价指标并分配指标权重。

- 盈利能力：资产净利率、销售净利率、净值报酬率。
- 偿债能力：自有资本比率、流动比率、应收账款周转率、存货周转率。
- 发展能力：销售增长率、净利润增长率、资产增长率。

三类指标的评分值比例约为5∶3∶2。盈利能力的三项指标的比例约为2∶2∶1，偿债能力指标和发展能力指标中各项具体指标的重要性大体相当。

沃尔评分法主张将企业历史最优值作为各项指标的标准值，给每个指标评分的公式为：

$$实际分数 = 实际值 \div 标准值 \times 权重$$

沃尔评分法最主要的贡献是将互不关联的财务指标按照权重予以综合联动，使得综合评价成为可能。然而它的局限性体现在以下方面。

- 当某一个指标严重异常时，会对总评分产生不合逻辑的重大影响。这是由财务比率与其比重相"乘"引起的。财务比率提高一倍，评分增加100%；而同比例缩小，其评分只减少50%。该技术问题也是采用"权重"方法对企业各方面能力进行综合评价的常见弊端。
- 由于评分公式为实际分数＝实际值÷标准值×权重，当实际值大于标准值为理想时，用此公式计算结果正确，但当某指标的解读是实际值小于标准值为理想时，实际值越小得分本应越高，但套用此公式结果却相反，得分变低。

针对沃尔评分法的局限性，后人对其做了改进：将财务比率的标准值由企业最优值调整为本行业平均值，并设定评分值的上限（正常值的1.5倍）和下限（正常值的0.5倍），以减少个别指标异常造成的不合理影响。

7.2 预算与滚动预测在财务分析中的应用

在第二篇中，有很多指标都提到预算这个词，特别是固定费用类的分析指标，例如业务单元的固定管理费用、新产品开发项目的开发期成本都强调实际发生数与预算数的差异，在本章上一节的"对比分析"技术中也提到可以选择"本企业的计划或预测标准"。这证明在财务分析中，特别是经营财务分析中，预算是常用的衡量业绩是否达标的标准。

在具备完善的公司治理架构和代理关系的企业中，预算是管理层给予股东（投资者）的业绩承诺，财务预算是管理层对预算年度经营业绩的财务语言的表述。在很多跨国集团公司中，最高管理层都是通过预算在全集团范围内管理业绩的。在这个大方向下，这些跨国集团公司各级子公司与业务单元的财务分析师的职责通常包括计划与分析两块内容，其中的"计划"即指财务分析部门负责主导年度业务计划、预算与定期更新的滚动预测,目的是展望未来的业绩,并为各业务单元和部门下一期的经营活动设定业绩目标。

7.2.1 预算管理体系概述

预算是管理会计的一项重要职能,它既是管理层制定的在某特定期间内行动计划的量化表达,也包括协助履行这一计划,可视为公司在下一期间的行动蓝图,不仅涉及财务方面,也包括非财务方面。**在全面预算管理体系完善的企业,业务经营预算(即销售、生产、采购等部门预算)与财务预算(三张财务报表层面)是整合关联的**,数据的衔接具备严谨的钩稽关系,行项或指标的计算口径也完全一致,包括利润表、资产负债表和现金流量表在内的预计财务报表的每一项数字的信息源都可以链接追溯到相关的业务预算。

图 7-5 是制造业企业全公司范围内经营预算与财务预算关联整合过程的体系框架图。

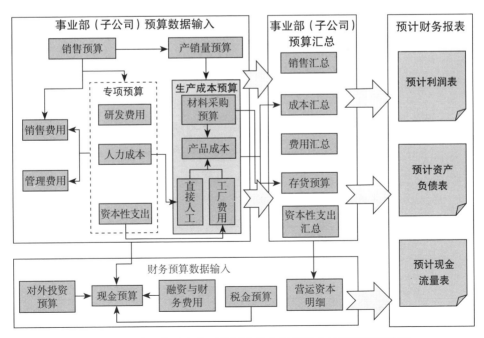

图 7-5 制造业企业全公司范围内业务财务整合的预算管理体系

7.2.2 滚动预测

在经营财务分析师每月例行的事务中，更为重要的业绩对比基准是"滚动预测"而非一年一度的预算值。预算是企业在一个经营年度的刚性目标，但年度中常会出现环境的变化，例如发现可以为企业增加收益的新市场细分，出现新政策产生新的业务机会，针对某项临时突发社会事件投入广告或营销资源以获得更大收益等，这时管理者不应墨守成规地沿用原有预算去管理业绩，而应该及时调整预算。全球公司预算实务调查显示，超过 60% 的 CFO 认为用滚动预测法管理业绩很有用。在很多跨国集团中，更新并上报滚动预测是财务分析师的一项重要职责。

滚动预测是指将预算更新的频率缩短到季度、月度甚至周度，以保证管理者在未来任何时间都有一个反映最新环境变化的业绩预期，所以**与预算相比，滚动预测最大的优势在于其"动态性"**，即随时可以根据外部环境的变化而变化，从动态预测中洞察企业的未来。在实行了滚动预测的企业，往往滚动预测比预算对日常经营更有指导意义。

在很多滚动预测执行得好的企业，每期会计核算结账流程完毕后，财务分析师每月例行的"计划与分析"工作有如下三项。

（1）将本期各项关键绩效指标的实际值与上期更新的预测值做比较，进行**差异分析**。

（2）与业务部门一起回顾各项关键绩效指标的实际结果并要求业务部门解释重大差异，提出**未来改进行动清单与计划**，回顾上期的行动清单执行落实的进展。

（3）协调业务部门**更新下一期的滚动预测**，计算下一期各项业绩指标的目标值，制定下一期预测数据时也要考虑前期影响和未来实现可能性。

从预测期间来看，滚动预测有两种滚动方式：

（1）**不与预算年度挂钩**：将预测期一直维持在未来 12 个月，每次都要更新未来 12 个月的预测数字。例如，2020 年 3 月结账后，财务分析师不仅需要更新 2020 年 4～12 月的预测数字，并且需要追加预测至 2021 年 3 月的业绩。

（2）**与预算年度挂钩**：预测期与预算年度保持一致，每次只需更新本年度剩余月份的预测数字。例如，2020 年 3 月结账后，财务分析师只更新 2020 年 4～12 月的预测数字。

从滚动频率来看，滚动预测分为逐月滚动、逐季滚动、混合滚动三种。逐月和逐季滚动预测是以月度或季度为单位更新经营预测与预计财务报表。其中，不与预算年度挂钩的逐月滚动预测工作量是最大的。混合滚动是指更新预测时将最近的一个季度分月度编制预测，其余三个季度分季度编制预测，频率是每季度更新一次。在欧美跨国企业的实务中，为求精度与工作量的平衡，采用得比较多的滚动预测方式有以下两种。

（1）**不与预算年度挂钩的逐季混合滚动预测**（见图 7-6）：优点是以长期战略为主要关注点，在最近一季度分月份预测，预测精度较高，同时对远期分季度预测，预测精度较低，可以降低预测的工作量，适用于外部市场相对稳定、变数不多、无须投入过多资源做远期精细预测，并且自身优势比较明显的企业。

（2）**与预算年度挂钩的逐月滚动预测**（见图 7-7）：优点是满足管理者对精度和时效性的要求，同时可以监控全年实际＋预测与原预算数字的差异，以促使管理者通过在月度间调整来落实达成全年的预算目标，适用于外部市场变化剧烈、自身发展速度较快的企业。这种方法在美国公司实务中也常被称为业绩展望，并习惯将不同月份的业绩展望命名为"$N+(12-N)$ 业绩展望"，例如，在 3 月结束时分析 3 月差异并更新 4～12 月预测时，这个版本的滚动预测便会命名为"3＋9 业绩展望"，每年初定稿的预算命名为"0＋12 业绩展望"。

中国目前许多企业只有预算管理，还没有滚动预测体系，即使有也属于业务与财务各自割裂编制，并不互相整合。但国内外领先企业的预算管理实践证明，若要实现滚动预测对业务经营的有效指导，数据收集与汇总的方法都应与预算类似，也是一个从经营预测到财务预测的关联整合过程，如图 7-8 所示。

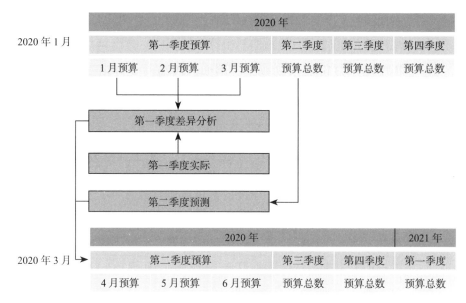

图 7-6　不与预算年度挂钩的逐季混合滚动预测

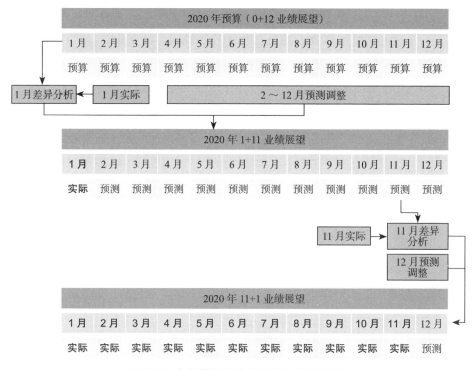

图 7-7　与预算年度挂钩的逐月滚动预测

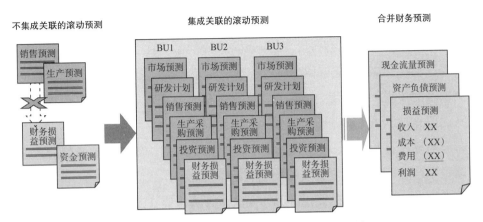

图 7-8 经营预测与财务预测相关联的滚动预测体系

不过，在现实工作中，仍有很多企业的财务经理表示，要做到上述业务与财务联动的滚动预测工作量太大，特别是要求业务部门采用逐月滚动的方式逐项做预测，相当于每月做一次年度预算，耗费巨大人力。但全球公司预算实务调查显示，欧、美、日等国家多数企业管理者认为在预算与经营预测方面得到的效益大于投入的成本，特别是信息化管理基础好的企业，滚动预测在指导运营管理业绩中发挥了很好的作用。全球跨国公司的实践证明整合的滚动经营预测也可以使年度的财务预算流程更加有效：由经营分析会议推动，通过各业务部门都参与预测、回顾与差异分析，通过财务分析和评价使各个部门对公司的经营目标有持续跟踪改进、最终达成年度预算目标的意识。

当然，鉴于滚动预测起到的作用跟年度预算不同，常运用在日常经营层面，因此为了减少工作量和提高预测流程的效率，可以**采用比年度预算更简洁的编制方法**。例如，在业务单元和运营子公司层面不编制完整的三张财务报表，只对经营性报表项目做预测，只编制营运利润表、营运资本报表和简易现金流量表。同时，最大程度利用年度预算的数字，仅就发生变化的项目做修正。

在很多跨国公司财务分析的实务中，除了对刚结束一期的实际与上期预测间的差异进行分析，还关注**全年的差异**，即全年预测与预算之间的差异,这里的"全年预测"是指与预算年度匹配的"实际+预测"。例如,在2020年第三季度结束时,财务分析师已经有了前三个季度的实际业绩结果,那么2020年全年预测应等于前三个季度的实际值加上最近更新的第四季度预测。在年度内发生重大环境变化时,重要指标的全年预测与预算的差异是申请预算调整的依据。

需要注意的是,不论是业务部门还是财务部门,**编制滚动预测的方法与数学、统计学上的定量预测技术有所不同**。数学预测技术,例如回归技术、指数平滑法、德尔菲法和马尔可夫链,大多需要基于历史数据和大量样本,运用这些技术做出的预测反映的是历史已发生事件的规律作用于未来的趋势,这种统计学定量预测技术是客观的,但滚动预测是基于预算数字加上获知的预算外的变化因素做出的主观估计,预算数字又常常是基于管理层对未来3～5年战略部署而制定的新一年度业绩目标,即预算体现的是预算者的主观预期,而非单纯延续以往年度业绩的客观趋势。同理,滚动预测也需要各业务部门管理者根据自己达成年度预算目标的能力和目前已获知的发生的变数进行主观调整。不过,这种主观调整不能等同于完全的直觉和经验判断式的"拍脑门",实务中经营财务分析师在与业务部门沟通索取经营预测数据时,仍需要检验其做滚动预测的假设、计算逻辑与数据基础,因为财务分析是一种基于事实并强调信息数据导向方法论的管理职能。

7.2.3 预算与预测"放卫星",财务分析怎么办

由于全面预算管理体系强调高度"业财融合",即业务经营预算、预测与财务报表预算、预测整合关联,尤其是三张财务报表之一的利润表,预算和预测数字完全是引用业务经营计划推导计算的结果,这意味着营业收入、成本、经营类费用的预测不是财务分析人员根据过往业绩做出的纯数学统计式的趋势性预测。根据过往业绩做出的趋势性预测无法反映未来外部环境和内部资源能力变化对业绩的影响,本章所述的经营预算与预

测都是在过往业绩趋势预测基础上增加主观的判断调整。这种主观判断调整需要依赖业务部门的工作计划，这些工作计划是基于它们对外部市场、客户、政策等外部制约要素的研究预判，以及对内部团队资源和能力的预期。

然而，实务中业务部门的计划管理能力良莠不齐，它们的"主观判断调整"不一定是公允的，常见的例子如：过分乐观地估计市场、客户需求规模，过分乐观地估计自身的能力，高估自身能得到的市场占有份额，定价时高估自身相对于竞争对手的溢价幅度，结果不仅会导致收入预测过于激进，而且费用预测也会有很大水分，因为费用的发生也是基于有人能做成事的，人力不够（比如招聘不力）或人员的能力不够做不成事（比如缺乏资源渠道，找不到供应商、签不下合同）的话，很多费用也无法发生。当这种对内外部因素估计不实的情况太多时，业务部门上报的预算和滚动预测就类似于"放卫星"，等到实际经营成果出来时与当初的预算/预测可能差了十万八千里。这时差异分析工具就失去了意义，因为**当预算与预测的业务情景与现实不符或严重没有可实现度时，就不适合作为衡量业绩的基准，差异分析工具也将无法发挥洞察经营问题的作用**。

因此，要想使预算和预测在财务分析中发挥作用，实践中最大的挑战是保证预算和预测数字的合理性。在计划管理能力不够的业务部门编制上报经营预算和预测后，财务分析人员有必要基于合理的业务情景假设进行质询并予以调整，去除预算/预测中夸大的水分。

什么是"合理的业务情景假设"？这里举几个例子以便理解。

例1：超出产能约束

一个设备组装工厂的年产能只有1万台，收入预算需要根据销量和售价分解计算，业务部门报的下年收入预算（亦即年度经营目标）已经超过1万台乘以市场最高售价，而且经营计划里没有任何对产品功能和外观做出改进以获得大幅市场溢价的行动计划和相应的人财物资源投入。

例2：超出市场容量约束

假设某产品的市场总需求量是500万台（依据为行业研究报告），多年来业内第一名的龙头公司的市场份额一直稳定在30%左右，且公司过去一直处于行业内第二梯队，业务部门把下年销量预算目标定到200万台以上，经营计划中却没有任何市场和政策变化的分析证明自己能大幅超越行业龙头公司。

例3：超出能力约束

人力预算结果显示，未来一年业务部门上报的用人需求高达92人，其中某部门计划下年在外省承接某技术开发＋运营的项目，需要在当地新组建一个60多人的团队，岗位涉及软件研发工程、运营服务、营销推广、行政支持等多个专业，却没有考虑公司人力资源部门只有1名员工负责招聘，且过往年度每年增员人数都未超过30人，1名招聘专员即使满负荷工作也根本无法支持3倍以上的增员。

例4：关键财务指标超出同业标杆

某经营服装商品零售的部门的下年预算显示，收入比去年增长1倍，达1000万元，但由于总经理要求利润底线目标是不能比上年低，该部门认为收入倍增需要招聘更多员工，并投入更多营销费用，因此人力成本和费用预算也大幅高于去年。但受制于利润底线目标，用"倒挤"的方法人为调低了商品采购成本，利润表计算毛利率结果已达73%，而该类服装商品的对标公司过去3年的毛利率上限是70%，该部门过去3年历史毛利率也都在65%左右，该部门下年经营计划里却没有降低商品采购成本的具体措施，以证明能够实现毛利率的大幅增长。

以上"放卫星"的例子通常是由于业务部门好大喜功或怕上级问责而"报喜不报忧"造成的，然而在有严谨的业务情景推演模型时，任何"放卫星"式的预算和预测都禁不住推敲。无论是年度预算还是年度间的滚动预测修订，最后都要落实到未来预期可达成的收入和利润目标。**但目标多**

少是合理的？目标的合理性是结合了内部环境（资源＆能力）和外部环境（市场＆政策）的分析得出的，合理的目标必须能反映资源与路径结构二者交互作用的结果，而不是闭门造车的空想。所谓资源与路径结构二者交互作用，就是如何实现收入、如何降本控费的各项工作计划，计划合理目标即合理，否则就会像上述例4那样用"目标倒挤法"做出的预算利润表总有一项指标是不合理的。财务分析人员在预算和滚动预测过程中做合理性质询的意义就在于明确目标的合理性。

上述的几个例子都是用商业常识即可洞察的问题，但实际工作中，预算、预测往往基于更为复杂的业务情景推演，这些推演的前提假设和量化计算过程都需要反映到经营计划中去，预算和滚动预测的作用是把经营计划或经营策略的修订"翻译"成财务报表，所以预算和滚动预测的实质是经营计划的量化表述形式。财务分析人员要在预算和滚动预测中发挥合理性质询作用，就要更密切地参与甚至推动业务部门的"情景推演"。

◎ 情景7　对话疑问的解答

1. 财务分析指标的计算结果需要寻找一个或多个"标准"，采用比较分析技术来衡量业绩的优劣。可选择的标准有绝对标准（理论目标值）、历史标准（同比和环比）、计划或预测标准和行业标准。
2. 年度预算和年度间的滚动预测是财务分析采用比较分析技术时有力的工具。年度预算是静态刚性标准，旨在对未来一年企业整体业绩目标的管控，而对于日常经营层面更有指导和监控作用的是滚动预测，年度中间月度和季度的财务分析更需要将滚动预测的数字作为衡量实际业绩的基准，并且财务分析有责任推动业务与财务相关联整合的滚动预测流程，使企业管理者在未来任何时间都有一个反映最新环境变化的业绩预期。
3. 年度预算和年度间的滚动预测需要依赖业务部门的经营计划，但财务分析不能将业务部门上报的预算和预测数据直接作为业绩目标，需要评估其是否经过严谨的业务情景推演，并需要在业务情景推演过程中进行合理性质询，只有经过合理性质询的预算和预测才适合作为衡量经营业绩的标准。

4. 除了与企业预算与预测的预期值相比以外，外部行业对标也是衡量企业业绩的好工具，然而鉴于信息获取成本高以及口径差异，仅适用于选择通用性强的财务报表层面的少数指标。

5. 除了比较分析技术以外，财务分析还可运用趋势分析、结构分析、因素分析、单指标分解和多指标赋权评分的技术来解读和评价企业的业绩。

第 8 章

财务分析的基础：精细会计核算体系

◎ **情景 8**

某日，小张正在钻研如何设计新的财务分析报告模板，会计报表科的周经理来找他，说是接到王总的指示，以后各子公司每月 8 日前都要按总公司发布的模板提交本单位的财务分析报告。考虑到以前无论是内容还是期限都没有对下属单位做硬性要求，所以让她在小张发布财务分析报告模板前和小张多沟通，看每月抓取实际财务数据需要多长时间，以及目前会计核算系统能否满足需求。

周经理：小张，王总跟我说你正在设计子公司新的财务分析报告模板。我听说你这次去下属子公司调研有不少收获，子公司的财务分析都各自做，彼此都不同，那以后如果让它们按统一模板做，是不是它们的会计核算口径也要统一呢？

小　张：啊？我们不是全集团用统一的会计科目吗？还要它们统一什么？

周经理：咳，你只知其一不知其二。我们公布的会计科目表只包含一级和二级科目，但是子公司因为业务特点和管理需求不同，经常有增加明细科目的需求，所以三级科目是给了它们自己设置的权限的，现在是否需要按你的分析报表里的科目重新定义所有明细科目后再发布给子公司？如果你需要，正好我们正在梳理 ERP 系统需求，不如趁这个机会把这件事做了再实施上线。

小　张：（沉吟片刻）其实我现在还在考虑到底要不要给它们设定标准的财务分析报告模板，所以我觉得不用统一定义明细科目。但确实有些指标需要比以前核算得更细，比如以后对于收入科目要求所有子公司都区分内部销售和外部销售，对此下属子公司的核算方法未必统一，所以还是有必要更新会计科目表。至于子公司设置科目的权限，您和王总定吧。

周经理：好，那我先看看你现在都打算让子公司分析哪些指标，还有就是报表都涉及哪些科目。

小　张：哎呀，我还没做出成型的书面表格，只能先把思路和目前从子公司调研收集来的它们自己做的分析报告给你讲讲了。

在听完小张的介绍又看了各子公司自己做的财务分析报告后，周经理皱着眉头表示了自己的担忧。

周经理：我觉得 A1、A2、A3 三家子公司目前的核算精细度有挺大差别的，如果按你现在的思路要求它们编制统一的财务分析报告，它们依靠现在的核算记录不一定能导出所有数据。比如现在公司整体调整组织架构和考核体系了，区分内部收入和外部收入，生产型子公司全用标准成本核算。A3 公司还好，它本来也是这么做的，但其他两家公司没有按标准成本法的核算步骤设置会计科目，A1 公司根本没把内部销售收入和外部销售收入区分设置会计科目。还有像分品类、分客户等维度的收入、成本，目前财务系统里的收入成本会计科目没有设置这么细，我知道子公司可能原来自己有这种数据需求，但一直都是它们自己想办法去解决。我不知道它们是不是由业务部门统计数据的。

小　张：是这样的，我之前在 A2 公司调研时刘经理跟我说过，他们分业务维度的收入与成本是从业务系统里取数的，业务系统是 A2 公司自己开发的，但 A1 公司和 A3 公司都没有信息化，如果财务分析需要，它们都是由业务部门用线下统计的方式报给财务。

周经理： 线下统计多麻烦啊！对于业务报过来的收入数字，财务还得加总看是否等于财务报表上的收入总额，对不上还得找差异，而且没准业务部门对收入与成本的口径的理解和财务不一致。

小　张： 你说到这儿我想起来了，还真是，上次跟销售支持部门的莉莉了解到，他们的销售收入口径是含增值税的，可笑吧！

周经理： 所以我觉得不管子公司自行开发了什么业务系统，财务分析报表都需要和基于会计凭证过账生成的财务报表保持一致，所以还是应该重新定义发布一版能支持财务分析报表取数的会计科目和辅助核算项，然后让各子公司执行。不过，现在看这几个子公司自己的分析报表，如果我们总部这边都要满足并且要求统一，恐怕要增设很多明细会计科目，以前的三级科目的结构肯定不够了。

小　张： 嗯，是有这个问题，其实我还是有保留意见，是否需要从会计科目上把子公司限定得牢牢的……因为虽说要尽量让财务分析报表里的各项目口径与财务报表一致，可我觉得总还是会有两者口径不一致的地方，会计核算毕竟还是首先要满足对外财务报表的需求。会不会最终财务分析报表里有少数项目还是不能直接从会计核算出来的明细账里取数，到头来做财务分析时还是要去翻会计凭证后附的原始单据，然后再自己做个 Excel 表？

周经理： （沉吟一会儿）嗯……这个嘛，现在还没看到你最终设计的财务分析报告具体是什么口径，所以不好说在我们的财务核算基础上是否还需要深度手工统计数据。我觉得为了不增加太多会计科目，可以考虑增加辅助核算项，不过这样就得把科目与辅助核算项的关联规则梳理明白。你可以在设计的过程中自己去核算系统里试着运行一下科目余额与辅助核算明细表，如果觉得哪里欠缺，及时向我们的会计核算组反馈，我觉得还是能满足你 90% 以上的需要的。

小　张：好的，我也边做边想这个问题，谢谢！

焦点问题：

- ◆ 如何保证财务分析所依赖的财务报表数据是真实、完整、可靠的？
- ◆ 满足财务分析需求的会计核算体系和传统会计核算体系的区别是什么？
- ◆ 会计科目设置到多么细的程度才符合财务分析需要？
- ◆ 设置辅助核算项的意义是什么？如何设置辅助核算项与会计科目的关联规则？

8.1　满足管理需求的日常会计核算体系

　　财务分析只有分析内容（指标、表项）和分析技术是不够的，它最基础的工作是收集数据。财务分析最直接的数据来源是财务报表，如果是财务报表层面的比率分析，三张法定财务报表已可以满足取数需求，但涉及企业内部不同责任单元的财务分析，往往在运用结构分析和因素分析技术时（见第7章），需要就某一财务报表科目获得更多维度的数据。例如，当某个企业的营业收入有商品销售、技术服务、房屋租赁等多种收入类型时，专门负责某种业务的部门经理只关注其负责的那项收入的实际达成数字，而财务报表的营业收入只有总额。

　　由于财务报表是由企业财务部门对发生的每笔经济交易编制会计凭证、登记明细账后汇总生成的，所以，**根据财务分析要求的数据维度和颗粒细度设计的多种管理报表，也应可以基于同一套会计凭证抓取数据，也只有这样才能保证财务分析用的数据与财务报表一致，避免单独编制财务分析报表时的遗漏和那些与会计口径不一致的人为篡改。**

　　然而，传统财务会计的核算体系通常比有管理会计需求的核算体系在结构上简单许多。毕竟财务会计的首要功能是出具法定财务报表，因此如果仅基于出具法人公司的财务报表这一目的，会计日常对企业发生的每笔交易编制会计分录时，除了会计科目以外不需要记录更多业务信息。对外法定财务报表的核算主体是法人公司，实务中俗称"账套"，即发生每一笔收入和支出、每一项资产和负债的变动，都要记录在某个账套下，比如从哪个法人公司的银行账户收款付款，会计编制的收款凭证和付款凭证就要记到哪个法人公司账套的"银行存款"科目。所有的会计凭证上都只有借方、贷方的会计科目和金额，不会反映业务活动发生的具体单元，更不会反映为什么发生。

但企业内部财务分析报表（也称管理报表）的阅读对象是内部各层级和各部门的管理者，他们想要看到收入、成本、资产及资金的变动能归集到除了账套以外更多的对象上，例如部门、产品、客户/供应商、销售订单、特定的项目等。我们可以把这些**在同一个法人公司（账套）内的多个数据归集对象统称为"记账单元"，数据能被记录和归集到不同管理者关注的"记账单元"是编制财务分析报表的基础**。缺少合适的"记账单元"设置，以法人公司为唯一核算主体的传统财务会计核算体系便不能满足财务分析报表的需要。本章主要介绍为满足内部财务分析的需求如何搭建或完善传统的会计核算体系。

8.2 设置财务分析需要的会计科目

不论是编制传统的对外法定财务报表，还是编制满足内部财务分析需求的管理报表，会计科目都是会计核算体系中必须具备的要素。会计科目是根据六大会计要素（资产、负债、所有者权益、收入、费用、利润）内容进行的更进一步的分类，每个会计科目都对应到财务报表中的某一项。

8.2.1 会计科目设置几级比较好

多数企业的会计科目是分级次的，编制对外法定财务报表只需要一级会计科目，也称总账科目，然后根据管理需求设二级及更多层级的明细科目。中国的公司通常将财政部颁布的企业会计科目表作为一级科目。表8-1是一个主营物业经营服务的公司营业收入科目的科目级次构成示例，其中一级科目"营业收入"是中国财政部颁布的法定财务报表的项目，二级科目本质上是为了在财务分析或管理报表上展示分类汇总的金额，但在日常会计核算的交易层面即编制会计分录时，涉及收入的科目都需要选到第三级。

表 8-1　会计科目级次构成示例

会计科目代码	会计科目名称	级次	类型
5101	营业收入	一级	损益
510101	物业管理收入	二级	损益
51010101	住宅	三级	损益
51010102	商业	三级	损益
51010103	写字楼	三级	损益
51010104	车库	三级	损益
51010105	公寓	三级	损益
51010106	别墅	三级	损益
51010107	酒店	三级	损益
51010199	其他	三级	损益
510102	物业经营收入	二级	损益
51010201	住宅	三级	损益
51010202	商业	三级	损益
51010203	写字楼	三级	损益
51010204	车库	三级	损益
51010205	公寓	三级	损益
51010206	别墅	三级	损益
51010207	酒店	三级	损益
51010299	其他	三级	损益
510103	商品销售收入	二级	损益
510104	房地产租赁收入	二级	损益
51010401	投资性房地产出租收入	三级	损益
51010402	其他房地产出租收入	三级	损益
510105	饮食服务业收入	二级	损益
51010501	餐饮业	三级	损益
51010502	旅店业	三级	损益
51010599	其他	三级	损益
510106	咨询服务费收入	二级	损益
510107	其他营业收入	二级	损益
51010701	违约金	三级	损益

(续)

会计科目代码	会计科目名称	级次	类型
51010702	停车场	三级	损益
51010703	广告牌	三级	损益
51010704	补偿款	三级	损益
51010705	保洁服务	三级	损益
51010706	会所	三级	损益
51010707	电梯广告	三级	损益
51010799	其他	三级	损益

欧美国家的企业会计科目通常是自主设计，没有官方限制。不少大型跨国集团由于业务条线多，管理报表的主体也多，所以通常会在会计核算系统以外应用一套报表系统，会计科目在会计核算系统中设置，用于录入会计凭证和记录总账明细账，而报表系统通过建立会计科目与报表科目的对应关系，并设置数据导出规则，便可从会计核算系统结账后的会计科目余额表导出数据，生成各类制式管理报表。在这种需求前提下，一级会计科目往往更为细分。

以上面那个物业公司营业收入的科目构成表 8-1 为例，其实三级科目就是总账系统里用于编制会计分录的科目，而一级科目"营业收入"和物业管理收入、物业经营收入、商品销售收入等二级科目都可视为报表系统里的某一小计项，通过加总其下一级科目的金额而得。

很多公司财务系统里的会计科目表有五级甚至更多，越是大型集团公司科目就越复杂，特别是对于费用类科目，每个费用科目不论把应记录的日常支出事项定义得多么细，总会发生一些无法归类到某个科目的新支出事项。这种情况在有多个下属单位且下属单位经营的业务不同的集团公司尤其常见，往往集团总部定义好的费用类科目在下属单位应用时发现不够，于是很多集团限定二级或三级科目不能由下属单位擅自增删修改，下属单位如果遇到特殊需求只能在一定级次以下添加更多级的科目。

表 8-2 是一个公司的销售费用科目构成示例。可以看到，审计咨询费用和日常经营支出这两个二级科目只起到分类汇总的作用，属于"报表科目"而不是会计科目，所以它们都没有存在的必要，它们项下的所有三级

科目都可以作为销售费用下的二级科目存在。而四级科目"房屋租赁"和"设备租赁"的存在有可能是因为开始该公司只有一种房屋租赁费用，没有设备租赁费，所以用三级科目"租赁费"核算房租即可，后来出现设备租赁时管理者想分开核算，就只好在租赁费科目下设两个四级科目。试想如果未来房屋租赁或设备租赁又出现多种类型，比如房屋租赁出现办公场所租金和员工宿舍租金需要分别核算时，该公司有可能又在房屋租赁下设五级科目。

表 8-2　费用类会计科目级次构成示例

科目编码	科目名称	一级	二级	三级	四级
5401	销售费用				
540104	审计咨询费用	5401	04		
54010401	审计费	5401	04	01	
54010402	咨询顾问费	5401	04	02	
540105	日常经营支出	5401	05		
54010501	取暖费	5401	05	01	
54010502	物业管理费	5401	05	02	
54010503	空置房物业费	5401	05	03	
54010504	绿化费	5401	05	04	
54010505	租赁费	5401	05	05	
5401050501	房屋租赁	5401	05	05	01
5401050502	设备租赁	5401	05	05	02
54010506	保险费	5401	05	06	
54010507	保安费	5401	05	07	
54010508	保洁费	5401	05	08	
54010509	水电等能源费	5401	05	09	
54010510	物料消耗	5401	05	10	
54010511	物业设施修理费	5401	05	11	

会计科目到底设置几级合适？其实，如果能做到深入理解公司业务模式，并用报表科目取代会计科目，多数公司的会计科目设两级已足够，如果一级科目必须用财政部颁布的科目表，总共三级也已足够。

在不考虑财政部公布的会计科目表、仅设两级会计科目的情况下，**一级科目即总账科目，主要用于生成法定财务报表**，它们应该与法定财务报表的每一行有映射关系，但可能是多对一，即几个一级会计科目对应着报表的一项；二级科目的设置，只需满足会计要素在交易层面最细的分类要求，即每笔会计凭证上出现的分类最细的科目。

所谓"交易层面最细的分类"，是指尽量把不同类型的事项定义为平行的同级别，避免定义为子级，否则科目级次会根据公司业务类型和管理需求的细分无限扩增下去。比如上述的租赁费，不论是租入哪种经营资产都设为销售费用下的二级科目，直接以经营资产的具体种类命名，比如"办公室租赁费""公务车租赁费""员工宿舍租赁费""厂房租赁费"等。至于原来的"租赁费"是否还有必要保留，要考虑它是否只起到加总下面所有三级科目发生额的作用，做会计凭证时是否只需要选它下级的科目。

有多个子公司的集团公司，如果子公司全部是同业务模式，集团实行运营型强管控，那么完全可以由集团统一制定会计科目；如果子公司涉及不同业务模式甚至不同行业，假设不需按财政部公布的会计科目表设一级科目的话，那么集团可以在汇集所有子公司业务种类后统一设置一级会计科目，由子公司根据各自管理需要向集团申请新增二级科目。

8.2.2 学会用管理思维设置会计科目

设置会计科目结构非常考验会计人员对公司业务的了解。多数公司会计科目级次设到五级甚至更多，通常有两个原因，一是设会计科目时并未深入洞察管理需求，二是随着公司业务规模和复杂度发展，管理精细度不断提升，造成以前的科目设置粗放而无法满足取数的要求。

第二种情况是会计人员没办法控制的，解决办法也只有一个：每年初重新根据管理需求梳理和更新会计科目，之后再做期初余额的结转。但第一种情况通常都是由于设置会计科目的财务人员对公司业务模式和业务活动理解不深造成的，因此无法洞察管理需求。多数企业财务部门的会计岗不负责财务分析，更多是出具对外法定财务报表，因此对内部管理报表需求关注不够。这时就需要负责财务分析的人员运用管理思维而非会计思维来协助完善企业的会计核算体系，会计科目的设置就是会计核算体系的基础。

会计思维习惯于服务管理者的需求，是滞后的，而管理思维是前瞻的，是指"管理"管理者的需求——即使管理者还没有管理需求，但作为财务分析人员应有能力根据公司的业务模式预见到应该有什么管理需求，然后预设好科目以防将来管理者有需求时用。

以所有公司都会设的费用类科目"水电气暖费"为例，是在管理费用下设一个二级科目"水电气暖费"核算所有水费、电费、燃气费、供暖费这些公用事业收费，还是分别就每一项公用事业收费项目设置二级科目呢？如前所述，如果"水电气暖费"只起到加总四个明细科目的作用，自然可以直接设置水费、电费、燃气费、供暖费四个明细科目。但是否真的每笔会计凭证都必须核算得这么细呢？下面我们从管理思维来考虑是否有必要设四个科目。

对"费用"这个会计要素的会计思维是根据支出的事项分门别类地记录，并且要体现成本与费用的区别。但管理思维是管理支出事项背后的业务活动及活动中消耗的资源类型、消耗资源量的驱动因素，并且管理思维通常淡化成本与费用的区别，也不区分是销售费用还是管理费用，而是统称为"营业支出"。

举例来说，某个账套（即某个业务单位）发生水费，一定是该单位的某项业务活动需要消耗水这项资源，消耗水资源的驱动因素是水表的立方数，因为自来水公司是按抄表数收费的；如果发生工资费用，消耗的是人这项资源，消耗资源的驱动因素就变成了人数或工时数；如果发生车辆油费，消耗的是车辆和汽油两项资源，驱动因素更为复杂，比如行驶里程、行驶时间、不同车型的油耗量。

用管理思维来考虑设置哪些二级费用科目，主要是回答以下三个问题：

（1）这个单位从事哪些业务活动？

（2）这些活动需要消耗哪些资源？

（3）这个单位消耗的所有资源中，哪些资源消耗量更重大？

对成本费用类科目来说，越重大的资源消耗事项越有必要单独设立二

级科目。

"重大性"是财务分析工作必须具备的一种专业判断，关注那些影响重大的事项就是管理思维的其中一种。最常用的判断重大事项的方法是80/20原则。世上万事都会符合这个原则：80%的事项只产生20%的影响，或者反过来说，20%的事项会产生80%的影响。比如公司开过发票有收入的客户再多，占总收入80%的客户数目只有20%；公司的产品型号再多，占总销量80%的产品型号只有20%。成本费用科目也一样，设了100个费用科目，发生额占到80%的科目通常不会超过20个。

在足够理解公司的业务模式、每项业务活动消耗的资源种类和资源量之后，就可以基本判断出水电气暖是否有必要单独设置明细科目了。如果这个账套对应的业务单位主要从事销售活动，销售团队人员占比很高，且销售模式是依靠销售人员在外获客打单而不是坐办公室，那么这个单位消耗的最重大的资源就是人，而不是水电气暖。但如果这个账套对应的是一个工厂，且依赖能耗高的机器设备制造产品，那么成本构成的结果可能相反，水电气暖费用占比会很高。

对第一个销售单位的账套来说，没有必要为水电气暖费用单独设明细科目，归纳成一个"物业管理费用"或"办公行政费用"的二级明细科目即可，但对第二个工厂的账套来说，就必须根据能耗类别来单独设二级科目了。

收入类科目相对简单，如果不考虑必须把"营业收入"设为一级科目的话，可以根据业务模式和收入类型设置一级科目，如商品销售收入、房屋租赁收入、技术服务收入等，完全不需要更多级次。收入科目的设置实质上是考验会计人员对公司商业模式的理解是否全面。

至于有些多元化业务单元的集团性公司，想把某个业务板块的多类型收入合并成一个二级科目（比如金融类收入、地产类收入），该板块的具体收入类型再设成三级科目的做法，其实跟"水电气暖费"科目一样，只起到管理报表需要的"中间汇总"作用。换句话说，它只是集团收入类管理报表上的一项"小计"性质的表项。这些二级科目的设置都是不必要的，二级科目只需满足会计要素在交易层面最细的分类要求即可。诸如金融类收入、地产类收入这种科目本质是报表科目，完全可以通过建立会计科目和报表科目的映射关系来实现。

8.3 设置财务分析需要的辅助核算项

会计科目只是将企业经济活动分门别类进行归集记录的载体，但是由于会计科目是设在某一账套（即法人公司）下的，所以没有解决同一法人公司的同一类交易在不同维度上的细分统计。比如，销售收入总额在不同产品维度的细分、不同市场区域的细分，管理费用总额在不同部门的细分，促销费用在不同门店的细分。在这些维度上的细分统计，一部分可以在编制会计凭证时将某一笔收入、费用、资产直接归集到某一细分单元上，另一部分由多个细分单元共享的收入成本比如房租水电费用无法直接归集到某一细分单元，需要通过借某一可量化的因素分摊到每个细分单元。

在同一账套下，这些细分的单元都可以称为某个会计科目的辅助核算项，辅助核算项使日常会计核算工作在除账套以外有了多个"记账单元"。很多财务分析工作都需要基于辅助核算项才能快速获取数据报表，而不至于需要逐一查阅会计凭证摘要。所以**在不同账套下恰当地设置辅助核算项并与会计科目相关联，可以大大提高财务分析报表产出的效率。**

很多财务核算系统软件都允许用户设置辅助核算项，并自由设置会计科目与辅助核算项的关联规则。在录入会计分录时将每笔收入、成本费用、资产负债记到至少一个辅助核算项上，以便导出数据时不仅可以生成每个法人公司（账套）的标准财务报表，还可以生成不同记账单元（辅助核算项）的"管理用财务报表"，比如不同部门、不同产品、不同项目的简化利润表。

设置辅助核算项的关键是让它们与哪些会计科目相关联。在设计财务分析报表时就需要思考：不同的会计科目要记录到的记账单元是否不同？比如，工资只要归集到部门即可，但是促销费用要归集到客户、产品还是其他？要想得到答案，必须搞明白公司管理者需要什么，他们想看哪个记账单元的哪些科目，如此才能设置符合需要的若干辅助核算项，然后把每个会计科目分配关联上不同的辅助核算项。

管理者需要看什么？这在已有不同业务单元的绩效评估体系的公司相对简单，看各部门和各下属子公司被考核哪些财务指标就知道了。但如果没有绩效评估体系，就需要对企业日常业务管理实践有一定的观察才能总结出来。在这里介绍一些大公司常用的辅助核算项。

8.3.1 用"部门"做辅助核算项是否合适

在很多公司的会计核算系统里，"部门"是最常用的辅助核算项。每个公司无论大小都有职能分工和据其设立的组织架构。部门分工大体包括销售类部门（获客并签约创造收入）、交付类部门（研发、采购、制造产品或提供服务）和后台支持部门（支持前两种部门的内勤工作）。但是从不同的行业或业务模式甚至公司内政治派系考量，不同公司有不同的组织架构。

不少公司的会计核算都是直接套用公司组织架构来设置"部门"这一辅助核算项，通常会把损益类科目都归集到部门，这样核算的目的是每个部门都可以出一张从收入到利润的损益表，让管理层知道，哪个部门赚钱哪个部门亏损。但其实这种设置忽略了本书第4章介绍的"责任中心"，**不同的部门责任中心属性不同，责任不同，每个责任中心履行的工作对财务报表的影响也不同**。收入中心、利润中心、投资中心都是有收入、成本、费用的，出具损益表自然没什么问题，然而后勤部门一般不会创造收入，只是花钱的部门，它们属于费用中心，这些部门出一张完整的损益表其实并无多大意义，管理者对这类部门更关心的会计科目是期间费用。

再比如那些经营多种业务或多个产品线的公司，总经理如果想看每个业务或产品线的损益表，现在按部门核算并出具损益表的会计核算方法可以满足要求吗？由于不同业务或产品线的盈利模式不同，有的业务或产品线从投入资源到产生收入的环节较多，有研发、生产、采购、销售等多个部门，但某些部门可能是为多个业务或产品线服务的，比如生产、采购部门是为多个业务采购物料和加工产品的，单个业务或产品线的损益表并不是这些部门的损益表相加那么简单。因此，可能的解决方案是把部门这个辅助核算项设得更细，比如生产部门下再细分到车间、班组，让这些"小科组"与业务和产品线是一一对应的关系。于是，如果要满足管理需求，那么财务系统里设的"部门"这一辅助核算项与公司公布的组织架构图里的那些部门是不一致的。

因此，会计核算里"部门"这一辅助核算项更应该以成本中心或责任中心来替代，才更能体现管理控制的需求。当损益类科目都以成本中心为基础记账单元时，把每笔分录记到会计科目上的同时也记到相应的成本中心，那么最终出具每个账套的利润表的同时，也可以生成每个成本中心的利润表，成本中心利润表才是财务分析工作更关注的。

8.3.2 与组织无关的辅助核算项

如果说成本中心是与企业的组织结构相关的辅助核算项，那么有一类辅助核算项是与企业本身的组织单元无关的虚拟记账单元，比如业务线或产品线。产品线比较容易理解，因为它有可视化的实物存在。但业务线是什么呢？往大了说它可以是大公司里独立经营决策、有外部市场影响力的事业部，往小了说它可以表现为一种商业模式。

商业模式在财务报表上直接体现为收入和开票的类型，常见的收入类型有以下几种。

（1）商品销售收入：一次性转让资产的所有权。
（2）资产租赁收入：在特定期间转让资产的使用权。
（3）服务收入：不投入有形资产，以人工为关键投入资源。
（4）工程项目收入：投入多种资源，依据完工进度确认收入。

营业收入的二级明细科目通常都可以关联到某一业务线。当收入类型确定了，根据成本与收入相匹配的核算原则，成本费用类的明细科目也应能关联到业务线，这样就可以通过日常核算出具每个业务线的损益表。

所以集团型大公司可以把事业部作为辅助核算项，不具规模的单体公司可以把商业模式作为辅助核算项。当然，一般也会让独立的部门从事一种商业模式，如果部门组织架构是严格这样设的，直接用成本中心辅助核算项即可。

其他为出具不同管理报表的辅助核算项还有许多，比如某个事业部是个投资中心，这意味着常有投资项目，那么在核算时就可以设置"投资项目"的辅助核算项。还有，大客户销售部门想看每个大客户的收入、毛利和销售提成等费用，市场营销部门经常要开展各类促销活动，研发部门的人工成本、差旅费都为项目发生，这些部门的领导都想看看每个项目上发生了多少费用，那么"客户""营销活动""研发项目"都可以专门设置成辅助核算项。

在会计科目与辅助核算项的关联设置方面，不是每个损益类会计科目都需要关联同样的辅助核算项。比如，收入和成本通常只关联到业务线（或产品线）辅助核算项，或关联到作为利润中心或投资中心的事业部，但不需要关联到成本中心辅助核算项，因为一笔订单实现收入往往需要多个部门的协同，成本更是可能汇集多个部门的资源，很难识别是哪个部门的贡献；而期间费用通常关联业务线和成本中心两个辅助核算项。像"营销活动"这种辅助核算项仅和特定的个别费用科目关联，不一而论，这需要财务分析师自己去观察公司日常业务管理实际情况而定。

8.3.3 资产负债表相关的辅助核算项

多数财务分析报表都是和利润表项目有关的，这是因为公司日常管理一般会聚焦经营活动，利润表是经营活动成果的体现，很少为资产负债表设置辅助核算项。资产负债表是老板和业务部门最不关心也最不懂的，但作为财务分析人员必须意识到：资产负债表最大的作用是体现企业的财务健康状况，如资本结构、流动资金占用、偿债风险等。为利润表科目设置的辅助核算项是为经营管理服务的，而为资产负债表科目设置的辅助核算项是为财务管理服务的。我们要洞察财务管理中的问题，资产负债表类科目的核算也需要借助辅助核算项。

对财务分析有用的资产负债表科目的常见辅助核算项有以下三种。

（1）为货币资金科目设置"银行账户"辅助核算项用以监控不同种类的资金，例如自由资金、受限资金、监管资金、外币资金等。

（2）为存货科目设置"存货类别"辅助核算项，用以监控不能创造收入的低效资产，例如呆滞品、残次品等。

（3）为应收账款科目设置"客商"辅助核算项，用以监控超期账龄的客户，以判断对其赊销或赊购的信用政策是否合理。

8.4 会计科目与辅助核算项的关系

实务中，很多会计人员容易碰到的疑问是：什么时候设成会计科目，什么时候设成辅助核算项？

以 A 集团案例中提到的情景为例：如何区分子公司间交易的集团内部收入和对外收入？这关乎合并报表的内部交易抵销。在收入类型已经很多时，难道每个收入科目都要再加两个子级明细科目"内部收入"和"外部收入"吗？其实，这可以通过设置辅助核算项而不是会计科目来解决。

会计科目与辅助核算项的区别可以用许多大公司使用的 ERP 系统来解释。一般 ERP 系统除了财务管理系统外另有业务运营的模块（如采购、销售、仓储等），所以管理控制用的业务维度通常体现在业务模块里，而不必在财务核算系统中设置。会计科目与辅助核算项的关联也不是在会计总账系统中设置，而是这些业务运营模块产生的交易按照设定的会计分录过到财务总账系统，这种业务和财务信息的无缝衔接就是信息系统层面的"业财融合"。在这种 ERP 系统中，很多财务分析需要的管理报表都可以从业务信息系统或另行设计的商业智能报表软件中提取。

由 ERP 系统的设计特点可以看出，会计科目的基本功能是出具法定财务报表，所以**会计科目一般是围绕六大会计要素设置的，而辅助核算项是围绕管理控制的需要设置的，与会计要素没关系，更多体现为某种业务**

属性。

很多国内公司的业务管理精细度不够，或为了降低信息系统实施成本，财务会计系统做不到和业务运营系统无缝衔接，或者没有全面上线业务运营模块，所以只能在总账模块里设林林总总的辅助核算项来满足管理报表的需求。

如果硬把辅助核算项设成子级会计科目，就意味着它只能有一个上级科目，如果想挂多个科目，就要在每个科目下都设一个相同的子级科目。本来科目与辅助核算项是相加的关系，这样反而变成相乘的关系。比如部门这个辅助核算项如果设成会计科目，假设一共10个部门，管理费用有5个二级科目，就会变成每个二级科目下都要设10个三级科目。于是，管理费用下就有 5×10 共50个三级科目，会计科目余额表会变得非常冗长。

因此，关于区分子公司间交易的收入和对外收入的问题，与其给每个收入科目都设"合并范围内（第三方交易）"和"合并范围外（内部抵销交易）"这两个二级科目，不如设"合并报表类别"这个辅助项来关联所有收入和成本类科目。

8.5 生成财务分析报表的基础：编制管理会计分录

在日常会计核算工作中，编制会计分录时不是所有的收入、成本、费用都能直接归集到某一辅助核算项。比如要把发生的每一笔费用核算到业务线或产品线的辅助核算项，那么有多个业务线（或产品线）都会用到的成本费用科目应该归集到哪个业务线或产品线呢？这类费用通常是共同费用，或是后勤部门发生的特定费用比如房租水电费、招聘费、培训费、公司团建费。这时需要判断管理者需要看的业务线利润表是只反映直接成本还是需要将共同费用和后勤费用分配到各业务线。

反映直接成本的业务线利润表不需要就这些共同费用进行分配，在设置产品线辅助核算项的清单时可以在所有业务线之外增加一项"不涉及业务线"，编制会计分录时就选择这个"不涉及业务线"；而当需要分配共同费用时，在发生这类共同费用的时候需要先归集到某个过渡的辅助核算项，然后再分配到各个业务线，这时可以在业务线的辅助核算项清单里增加一项"业务线公共"，编制会计分录时选择"业务线公共"。

对需要分配的费用，需要确定用什么原则分配到业务线（或产品线）中去，这种核算工作是不影响财务报表而影响管理报表的管理会计分录。

举个例子，公司租的办公楼每月都发生房屋租赁费，在支付或计提行政部门申请的房屋租赁费时，在支付公司主体的账套需要编制如下财务会计分录：

借：管理费用——房屋租赁费【同步关联"业务线"辅助核算项中的"业务线公共"+"成本中心"辅助核算项中的"行政部"】

贷：银行存款（或应付账款）

假设有 A、B 两个业务线共用这个办公室，在管理报表中分配这项费用到这两个业务线的管理会计分录为：

借：管理费用——房屋租赁费【同步关联"业务线"辅助核算项中的"业务 A"】

借：管理费用——房屋租赁费【同步关联"业务线"辅助核算项中的"业务 B"】

贷：管理费用——房屋租赁费【同步关联"业务线"辅助核算项中的"业务线公共"+"成本中心"辅助核算项中的"行政部"】

假设记录在"业务线公共"里的房租费用都分配给业务线和所有使用房屋的受益部门，那么做完这个管理会计分录后，"业务线公共"这个辅助核算项的损益表里该费用科目余额应该为零。

所有做过公司会计的人都做过第一个财务会计分录，因为借贷方涉及不同的会计科目，所以它会影响财务报表。但第二个管理会计分录是不需要会计做的，因为它只是同一会计科目间的增减，不影响法人公司的财务报表，但是会影响业务 A 和业务 B 各自的利润表。如果财务分析工作需要运用同一套会计记录生成各种辅助核算项的利润表，就需要考虑将辅助核算项与损益类会计科目关联，并将类似上述共同费用分配的标准管理会计分录设置到日常会计核算系统中。

◎ 情景 8　对话疑问的解答

1. 通过完善会计核算主数据，使同一套会计凭证既能生成法定财务报表，也能生成满足财务分析需要的各类管理报表，可以实现财务分析依赖的数据与财务报表一致，避免单独编制财务分析报表难免的遗漏和那些与会计口径不一致的人为篡改。

2. 传统财务会计核算系统以账套（法人公司）为唯一核算主体，满足财务分析需求的会计核算体系需要增设更多"记账单元"，例如不同的责任中心和产品、业务线（商业模式）、客户、项目等收入成本归集对象；将交易层面的会计信息记录和归集到不同管理者关注的"记账单元"是编制财务分析报表的基础。

3. 财务分析需要的信息比传统财务会计多，并不意味着需要建立更多级次的会计科目，一般情况下两级即可，一级科目为总账科目，主要用于生成法定财务报表，二级科目的设置只需满足会计要素在交易层面最细的分类要求，即每笔会计凭证上出现的分类最细的科目。

4. 在设置成本费用类的二级科目时忌事无巨细，应用管理思维而非会计思维，在深入了解业务模式消耗资源的特点的基础上，以重大性原则评判是否需要对某类支出设置明细科目单独核算。

5. 辅助核算项能解决会计科目无法解决的问题，完成同一法人公司的同一类交易在不同维度上的细分统计；在不同账套下恰当地设置辅助核算项并与会计科目相关联，可以大大提高财务分析报表产出的效率。

6. 将会计科目和哪些辅助核算项关联，取决于对企业内部不同管理者需求的了解，即他们想看哪个记账单元的哪些科目，这在已有不同业务单元的绩效评估体系的公司相对简单，但在没有绩效评估体系的企业，需要观察企业日常业务管理实践才能总结出来。

第 9 章

企业经营财务分析初阶：管理报告的编制

◎ **情景9**

这一周，小张已经埋头开始为不同下属单位设计新的财务分析模板了。然而，不同单位的绩效考核指标毕竟不同，还有像 A3 公司工厂改扩建之类的阶段性项目，他觉得设计出标准的模板太难，于是他与财务总监王总进行了讨论。

小张：王总，我觉得经营财务分析报告不比财务报表，我们集团下面又有工厂又有事业部的销售公司，统一用一套标准模板发下去让它们填挺难的，不如给它们所有需要填报的指标，让它们自己设计模板填了报上来，您看怎么样？

王总：可是毕竟我们最后要出一套汇总的内部管理报表，现金流量表和资产负债表还可以简化，但利润表是一定要出的，如果只让它们填报具体指标，你不觉得检查它们填报的数字的正确性会更难吗？因为有些表项跟财务报表是不一致的，不能直接从财务报表上取数，你怎么去验证它们填报的数据是真实可靠的呢？如果最后某个表项所有单位汇总出的数字与我们的合并财务报表差很多，你知道问题出

第 9 章 企业经营财务分析初阶：管理报告的编制   229

在哪里吗？

小张： 呃……这倒是，何况收入和毛利还有那么多分析维度，这些数据都在业务部门那边，我们财务系统里没数据。可是如果给它们的报表项目格式都不一样，报到我这儿汇总也够麻烦的。

王总： 这个我觉得还是可以标准化的，就如同会计科目表一样，我们不是一样全集团统一吗？但我记得当年我跟会计经理制定了哪些科目是哪种业务专用的，没这项业务的单位就在系统里设置禁用。我感觉这次你做这套财务分析报表也可以用类似的方法，就是做个所有报表的编报单位分配列表，哪个单位哪种业务需填哪张表，不适用的就不填，所以这要求你要从报表结构上下功夫，开发出多张子报表，这样或许弹性比较大。

小张： 好的，那我再想想，争取多搞几个模块，然后把编制顺序梳理清楚。

王总： 还有一个任务，你要再设计一个 PPT 汇报资料，每月经营分析会议我要按新的财务分析体系去跟各部门各子公司经理演示汇报。总不能用投影仪打出一堆 Excel 表去讲吧。这个 PPT 的结构你也想一下，要汇报哪些专题。篇幅不要太长，因为通常会上我要在 20 分钟内完成汇报。哦，对了，这些指标你跟 3 个子公司和事业部都沟通过了吗？包括计算口径、业务部门的认可，别又出现你上次跟我说的销售部门算收入含增值税之类的怪论。

小张： 只跟我们财务口的经理和报表组人员沟通过了，不是他们填表吗？还要跟业务部门沟通啊？

王总： 是啊，人家被这些指标考核，如果对其有意见、不认可，那最后业绩也肯定不理想，最好还是组织一个针对相关业务部门的培训。必要的话我也参加，并且事先我也跟各部门负责人打好招呼，让他们知道有这个事，免得在经营分析会上再跟我吵。

小张： 好的。还有一个问题，听说零售事业部打算收购一个广告公司，说它们的广告推广费用总是降不下来，这样可以不用找外边的广告公司做了，还可以承接外面的广告业务，也算开源创收。我想这事要是成了，那这广告公司也包括在集团财务分析报告里吗？

王总：（沉吟）我其实一直都不赞成零售部的这笔收购，也正在和李总裁讨论这事，那毕竟不是我们的主业，不能因为要降成本而背离我们公司的战略定位，所以这事最后董事会还没有批准，即使最后决定收购了，我们的分析报告里也不需要包括它。

小张：但那样不就和合并财务报表总数对不上了吗？

王总：呵呵，为什么一定要对上呢？财务报表是财务报表，经营财务分析是管理报表，都和财务报表一致了我们为什么还要做管理报表？

小张：……（暗想：你刚才不是还质问我"如果最后某个表项所有单位汇总出的数字与我们的合并财务报表差很多，你知道问题出在哪里吗"，现在又不在乎一定要和财务报表对上了，领导的脸变得真快……好吧，领导怎么说都有理，我就是一干活的，谁让我不懂公司战略呢！）

焦点问题：

- ◆ 对于下属单位众多的集团性企业，经营财务分析报表是否需要标准的编制模板？如何保证填报数据的正确性？
- ◆ 如何设计用于经营分析会议上汇报的演示资料？
- ◆ 经营财务分析报告中的指标计算口径需要与业务部门沟通吗？
- ◆ 集团合并的经营财务分析报告的范围是否需要包括所有的业务线和子公司？

在本书第二篇第 4～6 章介绍了经营财务分析的内容和指标，对财务分析师而言，直接的工作成果是向企业内部管理者定期提交经营管理层面的财务分析，即如何将第二篇第 4～6 章经营财务分析的内容用恰当的形式、语言、工具和技术展现给阅读者（即企业内部管理者）。针对这个内部需求，本章将讲述如何为企业内部的管理者编写"管理报告"（management report）。

9.1　构建并整合全公司范围财务分析报告的框架结构

经营财务分析是为内部管理者提供信息支持的，这种财务分析报告以直观易读的形式及时准确地提供对管理决策有用的信息，以帮助公司达成经营管理目标，并有效支持战略计划和绩效评价。在很多欧美企业，习惯将其称为管理报告（见图 9-1），我国很多企业习惯称其为经营分析报告。

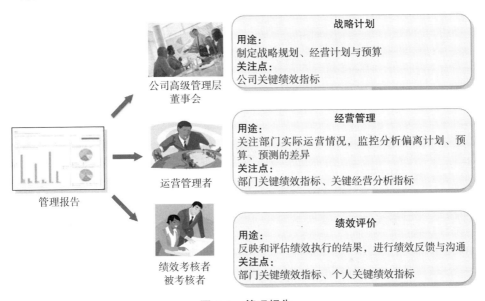

图 9-1　管理报告

一般来说，管理报告的体系有战略决策、经营决策和经营活动监控三个层面，内容的详细程度和分析回顾的频率也自上而下升高。图 9-2 是一个制造业企业管理报告体系的示例。

从编制频率来看，经营财务分析报告可以分为定期型、专题型、日常机动型三种。

（1）**定期型**：每月或每季度编制的反映集团、业务单元、子公司或部门的总体经营绩效，以关键绩效指标形式记录，例如收入、毛利率、利润率、费用率等。

（2）**专题型**：是指为支持当年工作重点专项编制的报告，例如简化低效流程、精益制造举措、大型投资建设项目、外部投资并购项目等。

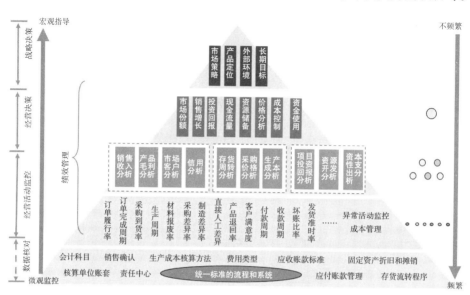

图 9-2　制造业企业管理报告体系示例

（3）**日常机动型**：是为满足管理者临时的需求，并基于具体的业务场景编制的分析报告，例如重大销售订单投标的定价与损益分析、某产品或部件的自制与外包决策等。

由于专题型与日常机动型管理报告不是财务分析师的"常规例行"职责，且不同行业不同企业的阶段性专题与管理者临时需求不同，需要结合具体的业务情景，故本章仅介绍第一种定期型管理报告的构建和生成。关于日常机动型财务分析报告中的一些典型业务情景的决策分析，将在本书第 11 章中讲述。

9.1.1　集团性企业管理报告的先进实践

目前中国很多集团性公司都与本章开头情景 9 中的 A 集团类似，由子公司每月自行进行经营分析后上报集团，对于分析的内容、指标的定义和展现形式集团总部缺乏规范指导，同时这种"各自为政"的编制上报方式也不利于总部及时汇总了解集团整体的经营绩效。在有多个下属实体企业或业务板块的集团性企业，管理报告的先进实践应有如下特征，如图 9-3 所示。

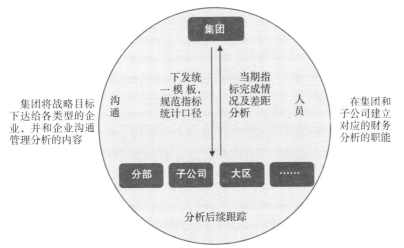

图 9-3　集团性企业管理报告的先进实践

- **标准化**：由集团财务分析部门按业务类型主导设计下属企业和单位的管理报告内容与格式，同一业务板块的管理报告结构与表项应标准化，原则上同一业务板块的所有子公司应采用标准的管理报告格式编制上报。
- **达成共识**：集团财务分析部门规范指标计算口径与统计数据的信息来源，并与下属单位负责编报的财务分析人员和绩效考核相关的业务部门经理沟通，达成共识。
- **层级分配**：集团财务分析部门根据内部责任中心性质定义不同专题管理报表的编制层级（总部、分部、事业部、区域、子公司、部门等）。
- **沟通机制**：在集团与子公司之间建立管理报告的职能架构和沟通机制，确保每个业务单位都有负责编报的财务分析人员，且将业务分部和子公司每期的经营业绩达标情况及时传达至集团，并沟通后续行动计划。

另外需要注意的是，上述管理报告体系的先进实践要求管理报告的范围必须覆盖全公司，即每一个下属单位都必须纳入全公司管理报告编制上报的范围，不论其是否有业务活动、是否产生收入或发生费用，就像基于法人架构产出合并财务报表一样。不少现代企业集团法人架构复杂，例如下属公司中有的是上市公司，有的只是很少发生业务的费用中心（例如代表处），有的甚至只是为了特殊目的注册的公司。于是这些集团公司在编制经营财务分析报告时习惯采取"抓大放小"的思路，只对部分重点下属单位要求编制分析报告，或者对某些下属单位只要求编制局部的分析报告，例如某个项目或某专项收入和支出，而不反映该下属单位全部业务活动的业绩（例如完整的管理利润表）。这样尽管节省了管理报告的编报成本，但缺点是不能有效反映集团整体的经营业绩全貌，当那些以往被"遗漏"在管理报告范围外的下属单位未来因为业务发展或管理需要被纳入管理报告范围时，将因缺乏可比的指标历史数据而投入大量成本去追溯收集信息、计算核对。此外，管理者在向重要股东或投资者做经营层面的业绩汇报时，如果法定财务报告中合并报表的信息不够、需要从管理报告中提取信息时，管理报告与财务报告范围的不一致将使管理层很难向投资者清晰解释某项指标整体的业绩表现。可以说，这种"非公司全范围"的管理报告体系的后续"补漏"成本很高，特别是我国目前很多企业规模发展迅速，且很多依靠外延投资并购的方式"做大"，但在迅速做大以后这种补漏式的信息管理成本将更为高昂。因此，集团性企业在构建财务分析报告体系时应保证"全范围"，管理报告可以在表项口径上与财务报告有差异，但应保证范围与财务报告保持一致。

对于下属公司与业务单位繁多的大型集团性企业，构建全范围的管理报告体系不是一蹴而就的，不是由总部的财务分析师下发一套财务分析模板给子公司的财务经理那么简单。目前国内很多大型集团公司都有数十乃至上百家不同类型和级别的下属公司，在这样的集团公司，构建全公司范围的管理报告体系至少需要数月至一年的时间。本节将就构建全公司范围内的管理报告体系的通用流程步骤逐一介绍。

9.1.2 步骤一：规划内容和层级

步骤一是构建管理报告体系最重要的一步。它的重点是完善并确定财务类关键绩效指标，确定需在管理报告内披露的非财务类关键绩效指标，明确不属于绩效考核范围的其他管理需求，并确定需在管理报告内披露的分析指标和维度。简单讲就是明确财务分析要做什么，即本书第二篇讲述的内容，在此不再赘述。

步骤一的另一个任务是规划报告内容结构和层级的框架，即把第二篇中的那些分析指标和维度归口分配到不同的专题（如收入、成本和费用），设计相应的编制报表格式，然后定义报表间的相互钩稽关系，分配指定每一张报表和每一表项需要何种类型的下属单位编制并负责汇报与解释业绩达标情况。

财务分析师在规划管理报表内容结构时应遵循以下几点：

- 从"主表"即管理利润表、管理资产负债表、管理现金流量表的结构出发，自上而下设计二级与三级的子报表组，详细程度逐级升高，例如各类业务维度的分析只在子报表组中出现（业务维度参见第 2 章 2.4 节介绍）。
- 检查确保运算逻辑正确，且与实际核算一致，注意数据的钩稽和链接，确保"主表"的生成是基于对所有下属编报单位的所有专题报表组的汇总。
- 如果三张主表的个别项目（如营业外收入、支出）不是管理层关注的，不必设计单独的子报表组，可直接在主表上填报。

除了三张主表的项目以外，还有一些专题会对主表项目产生重要影响，例如人工费用是销售费用、管理费用、制造费用和生产成本的重要组成要素，所以人工费用即使不属于主表中任何一项，也需要开辟专题分析的子报表组。另外，由于管理报表是为经营分析服务的，所以不可避免会涉及运营专题和项目，例如本书第 6 章讲述的投资项目、营销活动、新品开发等。这些运营相关的专题分析报表也是管理报告包的重要组成部分，它们与财务分析是相辅相成的关系，而非独立存在，运营专题分析是对财务分析的补充，财务分析是对运营专题分析的验证。图9-4展示了财务分析报表组与运营专题报表组的内容结构。

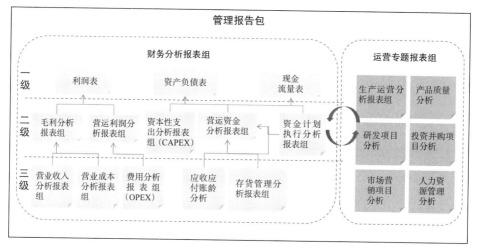

图9-4 管理报告包构成

在构建管理报告内容和层级时，需要就关键绩效指标和报表项保持与各级编报单位的沟通讨论，直到达成共识。在本书第4章已提及管理报表科目与财务会计科目或许存在口径的差异，因此在最初实施或改进管理报表前，财务分析师需将每个报表项的定义描述下来，并通报相关的下属编报单位。在这些持续的沟通讨论中，最终需要界定每个报表项需要哪些单位填报并负责解释业绩达成结果，使下属单位建立"编制即需负责"的观念，这一点也是体现图9-3所示集团性企业管理报告先进实践中的"沟通机制"的前期重要准备工作。

对很多集团性企业来说，管理架构和绩效管理模式或许不像图9-4那样简单，可能绩效管理因职能体系或责任中心不同而不同。如本书第二篇第4章4.1节中所介绍的，经营财务分析报告往往是依托在责任中心和管理架构基础上的，尽管范围包括了集团全部下属企业和业务经营单位，但编报单位会根据该集团对业务单元和责任中心的性质划分有侧重点地编报不同的财务分析报表。

图9-5是一家快速消费品企业集团财务分析报告体系的示例，从这个例子可以看出，该企业的管理报告体系是将财务分析与报告的职能分布到不同类型的运营环节，形成了营销、供应链（含工厂）、运营支持和综合管理四大分析模块。

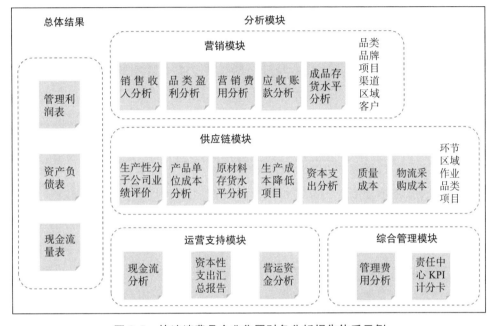

图9-5　快速消费品企业集团财务分析报告体系示例

财务分析师在厘清集团全范围内的管理报告内容结构以后，需要界定每个专题的管理报表的编报单位，这意味着不同业务性质的单位需要编报不同的报表。

下面我们以一家连锁零售集团为例，来看如何规划全公司范围内管理报告体系的内容和层级。

○【案例9-1】连锁零售集团管理报告体系的内容和层级的设计

该连锁零售集团的业务范围与管理架构的基本情况如下：

- 采取"总部—省市级分部—单个门店"三个层级的管理架构。

- 各省市级分部的经营业务范围趋同，都主营实体门店的连锁零售业务，还经营售后服务业务，以及为少量非零售板块的咨询、物业服务业务注册了单独的法人实体。
- 集团总部为获得成本节约优势（更大进货折扣）采取了集中采购、统购分销的业务管控模式，并为此注册成立单独的贸易公司，负责与供应商议价和进货，同时将进货折扣以一定规则返还给省市级分部。
- 东部与中部发达省份分部的零售与售后服务业务是上市公司，西部省份的分部旗下公司、所有省市分部的非零售板块的公司不是上市公司；另有通过收购控股的同行业其他品牌的两家公司 DZK 和 YLP，也经营实体门店的连锁零售业务和售后服务业务。

此外，该集团没有实施业务与财务完全集成的 ERP 系统，所以考虑到信息获取成本，管理层决定每月集团和各省市经营分部只编制完整的管理利润表，不编制资产负债表和现金流量表。而且为满足上市公司关键控股股东的业绩披露要求，集团财务总监决定，所有省市分部编制管理利润表及其明细子报表时，都根据账套性质区分上市、非上市和控股公司三种公司类型。

基于上述业务模式和管理架构，该连锁零售集团财务分析与报告部门在设计管理利润表时，根据管理需要决定对法定报告的利润表结构进行一定修改和重分类，要求单个门店、省市分部、贸易公司每月都要编制上报集团标准格式的管理利润表，省市分部财务分析部门负责合并下属门店的利润表并主导在分部级经营分析会议上汇报，总部财务分析与报告部门对下属企业上报的报告进行逐级汇总。管理利润表项目的重分类和分析维度也反映了零售行业的特点（见第 4 章 4.5 节"行业特定分析指标"对零售行业分析指标的介绍）。

集团的财务分析与报告部门基于管理利润表结构对每一表项的口径进行了详细定义，在总部与各分部的数次沟通讨论中已尽可能全面考虑了日常核算中会引起的争议和歧义，并界定了应对每一表项编报和负责的单位，如表 9-1 所示（注：篇幅所限，在此仅节选至毛利部分）。

表 9-1 连锁零售企业管理利润表节选示例

运算	管理利润表科目	定义	总部合并	贸易公司	省市分部合并	单个门店
	账面净商品销售收入	1. 包括所有对外销售的不含增值税的商品销售收入，包括批发销售收入 2. 不含贸易公司统购分销和集团内部商品调拨交易产生的收入 3. 包括销售延保收入 4. 不包括其他售后业务（维修、安装）和非商品销售（物业公司、咨询公司）业务的收入	√			√
加	促销补差	1. 包括本期销售使用的厂家负担的各种销售折扣让项目 2. 分部此项数字包括贸易公司应返还分部的部分 3. 不含增值税和其他营业税金	√	√	√	
减	商品销售账面成本	1. 包括所有对外销售商品的不含增值税的成本 2. 不含贸易公司统购分销和集团内部商品调拨交易结转的成本 3. 包括延保服务的成本 4. 不包括采用低开发票方式供应商收取的各项商业折扣、促销补差和其他合同内（外）费用	√	√	√	√
减	库存商品损益	包括库存商品跌价损失和分部间、集团内调拨交易中调出方的毛利（损失）	√		√	
加	统购分销价差毛利	1. 贸易公司作为供应商向分部出售商品产生的账面毛利 2. 不包括供应商返回贸易公司的促销补差、进货折扣和合同内（外）费用	√	√		
	商品销售账面毛利		√		√	√

(续)

运算	管理利润表科目	定义	总部合并	贸易公司	省市分部合并	单个门店
加	进货折扣	1. 包括与进货量相关的商业折扣：返利（包括综合分析表中计算所得返利贸易公司分配的追加返利）、补利、降价收入、利润补偿 2. 与销售期间相匹配 3. 不含增值税和其他营业税金 4. 分部此项数字包括贸易公司与分部销售相匹配返还分部的部分	√	√	√	√
加	商品销售综合毛利	1. 包括应收供应商的合同内与合同外费用，代收代支款项，但不包括促销补差 2. 分部此项数字包括贸易公司返还分部的部分 3. 不含增值税和其他营业税金 4. 包括其他业务支出和共享库存账套的公司"销售管理费用"的发生额（无收入只有支出的账套）	√	√	√	√
加	供应商费用支持	包括维修保养、安装、会员服务业务，不包括延保业务	√	√	√	√
加	售后业务利润	不在"供应商费用支持"项内支出的其他业务成本，详见"成本汇总表"	√			
加	其他业务利润	对外经营的与零售无关的业务产生的利润，包括物业公司和咨询公司对外经营的收入	√	√	√	
加	非零售板块业务利润	包括售后业务、其他业务产生的营业税金及附加	√	√	√	√
减	营业税金及附加		√	√	√	√
	综合贡献					

由于该连锁零售集团的管理利润表项目与法定利润表科目不尽相同，因此集团财务分析与报告部门对管理利润表的项目与现行集团统一会计科目表做了匹配映射表，也方便下属编报单位根据自身会计核算信息填报每一项管理报表数字。

图 9-6 是该连锁零售集团企业管理报告内容框架的示例，这家连锁零售集团的企业管理架构与责任中心划分都比较简单，基本可以按照法人实体单位来编报管理报表。

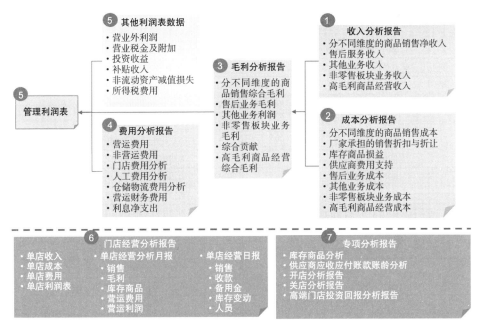

图 9-6　连锁零售集团企业管理报告内容框架示例

图 9-6 中的编号 1、2、3、4 所示的收入分析、成本分析、毛利分析、费用分析，分别是对编号 5 的主表"管理利润表"输送数据的四个子报表组。

根据这样的报表结构，集团财务分析与报告部门定义了每个省市级分部每月需要提交的管理报表工作簿的结构，该工作簿应包括主表"管理利润表"、单项分析的汇总表（收入、成本、毛利和费用）、贸易公司统购分销的进货折扣分配，以及各种专题类的子报表，整个工作簿的内容目录如表 9-2 所示。

在规划了主表和各单项与专题分析模块的结构以后，该集团针对每个单项和专题的模块规划了每张子报表的负责单位。图9-6中，编号为1的"收入分析报告"模块包括多张收入分析报表，需要界定每张报表负责编报的责任单位。以图9-6中编号为1的"收入分析报告"模块为例，每张子报表都界定了编制单位，标记有"√"的单位意味着需要编制该子报表，如表9-3所示。

表9-2 管理报表编制工作簿结构示例

序号	表格名称	序号	表格名称
1	填写说明	17	0214 开关店概览
2	第一部分：管理利润表编制	18	0215 开店分析报告
3	0201 管理利润表	19	0216 关店分析报告
4	0202 收入汇总	20	0217 门店月度经营分析汇总
5	0203 成本汇总	21	0218 高端门店投资回报分析报告
6	0204 毛利汇总	22	第三部分：经营分析汇报图表准备
7	0205 费用汇总	23	0219 经营业绩概述
8	0206 其他利润表数据	24	0220 收入分析
9	0207 贸易公司利润分配	25	0221 毛利分析
10	第二部分：专题分析明细表	26	0222 净利润分析
11	0208 门店费用分析报告	27	0223 营运资本分析
12	0209 人工费用分析报告	28	0224 开关店分析
13	0210 仓储物流费用分析报告	29	0225 费用分析
14	0211 库存商品分析报告	30	0226 平效与人效
15	0212 应收应付余额账龄报告	31	0227 门店业绩
16	0213 市场促销活动分析报告		

表9-3 收入子报表组编制结构示例

序号	表格名称	总部		统购分销	省市分部					门店
		总部合并	总部账套	贸易公司	分部合并	销售公司	售后公司	贸易公司	其他公司	单个门店
1	填写说明									
2	0401 收入汇总	√	√	√	√	√	√	√	√	√
3	0402 商品销售收入——品类					√	√			√
4	0403 商品销售收入——门店类型					√				
5	0404 商品销售收入——市场类型					√				

（续）

序号	表格名称	总部		统购分销	省市分部					门店
		总部合并	总部账套	贸易公司	分部合并	销售公司	售后公司	贸易公司	其他公司	单个门店
6	0405 商品销售收入——门店模式					√				
7	0406 商品销售收入——渠道类型					√				
8	0407 商品销售收入——客户类型					√				
9	0408 售后业务收入					√	√			
10	0409 其他业务收入		√			√	√	√	√	
11	0410 非零售板块业务收入								√	
12	0411 高毛利商品经营收入					√				

9.1.3　步骤二：识别数据需求与获取方法

步骤二的主要任务是根据既定的管理报告内容（绩效考核指标、分析维度、层级）识别数据需求，识别并确定数据获取方法，例如是手工填报还是财务或业务信息系统自动生成。

由于管理报表是为了经营财务分析编制的，因此很多信息不能从三张财务报表中获取，**需要从具体明细级会计科目的交易记录中获得**。在财务核算系统与业务信息系统并不集成的企业，**有的管理报表需要从业务信息系统中取数**。例如，编报分不同业务维度的销售收入分析报表时，财务会计科目只记录本期收入总发生额，而分客户、分品类、分市场区域和分渠道类型等不同维度的销售收入通常在销售管理系统中维护。另外还有些信息也许需要线下人工统计，例如计算填报人均收入这项指标，需要用到在职人数这项人力资源数据，在很多没有上线人力资源信息管理系统的企业这项数据需要人力资源部门线下统计。

另外实务中还有一种棘手的情况：同一报表项目在业务部门的数据与财务会计核算的总发生额不一致，除了因口径不一致需要在沟通中达成共识以外，另一个流程与技术上的原因是业务系统与财务核算系统不集成，造成信息流在两者间有人为的调整。因此构建全集团范围的管理报告体系也对财务总监提出了另一个任务：推进信息系统的建设与完善，以业务信息与财务信息无缝衔接为最终目标。

9.1.4 步骤三：设计模板

在确定管理报表每一指标或项目的定义、计算口径及负责编制的单位后，财务分析师需要设计标准格式的管理报告的编制模板。管理报告的编制模板包括编制表格、分析图表和填写说明三部分。编制表格的作用是填录各报表项数据并按既定规则计算各项指标的结果，分析图表的作用是基于编制模板以不同形式的图形展示计算结果，并进行分析性解读释义，例如 Excel 应用程序中常用的柱状图、饼状图和曲线图等，这些图表也是为各单位每月经营分析会议演示汇报资料做准备。

管理信息化基础较好的企业会购买实施报表系统，植入标准格式的编制模板供编报单位填报。如果不具备条件，业务和组织结构也不复杂，推行全公司统一标准的 Excel 电子表格编制模板是较好的避免错误的方法。设计 Excel 编制模板的关键是将表项间的链接关系和计算公式固化，并在表格中用不同颜色标识出数据输入区和产出区，产出区域的单元格即需要固化计算公式的区域，需要设置禁止用户修改的功能，如图 9-7 所示。

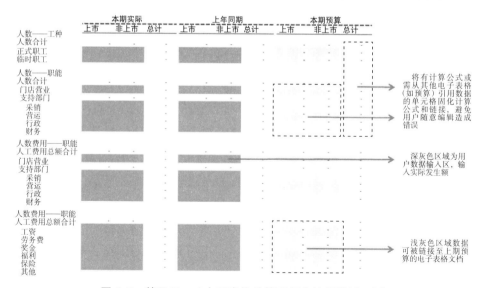

图 9-7　基于 Excel 电子表格的管理报表编制模板示例

填写说明的作用在于指导所有下属单位负责编制管理报表的财务分析人员如何填制，特别是当人员轮岗或离职交接时，这份填写说明可以起到简易的"操作手册"的作用。在采用 Excel 表格编制管理报表时，每套专题分析模块均有专门的工作簿，每个工作簿的首页即填写说明，描述整个工作簿的工作表结构、每张工作表的定义、行项目的口径释义，以及填制顺序。

9.1.5　步骤四：试验性数据测试

管理报告或多或少地需要运用信息技术，并在全公司范围内推广，因此推进管理报告体系的变革，需要经过模型测试、企业内沟通与培训的过程。特别是采用 Excel 电子表格作为管理报告生成工具的企业，由于表格繁多，计算与钩稽链接复杂，其中很多计算公式和数据源链接都被固化，不仅包含了从具体项目到财务报表的多层级滚动计算，而且涉及从预算、滚动预测等其他多个电子表格文档中调用数据，因此需要导入数据测试计算公式和不同表格间钩稽关系的正确性。在没有实施业务财务信息集成的 ERP 系统的企业，管理报告的数据来源渠道是多样的，有时需要建立电子表格与数据源所在的信息系统间必要的技术接口以自动接收数据，于是也需要测试接口传输数据的过程是否顺畅。

测试的具体操作是，抽样选取部分具代表性的历史交易，将数据导入管理报告模板，测试其有效性并进行必要的修正。较好的测试方法是试点运行法，选取具代表性的下属单位作为试点，模拟输入管理报告需要的所有数据，测试其有效性并进行必要修正。

9.1.6　步骤五：沟通与培训

最后，在全公司范围内正式启动管理报告的编制汇报前，主导管理报告体系构建或变革的财务分析师需要起草管理报告编制流程和操作指南，并就管理报告编制流程和操作指南向报告阅读使用部门做沟通与培训。

有的财务分析人员认为财务分析报表只需要让下属单位的财务人员编好并上报集团汇总就可以了，为什么还要强调全公司范围内的沟通与培训？首先，不论是财务指标还是非财务指标，它们反映的绩效均需要企业全体职能部门共同努力才能实现可持续提升，因此关键绩效指标的定义和计算口径需要在企业内部广泛达成共识。其次，责任中心负责人通常会对一些财务报表的指标负责并将其列入业绩奖励计划，他们对指标口径的认可和接受是达成绩效目标的关键。最后，尽管财务部门通常发起和推动管理报告的编制、汇总与上报，但在编制、审核、分析和评价过程中需要业务部门的深入参与，在经营评审过程中，关键绩效指标的责任人需要负责解释实际结果与预算（预测）间的差异原因及拟定绩效改进计划。

因此我们可以看出，作为支持企业绩效改进的财务分析成果，管理报告是全公司范围的绩效评价和持续改进的工具，不是任何单一职能的责任，管理报告如果要达到绩效改进的作用，前期的沟通与培训必不可少。

通过以上五个步骤的介绍可以看出，构建全公司范围内的财务分析报告体系的重点是梳理公司全部下属企业的业务线和运营模式，在此基础上确定需要分析的内容，即制定被下属单位和相关利益方接受和承诺达标的关键绩效指标（KPI）。在明确了这些分析内容和负责的单位或部门以后，财务分析师需要以"建筑式"的思维系统化设计编制模板，并确保业务与财务信息的流转、计算、表间钩稽的严谨与整合。

9.2 管理报告的编制与展现

尽管决定管理报告质量的是内容，然而以好的方法将其编制与展现出来，更能使阅读者洞察企业业绩、正确深入解读业绩结果，也更能体现财务分析师的功力。优质的管理报告应具备如下特征。

- **决策支持程度高**：能够支持定期的经营分析（月度、季度、年度），在 KPI 之外还有合理的分析维度，可以从不同角度为不同职能、层级责任主体的管理者解剖同一项指标。
- **与 KPI 的匹配性和结合程度高**：内容涵盖所有财务与关键运营类 KPI，报告的频率与相应 KPI 的考核频率相一致，指标的维度与考核责任主体相匹配。
- **易读程度高**：报表表现形式直观，可视性强，文字与图表并用，使用通用商业语言，避免不通用的专业术语和计算复杂的指标。
- **编制效率高**：报告可及时满足绩效指标考核与管理需求，平衡考虑数据获取的成本和编制效率。
- **数据有效性强**：报表项目的定义规范，数据获取口径明确，利用信息系统自动获取信息，计算或调整原则标准化。

9.2.1 分析技术在报告编制中的应用

在第 7 章曾经提到几个重要的分析技术：对比分析、结构分析、趋势分析和因素分析等，它们都应该被运用在管理报告的编制中。

首先，财务分析中最常用的是对比分析，通过比较才能衡量本期实际指标值反映的经营绩效的优劣，并且通过差异计算帮助阅读者了解业绩偏离的程度。在第 7 章曾提到几个对比的标准，企业财务分析师可以根据需要以及信息获取成本对比选择使用，最常用的标准是上期与上年同期，即统计分析中的同比与环比。但如果与管理者的期望值相比，还需要选择预算或预测作为另一个比较标准。此外，在按月度编报的报表中，有些指标一个月份的成果可能受例外事件或季节因素的影响，所以在财务分析的对比分析中常同时展现本期（period-to-date，PTD）与本年累计（year-to-date，YTD）两列数字，预算数字也分本期与本年累计两列数字。

以第 4 章表 4-1 所示的利润中心管理利润表的结构为例，表 9-4 是展现其完整的月度管理利润表的示例。

在第 7 章中提到，在计划功能强大的企业的月度和季度财务分析中，比预算更常用的比较标准是滚动预测，滚动预测比预算对日常经营更具备指导和监控作用。所以在滚动预测做得好的企业里，每个月的管理报告中也会将预测数作为比较的标准，而且是比刚性的预算数更为重要的比较标准。在采用"与预算年度挂钩的逐月滚动预测"法（见第 7 章 7.2.2 节）的企业，管理报告中凡是需要展现分析全年趋势的指标都会采用"年度内

表 9-4 制造业企业利润中心完整管理利润表结构示例

一级项目	二级项目	本期实际	本年累计	上年实际数		预算数		差异分析			
				上年同期	上年同期累计	本期预算	本年累计预算	与上年同期差异率	与上年同期累计差异率	与本期预算差异率	与本年累计预算差异率
销售收入	国内销售										
	国际销售										
	配件销售										
销售折扣	国内销售										
	国际销售										
	配件销售										
对外总销售净额											
	国内销售										
	国际销售										
	配件销售										
内部销售收入											
受托加工劳务收入											
净销售额											
标准销售成本											
标准毛利											
标准毛利率（%）											

其他生产成本									
其他销售成本	销售运费								
	三包费（销售承担）								
实际毛利									
实际毛利率（%）									
营业税金及附加	营业税金及附加								
销售费用	人工								
	差旅								
	办公								
	营销								
	其他								
管理费用	人工								
	业务招待/差旅								
	办公								
	咨询/中介服务								

(续)

一级项目	二级项目	本期实际	本年累计	上年实际数		预算数		差异分析			
				上年同期	上年同期累计	本期预算	本年累计预算	与上年同期差异率	与上年累计差异率	与本期预算差异率	与本年累计预算差异率
	研发费用										
	税费										
	其他										
其他财务费用	汇兑损益										
	银行手续费										
期间费用合计											
减：资产减值损失	坏账准备										
	存货跌价准备										
	固定资产减值准备										
营运利润											
营运利润率（%）											

实际+预测"的数字。例如，图9-8展示了2020年毛利率这一指标的全年趋势，其中1~8月是实际值（以黑色折线表示），9~12月是在9月初更新的滚动预测值，而1~12月的灰色虚线折线则表示年初的预算值。这样的比较更能体现该指标业绩表现的"最新"标杆（即全年实际+预测）偏离年初预算的程度。

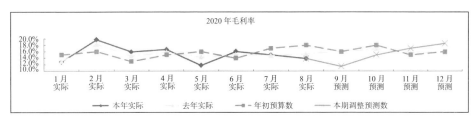

图9-8　滚动预测在单一指标全年趋势分析中的应用

通过对比分析技术，还可以为关键绩效指标制定"预警线"并在管理报告中直观体现出来。具体做法是为某指标设置标准值以及标准值上（下）浮动X%的可容忍区间。假设某指标的解读方法是越小越好，那么企业可以指定一个高于标准值X%的容忍区间，在实际值落在这个区间内时为轻度预警，在高于这个区间上限值时则为高度预警。在管理报表中可以用业绩计分卡的方式以不同灰度标识区分高度预警■、中度预警■和正常■，并且为不同颜色赋予不同的业绩评分。表9-5是一个业绩计分卡的示例。

表9-5　业绩计分卡示例

业绩计分卡		通用指标（举例）			行业特殊指标（举例）		
		指标	标准值	当月实际值	指标	标准值	当月实际值
业务板块A	企业A、B……	资产负债率	××	××	克金成本	××	××
		资金周转率	××	××	采矿作业量	××	××
		总资产报酬率	××	……	……	××	××
业务板块B	企业A、B……	存货周转次数	××	××	毛利率	××	××
		流动资产周转次数	××	××	主营业务利润率	××	××
		资产保值增值率	××	××	……	××	××
业务板块C	企业A、B……	不良资产比率	××	××	重点工程完成率	××	××
		风险自测分数	××	××	投资回报率	××	××
		全员劳动生产率	××	……	……	××	××

在单项分析模块（收入、成本、费用等单项）或专题类分析报表的编制中，结构分析是常用的分析技术。例如编制人工费用专题分析报告时，可以分费用类别、职能体系、员工级别几个维度分别计算其占总人工费用的比例，并用饼状图展现，如图9-9所示。

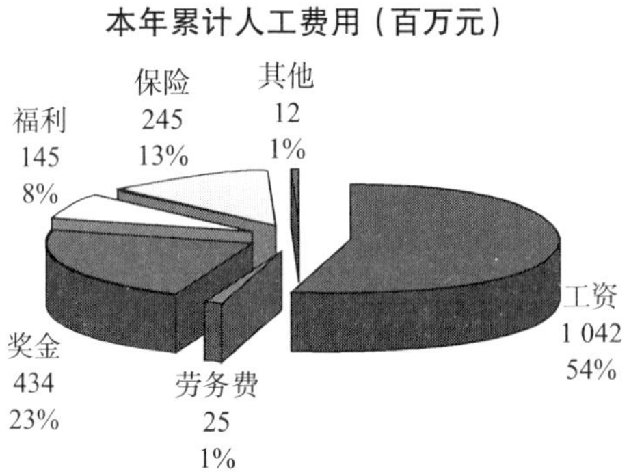

本年累计人工费用（百万元）

福利 145 8%
保险 245 13%
其他 12 1%
工资 1 042 54%
奖金 434 23%
劳务费 25 1%

图9-9　结构分析在费用分析报表中的展现示例

9.2.2　用电子表格设计管理报告编制模板的技巧

在上一节讲述构建全公司范围管理报告体系的步骤一"规划内容和层级"中已经提到，管理报告的编制需要具备清晰的逻辑脉络和严谨的结构，不能将所有的指标、维度、专题、项目都体现在一张表上。在运用Excel电子表格设计管理报告编制模板时，技巧主要有以下几点：

- 由粗到细地设计，越详细的信息越应出现在单项分析模块里。
- 注意"主表"与单项分析模块之间的数据链接和集成关系。
- 专题类分析应独立于单项分析模块单独设计表格编制，例如费用单项分析模块里包含人工费用和促销费用，人工费用和促销费用是两个单独的专题类分析。单项分析模块的总额（如收入总计、成本总计）是链接至主表的数据源，但专题类分析表格的总额只是单项模块的一部分，与主表没有关系。
- 不要将供查询或引用的数据源与输入计算区域叠加展示在一张工作表里。

9.2.3 管理报告的展现和汇报演示

管理报告除了编制外更重要的是展现，也就是前面提到的"**易读程度**"：形式直观，可视性强，文字与图表并用。管理报表的编制计算表格是不应展现给阅读者的，财务分析师呈现给阅读者的是对计算结果的解读。多数企业每个月都会召开有各部门参加的经营分析会议，目的是回顾上月的经营业绩，财务部门常负责在会议上陈述上个月综合的经营业绩，如果财务分析师在会议上展现的是自己编制的只有一堆数字的电子表格，那么不了解财务知识的业务部门经理会看不懂。因此完善的管理报告除了有编制模板还应有一套汇报用模板，汇报用模板常以 PPT 形式呈现，其内容以图与文为主，表格为辅，并且表格的内容高度精练，仅对图形起到数字支持的作用。汇报演示材料也应浓缩简洁，层级越高的管理者越没有时间阅读长篇大论和大量细枝末节的数据，**汇报演示材料里应该只展示最核心的信息**，因此财务分析师应将**每一个项目的汇报内容尽量浓缩在一页展示**。

我们以一个汽车制造工厂经营分析汇报的例子做说明。

○【案例 9-2】汽车制造工厂产品成本分析汇报的 PPT 制作

以该汽车厂的惯例，每季度管理层经营回顾会议的议题中有一项是产品成本跟踪，比较基准是一年一度更新的标准成本，旨在了解每个主流车型在每个季度单位成本降低或升高的幅度以及原因。下面这张幻灯片展现了产品 A 的成本在全年的实际+预测数字，如图 9-10 所示（注：图中数字仅为示范，非真实业绩，且计算过程中有四舍五入）。

这张 PPT 采取四象限分位图的形式来展现产品 A 的全年成本变化趋势，尽管左上象限的数据背后需要大量实际成本的卷积计算，并且既需计算第一季度实际数字，还需协调生产、采购部门获得第二季度至第四季度的预测数字，但在汇报演示稿上需要展现的只是最后的结果。对与会者和报告阅读者来说，他们只关心目前成本降了多少，未来会降多少，因此财务分析师在这张 PPT 上对实际与预测的成本降低率 5% 和 8% 以浅灰与深灰区分并高亮标识。同时对应右上象限的图形，也采用二维柱状加折线图

产品单位成本降低业绩全年跟踪分析——产品A

截至2020年第一季度,产品A相比年初成本降低了5%,预测到年底成本降低率将达8%,其中直接材料成本降低在第一季度为5970元,预测到年底为9060元。在直接材料的成本节省中,钢材钣金件与内饰件的贡献最大,全年累计贡献度达62%。

产品代码: A
年度: 2020
报告期: 第一季度
计价单位: 人民币元

	标准成本	第一季度实际	第二季度预测	第三季度预测	第四季度预测
直接材料	98 000	92 030	92 950	91 270	88 940
直接人工	4 680	4 720	4 890	4 940	4 800
制造费用	11 800	12 010	11 950	11 650	11 900
单位产品成本	114 480	108 760	109 790	107 860	105 640
单位成本降低额	0	5 720	4 690	6 620	8 840
单位成本降低率	0%	5%	4%	6%	8%
直接材料成本环比降低额	0	5 970	-920	1 680	2 330
直接材料成本累计降低额		5 970	5 050	6 730	9 060

2020年A产品直接材料成本累计降低额

报告期:第一季度   金额单位:元

材料种类	采购价格降低	生产用量降低	定额变化降低	总计	占比
钢材钣金件	2 830	-100	-10	2 720	46%
内饰件	920	140	100	1 160	19%
电子部件	280	90	20	390	7%
塑料部件	660	-100	130	690	12%
发动机	560	0	120	680	11%
轮胎	170	-10	0	160	3%
其他	120	30	20	170	3%
总计(有四舍五入)	5 540	50	380	5 970	100%

2020年A产品直接材料成本全年预测降低额

报告期:第一季度   金额单位:元

材料种类	采购价格降低	生产用量降低	定额变化降低	总计	占比
钢材钣金件	3 820	-140	120	3 800	42%
内饰件	1 560	90	200	1 850	20%
电子部件	490	230	20	740	8%
塑料部件	900	0	120	990	11%
发动机	660	-30	240	900	10%
轮胎	430	-10	0	420	5%
其他	270	40	50	360	4%
总计	8 130	180	750	9 060	100%

图 9-10 经营分析会议演示——产品成本降低业绩全年跟踪分析

来分别展示每季度的单位成本与累计的成本降低率，并且同样以浅灰表示第一季度实际数，深灰表示未来三个季度的预测数。

在下方的两个象限中展现的信息更为具体，财务分析师运用了"结构分析法"，告诉这张PPT的阅读者这5%和8%的成本降低的原因。首先从左上方象限列示的产品成本要素中可以看到，直接材料占全部成本的85%以上，因此该工厂的财务分析师向报告阅读者重点展示了材料成本降低额的构成。但是，该产品的直接材料零部件数量繁多，财务分析师需要先将零部件分成几大类，例如PPT上显示的钢材钣金件、电子部件、塑料部件等。然后将所有零部件的实际或预测成本与标准成本进行比较，将两个关键数字分拆到零部件类别：第一季度材料成本降低额5 970元、四个季度累计材料成本降低额9 060元，并计算每类零部件成本降低额占总零部件成本降低额的比例，从高到低排序，让阅读者明白钢材钣金件与内饰件对总成本降低贡献最大。

最后，财务分析师在该PPT的标题下添加了一个概括句："截至2020年第一季度，产品A相比年初成本降低了5%，预测到年底成本降低率将达8%，其中直接材料成本降低额在第一季度为5 970元，预测到年底为9 060元。在直接材料的成本节省中，钢材钣金件与内饰件的贡献最大，全年累计贡献度达62%。"这约一百字的概括句用文字简要阐述了这张PPT四象限的图表所要传递的信息：在什么时候，哪个业绩项目（指标），发生了什么事，原因是什么。一份好的PPT演示文档，原则上每一页都应有概括句或是文本框内容，概括句与文本框内容的作用是，阅读者即使不看或没看懂这四个象限的图表的含义，也能从概括句中了解报告编制者想要表达的意思。这张四分象限图和一百字左右的文字摘要都简洁清楚地向管理者陈述了两件事情：产品成本的业绩怎么样，为什么会这样。

简言之，管理报告的汇报材料中单页PPT的编制要简洁、直观、醒目、图文并茂。当然汇报材料的工作底稿例如数据源和编制过程的计算表也很重要，如果会议上有任何后续行动需求，这个文档可以在会后发送给相关的部门。

在实务中，没有一个一成不变的模板适用于所有企业和所有分析专题，在准备汇报演示材料时需要根据具体情况采用不同的分析技术和展现方式。在此过程中，财务分析师最好常用"换位思考"的思维，多问自己——如果我是阅读者，并且对这个报告产出的过程方法一无所知，那么什么样的版式、何种图文搭配、什么样的字体和颜色最醒目，最能让我对这项指标的业绩成果一目了然？

9.2.4 管理报告汇报演示材料的结构

由于管理报告的汇报演示材料是 PPT 文档，所以需要具备叙事逻辑和文档结构，不能将一堆单页 PPT 不分先后顺序地堆砌到一起，彼此间看不出任何联系。特别是对于有着多家分子公司、多个业务板块的集团性企业，如何在二三十页 PPT 中展现回顾集团的经营业绩全貌，需要财务分析师对众多 KPI 和分析指标有较强的信息组织能力。比较好的方法仍然是采用上节中提到的"建筑式"的思维，先搭建报告的骨架，即先起草目录以及每张 PPT 的标题。

由于经营分析会议时间有限，因此管理报告应分为两部分，第一部分是在会上展现并向与会者陈述的内容，主要是公司层面关键绩效指标的整体概览，例如收入、毛利、利润等；第二部分是会后抄送各部门经理进行深入分析并采取改进行动的，主要是单项与专题分析的详细报告，例如分不同维度的收入、毛利、费用分析。第一部分内容可以根据利润表、资产负债表、现金流量表三张主表的关键绩效指标次第展开。这个目录一般显示在汇报演示 PPT 文档的第一页。

仍以案例 9-1 中的连锁零售集团为例，来看如何构建管理报告第一部分的结构。

○【案例 9-3】零售集团管理报告的逻辑结构设计

首先，该集团管理层决定每月只编制完整的管理利润表，不编制资产负债表和现金流量表,但会在经营分析中关注几个资产负债表相关的项目,例如营运资本(即流动资产与流动负债)项目和资本性支出(即对门店网络建设的投资)。经营分析汇报演示材料的内容纲要如图 9-11 所示,其中第 1 部分"高层管理资讯摘要"是需要在经营分析会议上演示陈述的内容。

1	高层管理资讯摘要
	(1)集团整体收益
	(2)营运资本效率
	(3)网络发展
	(4)门店业绩
2	专题分析报告
	(1)商品净销售收入
	(2)商品销售综合毛利
	(3)费用支出
	(4)平均收益与人均收益
	(5)分部业绩比较

图 9-11 经营分析会议汇报演示资料目录示例

由于该零售集团只编制完整的管理利润表,所以在月度管理报告中的第(1)节"集团整体收益"只回顾汇报利润表指标:总营业收入、综合贡献(毛利)、总费用、息税前利润、净收益。在整体收益这一节,第一页没有展现完整利润表结构,而是只展现了利润表的这几个关键指标,如图 9-12 所示(注:表中数字仅为示范)。

在后续的 PPT 中,财务分析师对营业收入、综合贡献、费用、净利润这四项利润表指标都采用了先展示指标业绩概览,再展示差异比较,最后展示全年趋势这"三步式"的结构和顺序,每一步用一页,加上图 9-12 的利润表关键绩效指标汇总页,在管理报告汇报材料中第 1 部分"集团整体收益"的篇幅一共是 13 页,用这样的三步式的结构实现了完整简洁地展现利润表关键绩效指标的目的,并且让阅读者看过之后有清晰的逻辑层次感。以下只以净利润为例展示这三步的表现形式(注:图表中数字仅为示范,并非真实业绩)。

集团整体收益

金额单位：亿元

项目	本期实际	本期预算	上年同期	预算完成率	上年同比	本年累计实际	本年累计预算	上年同期累计	累计预算完成率	上年累计同比
营业收入	106.3	103.8	89.8	102.4%	18.4%	394.2	373.4	297.1	105.6%	32.7%
综合贡献	13.3	15.9	10.6	83.6%	26.1%	53.4	56.9	43.4	93.9%	23.1%
综合贡献率	12.51%	15.32%	11.75%	-2.8%	0.8%	13.55%	15.23%	14.60%	-1.7%	-1.1%
费用总额	6.2	6.7	6.1	92.5%	1.6%	30.5	32.9	30.4	92.5%	0.2%
总费用率	5.83%	6.45%	6.80%	-0.6%	-1.0%	7.72%	8.81%	10.23%	-1.1%	-2.5%
息税前收益	7.1	9.2	4.5	77.5%	59.6%	23.0	24.0	13.0	95.9%	76.4%
息税前收益率	6.68%	8.82%	4.96%	-2.1%	1.7%	5.83%	6.42%	4.39%	-0.6%	1.4%
净收益	6.1	2.8	3.8	214.5%	60.2%	17.1	14.2	10.0	120.6%	71.8%
净收益率	5.71%	2.73%	4.22%	3.0%	1.5%	4.33%	3.79%	3.35%	0.5%	1.0%

- 总营业收入：2020 年 × 月集团实现总营业收入 ×× 亿元，较预算升高 / 降低 ×%，较上年同期升高 / 降低 ×%；截至本月，本年累计实现总营业收入 ×× 亿元，较本年累计预算升高 / 降低 ×%，较上年同期累计升高 / 降低 ×%
- 综合贡献：2020 年 × 月集团实现综合贡献 ×× 亿元，较预算升高 / 降低 ×%，较上年同期升高 / 降低 ×%；截至本月，本年累计实现综合贡献 ×× 亿元，较本年累计预算升高 / 降低 ×%，较上年同期累计升高 / 降低 ×%
- 总费用：2020 年 × 月集团发生总费用 ×× 亿元，较预算升高 / 降低 ×%，较上年同期升高 / 降低 ×%；截至本月，本年累计发生总费用 ×× 亿元，较本年累计预算升高 / 降低 ×%，较上年同期累计升高 / 降低 ×%
- 息税前利润：2020 年 × 月集团实现息税前利润 × 亿元，较预算升高 / 降低 ×%，较上年同期升高 / 降低 ×%；截至本月，本年累计实现息税前利润 × 亿元，较本年累计预算升高 / 降低 ×%，较上年同期累计升高 / 降低 ×%
- 净收益：2020 年 × 月集团实现净收益 × 亿元，较预算升高 / 降低 ×%，较上年同期升高 / 降低 ×%；截至本月，本年累计实现净收益 × 亿元，较本年累计预算升高 / 降低 ×%，较上年同期累计升高 / 降低 ×%

图 9-12　管理报告示例 —— 高层管理资讯摘要（1）

（1）本期业绩概览：采用表格形式展现指标的本月实际数（PTD）和本年累计数（YTD），为便于向外部不同投资者汇报业绩，表格区分出上市公司、非上市公司和控股公司，如图 9-13 所示。

（2）差异比较（对比分析）：采用二维柱状图展现指标的绝对额（净利润）与比率（净利润率）相对于预算与上年同期的差异，分本期（PTD）与本年累计（YTD）两项对比，如图 9-14 所示。

净利润（单位：百万元）									
本月实际					本年累计实际				
公司类型	上市	非上市	控股	总计	公司类型	上市	非上市	控股	总计
商品销售				0.0	商品销售				0.0
售后服务				0.0	售后服务				0.0
贸易公司				0.0	贸易公司				0.0
其他非零售				0.0	其他非零售				0.0
总计	0.0	0.0	0.0	0.0	总计	0.0	0.0	0.0	0.0

图 9-13 管理报告示例——高层管理资讯摘要（2）

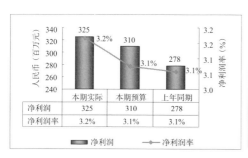
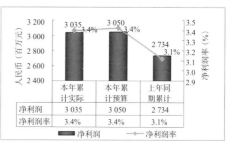

图 9-14 管理报告示例——高层管理资讯摘要（3）

（3）年度内趋势展望（趋势分析）：采用多点折线图展示指标的本年实际数（1～8月）加预测数（9～12月）的趋势线，同时展示去年全年实际趋势和本年年初预算的趋势线，如图9-15所示。

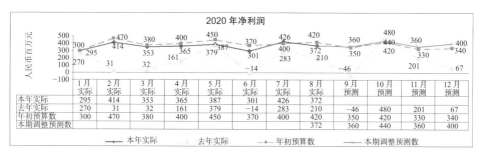

图 9-15 管理报告示例——高层管理资讯摘要（4）

为经营分析会议准备的汇报演示资料，除了对每项指标用直观简洁的图表展现以外，财务分析师还需要注意整个PPT应具备清楚的叙事逻辑和完整的结构，这也是 PPT 与 Excel 电子表格的不同：PPT 是为了会场陈述与演讲准备的，在汇报过程中除了应具备一个有逻辑条理的故事情节以外，还需要现场陈述者有能力用语言驾驭听众在阅读每张 PPT 过程中的注意力并与其进行问答互动。

9.3 数据管理与信息技术在管理报告中的作用

在上两节中提到了管理报告表项的数据来源和信息系统，证明与传统的财务报表分析相比，经营财务分析所依托的数据已大大超越了财务报表或总账科目发生额数据的范畴，需要相关人员收集一定程度的业务运营信息。以前面所述的连锁零售集团为例，如果要编制那样一套管理报表，至少需要以下几种财务报表和会计核算系统以外的信息：门店清单以及对应的市场级别、差异化经营的商品型号、职能部门清单、人力资源信息（分不同维度的在职人数）、门店基础信息（人数和经营面积）、营销活动项目清单。因此，数据管理与信息技术在管理报告编制中的影响是重大的，**依靠计算机技术对数据进行有效的收集、存储、处理和应用，是现代企业产出优质经营分析和管理报告的必要条件**。

在建立管理报告体系的过程中，财务分析师与财务总监需要考虑如下与数据管理和信息技术有关的问题，这些问题能否解决、能解决多少，直接影响管理报告能产出到什么程度。

- 是否有标准统一的主数据（master data）如物料代码、供应商代码、会计科目和交易类型？是否在公司内与所有单位和部门达成共识？
- 财务与业务信息系统是否集成？是否实现实时共享获取数据？是否有数据仓库使同一套数据可支持不同的报告需求（对外法定财务报告、投资者关系披露和内部管理报告）？
- 信息系统是否可执行多个经营单位的交易合并，并自动执行合并报告中内部交易的抵消和调整？

信息系统是管理报告的重要实现工具，完善的管理报告通常运用数据仓库和商业智能软件提供高效的分析数据，减少手工整理，增强分析深度。这里先简要介绍一下企业里两种信息管理系统（或称应用程序）的区别。

（1）**业务应用程序**：又称为交易处理程序，功能主要是基于业务流程、表单、核决权限按既定规则执行内部控制并记录日常发生的经营交易，例如财务核算系统、企业资源计划（ERP）系统、客户关系管理（CRM）系统，会计分录和财务报表均由业务应用程序产生。

（2）**分析应用程序**：基于多维数据仓库进行商业数据分析，功能体现在建立不同业务部门数据的关联性，相当于把业务应用程序产出的庞大分散的信息盘活，使这些信息反映为可支持管理决策的指标体系和图表，用于业务计划、预测与分析，预算与预测、经营监控、管理报告均由分析应用程序产生。

越来越多的企业开始运用分析应用程序，并将其置于与企业的交易处理程序同等重要的地位。企业绩效管理（CPM）和商业智能（BI）软件即属于分析应用程序。企业绩效管理与商业智能应用程序是指整合的绩效管理和商业智能应用程序，常见的组成部分有集团绩效汇总工具，计划、预算与预测工具，盈利性与成本管理工具，管理报表工具等。本节仅就目前流行的商业智能应用程序做概述性介绍。

商业智能是将企业中现有的数据转化为知识，帮助企业做出明智的业务经营决策的工具，这种决策既可以是操作层的，也可以是战术层和战略层的。它允许一个组织所有层次的人员，通过访问、交互、分析数据来管理业务，提高绩效，并识别机会和风险。良好的商业智能软件还需要满足企业各级用户的需要，具备容易使用、量身定制、随时可用、随处可用的特征。运用商业智能软件，用户可以"自助"式地产出需要的数据（见图9-16）。

- 固定格式的报表：基于多维数据仓库由用户定制所需字段和计算规则，展现形式与Excel电子表格类似。

262 第三篇 财务分析要如何做：HOW

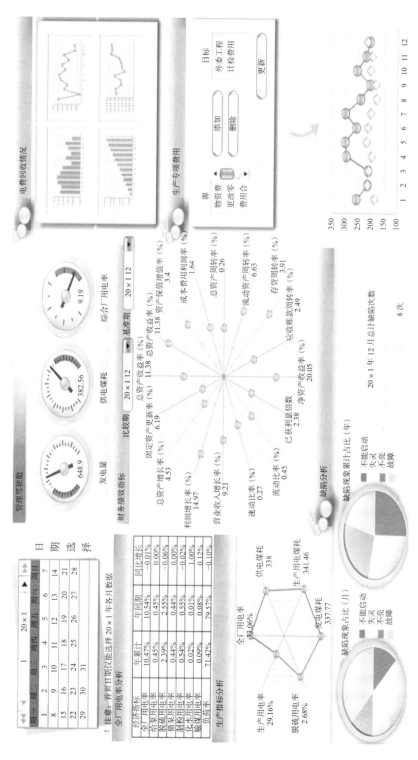

图9-16 商业智能软件产品的展现形式

- 管理驾驶舱或仪表板：用于显示一组动态的 KPI 指标的数据以及预警的措施，就像汽车与飞机的仪表盘，随时显示 KPI 的数据和执行情况，实时反映企业的运行状态，将采集的数据形象化、直观化、具体化。
- 联机分析（OLAP）：共享多维信息，用于支持复杂的分析操作，侧重对决策人员和高层管理人员的决策支持，可以根据分析人员的要求快速、灵活地进行大数据量的复杂查询处理，并且以一种直观易懂的形式将查询结果提供给决策人员。
- 搜索引擎：与百度类似。
- 查询共享平台：通过一个平台提供可信的数据给所有用户。

选择商业智能软件一般要从解决方案的完整性、总持有成本、风险和信誉这几方面衡量，它的实施也是个复杂的过程，需要按照需求分析、转换、操作三阶段进行。因此，如果业务应用程序完善（如 ERP 系统）可实现业务信息与财务信息无缝衔接，那么在构建和实施管理报告体系时的初期完全可以先采用 Excel 电子表格，待运转成熟且随着业务发展人工编制工作量大幅增加后再选择商业智能软件比较经济可行。

◎ 情景 9　对话疑问的解答

1. 对于集团性企业，在子公司中推行统一格式的管理报表是较好的避免错误并便于集团汇总的方法，通过将每个表项的定义与计算口径标准化可以减少编制过程中的分歧和人为判断，在没有实施商业智能或报表系统、必须用电子表格编制管理报表时，通过开发多个子报表组并固化电子表格的计算公式与数据来源的链接，可以为检查编制错误保留足够的审计轨迹。
2. 用于经营分析会议汇报的 PPT 材料是将编制报表组中的数据以一定的叙事逻辑分章节组织在一起，并以直观的图表和简洁的文字释义的形式解读关键绩效指标的结果。

3. 经营财务分析的最终目的是推进企业的绩效提升，这需要企业全体职能部门共同努力才能实现。管理报告是全公司范围的绩效评价和持续改进的工具，财务分析师需要与业务部门保持沟通，使他们理解与其职责相关的关键绩效指标的定义和数据来源，这有利于推动企业业绩的可持续提升。

4. 集团性企业在构建财务分析报告体系时应保证"全范围"，包括所有业务线与注册公司，局部分析的报告不能有效反映集团整体的经营业绩全貌。当管理者向重要股东解释经营层面的业绩时，如果法定财务报告中合并报表的信息不够，需要从管理报告中提取信息，管理报告与财务报告范围的不一致将使管理层很难向投资者清晰解释某项指标整体的业绩表现。因此"非公司全范围"的管理报告体系的后续"补漏"成本很高。

第 10 章

企业经营财务分析进阶：业务洞察与绩效评价

◎ **情景 10**

小张在设计完新的经营财务分析编制表格后，打算先用本年前几个月的数据测试一下。于是，他把全套 Excel 管理报表模板下发给三个子公司工厂的财务经理，自己负责三个事业部的管理报表，先根据 Excel 表格里的数据生成了一些分析图表，然后整理粘贴到 PPT 文件里，作为王总要求他做的经营分析会议演示材料。没想到，王总看了并不满意。

王总：小张你辛苦了，我看了你的 Excel 编制报表的结构，还是不错的，但是这个 PPT 汇报材料表现力还是不够。你只展示了图形和表格，没有评论，也没有任何标识提示这些图表反映了经营绩效如何，问题在哪里，原因是什么，怎么改进。当然这些我可以事先了解了整理好后在经营分析会上现场讲，可这份 PPT 会后要发给各部门的负责人备查，并且如果有什么需要他们跟进的行动，他们会后可能还要再看这份报告，到时他们不知其所以然怎么办？还不是再一次次来找我们解释？

小张：唔，我也知道……但我真的觉得挺吃力的，因为确实不怎么懂下面子公司的业务，所以也不知道指标值背后的故事。

王总：嗯，这我考虑过了，所以我在想工厂这部分的还是让那三个财务经理来做，但你还是要把这个PPT的结构和每页的内容跟他们解释清楚，然后跟他们一起做出来。事业部销售市场那边的项目我们没有专门的财务分析人员，我打算再招一两个人，目前只能你继续做。其实不懂业务没关系，关键是学习的态度，每天关起门来做报表是不会懂业务的，得去跟业务部门多交流。

小张：是，我也这么想。只是如果没有特定职责在身，又不是那些部门编制内的人，平白无故整天跑去跟他们问这问那，好尴尬啊。

王总：嗯，所以说经营财务分析是一定要编制在经营单位的，对业务的解读必须要经营单位的财务分析岗来做才行，总部只起到汇总、检查和比较的作用。其实我的构想是这些经营单位自己也要做类似的经营分析会的财务分析汇报PPT材料，它们内部做的这个报告才应该是最详细的，到了我们这里应该只需要摘抄一些重要的点，但现在不是为了让你熟悉业务么，所以就让你先从细的做起来。

小张：这样啊，那要不我申请调到下面子公司去，我挺想学习经营业务知识的。

王总：哦，是吗？呵呵，下面还有很多人想调上来呢。这个我要再考虑，毕竟总部也需要财务分析。而且事业部不是法人实体，只是管理型的组织，不需要成立常规记账报税的财务部门，所以如果以后要加事业部财务分析的岗位，我需要些时间来跟各事业部业务部门的负责人沟通，毕竟这种财务是需要经常跟他们打交道的，要帮助他们改善业绩，所以得让他们对这种财务职能的角色有所认知和心理准备……这样吧，事业部相关的内容你这两个月先从会计核算信息出发，背后的来龙去脉勤问着业务部门的人，不要担心，慢慢来。这次的报告就先这样吧。

焦点问题：

- ◆ 财务分析师如何在展现经营业绩成果后深度解读原因和背后发生的故事？
- ◆ 怎样将对业务的洞察体现在用于经营分析会议汇报的管理报告上？
- ◆ 经营财务分析如何洞察业务的改进机会并与业务部门一起改进经营业绩？

一些在企业做财务分析工作的人员提到，自己的工作只是收集数据，按既定模板产出各种花哨的图表，但其实并不了解其中的含义，也说不上来这些图表到底意味着什么，认为这样的财务分析工作很没有价值。这是初级财务分析人员的通病，即只懂得通过数据处理技术展现企业经营业绩，而没有能力进一步解释经营业绩。我们在本书之前的章节不止一次地提到经营财务分析是为企业绩效改进服务的，将企业经营业绩用各种图表直观展现出来只是财务分析的第一步，对于一名高级财务分析师而言，必须有能力解读展现出来的图表并知道问题在哪里，如何改进。本章将讲述经营财务分析的进阶内容：如何洞察业务并进行绩效评价。

10.1 企业绩效管理体系概述

财务分析师要想跳出数字游戏的初级范围，从展现企业绩效到解释企业绩效，需要了解什么是完善的企业绩效管理体系，以及它跟财务分析有什么关系。企业绩效管理 (corporate performance management，CPM) 包括企业在设立战略、编制计划、监控执行、预测绩效和报告营运成果过程中所采用的流程、信息及系统，通过系统的方法建立流程、组织、人员及技术与战略的紧密联系，使组织内每个成员能够更好理解运营目标、实施运营规划和积极影响企业运作的优化进程，从而实现企业的可持续发展。它有别于过往的绩效评估，包含了财务和业务等多个方面。

传统的绩效评估有如下特点：

- 只是人事、薪资制度的一部分,并不是一个完整的管理工具,无法向管理层指出改进的方向。
- 关注部门、个人指标的完成度,轻视指标体系对公司战略的支持。
- 财务部门主要作为过去财务信息的提供者参与绩效管理,仅关注损益类财务指标,侧重于公司的短期营收。
- 只评估已经发生的经营活动,没有对未来进行分析指导。

许多企业常常把绩效管理等同于"绩效考核",无外乎每个部门、每个岗位都有一系列考核指标,然后根据达标与否评价部门业绩和个人表现并且与奖惩制度挂钩。这种重考核奖惩、轻辅导沟通的绩效管理体系没有形成与员工一起商讨弥补不足和制订改进计划的文化和机制,并不能达到持续改进全员绩效水平的目的。

而现代的绩效管理有如下一些特征:

- 着眼于公司绩效,成为连接公司战略与个人行为的一整套管理工具,是建立在持续沟通、辅导与反馈基础上的循环活动。
- 以预算、控制、预测等形式将有限的资源集中在最重要的任务上。
- 财务部门作为重要的组织者、沟通者参与绩效管理的全过程。
- 根据经营需要,将财务与非财务指标在较长的时间跨度内分解,形成计划性的指标体系,并及时调整。
- 不仅评估已发生的经营活动,并基于对目标和现实的分析,对未来做出规划。

企业绩效管理(CPM)是一种现代绩效管理体系,它以一种系统的观点审视企业绩效的整个价值链,将战略目标与规划、预算、财务评价乃至员工激励和绩效考核紧密关联,不断优化企业的组织、人员、流程、技术及数据,从而推进企业绩效的可持续提升。图10-1展现了CPM体系的构成以及它的每个要素应用在哪些关键领域。

把CPM视为企业管理的一种系统化的方法论,不仅因为它的目的是推动企业可持续发展，而且它还强调企业核心理念与所采用的管理工具及系统之间的协调配合。它不仅仅是经营规划、预算管理及预测等管理工具，也不局限于报告、计分卡及企业仪表盘等表现形式，而是延伸至财务之外，应用领域涉及人力资源、信息技术、公司治理、运营等多个管理环节，建立风险管理、财务/业务信息、运营绩效、采购及其他许多流程和部门之间的密切关联。在第 9 章 9.3 节 "数据管理与信息技术在管理报告中的作用" 中提到了 "分析应用程序"，在西方很多企业，分析应用程序如预算系统、经营预测与分析系统、管理驾驶舱、关键指标预警平台等应用软件，都是先设计了 CPM 的整体方案并进行需求分析后选择的实现工具。

那么看上去很 "虚" 的 CPM 体系与经营财务分析有什么关系？从图 10-2 可以看出，需要用到经营财务分析与管理报告的领域涉及 CPM 体系里的 "评价" 这一要素以及 "数据管理" 与 "信息技术" 这两个驱动因素。在企业绩效管理体系中，绩效目标的跟踪与评估需要依靠完善的管理报告来反映，它需要建立规范的确认计量方法和业务分析维度，并依靠一定数据管理和信息系统的技术支持来实现。

在 CPM 体系的要素中，与 "定位" 要素相关的价值驱动因素、绩效评价指标、预算管理，以及与 "评价" 要素中 "计量" 相关的关账与合并报表、管理信息统计、计分卡或仪表盘，已经在本书第二篇以及第三篇的第 8～9 章中详细讲述了；数据管理与信息技术这两个驱动因素也已在第 9 章 9.3 节做了简要介绍，本节要思考的是 "评价" 要素中的 "洞察"：如何用洞察的思维去分析业务？财务分析师需要掌握以下原则和方法。

- 注重预测与实际间的差异分析而非预测过程本身。
- 解读评价绩效结果而非仅仅公布数字结果和图表。
- 洞察多种可能的业务场景并预计相应的结果。
- 尝试寻找业务经营中各项收入和成本的关键驱动因素。
- 理解不同指标间的关系。
- 洞察不同业务单位间的互动带来的影响。
- 使用标杆研究方法衡量绩效的优劣。

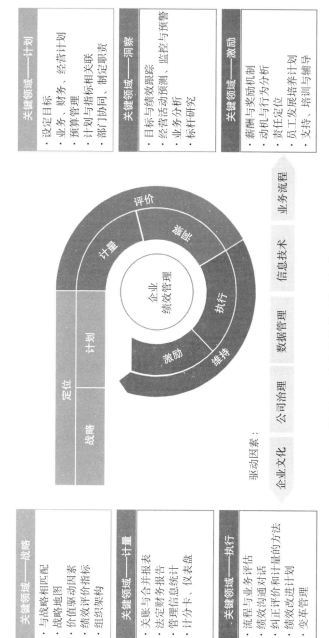

图 10-1 企业绩效管理体系概览

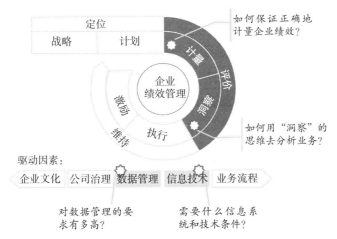

图 10-2　经营财务分析在企业绩效管理体系中的作用

在本章开篇的情景对话中，财务总监王总评价小张的财务分析报告"表现力不够"就是指没有达到上述方法中的第 2 条"解读评价绩效结果而非仅仅公布数字结果和图表"。如果没有解读，就无法为 CPM 体系中的"维持"要素中的"绩效执行"提供支持，不能洞察并告知相关业务部门经营中的问题以及业绩差距，从而也就无法推进各业务部门思考改进行动。因此财务分析师在编制管理报告后更应该考虑的是，如何在经营分析会的汇报材料中加入自己的"洞察"。

10.2　从展现企业经营绩效到推进企业绩效改进

10.2.1　运用滚动预测和差异分析洞察业务绩效

根据上一节对 CPM 体系中"洞察"要素的介绍，我们知道要洞察业务，分析实际与预测间的差异、挖掘影响指标的驱动因素、与可能的业务活动相联系是常用的方法。

在第 7 章提到月度滚动预测是比年度预算更动态的指导和监控日常运营的工具，在第 9 章也曾提到在指标全年趋势分析中引进"全年实际＋预测"这项数字，因此分析每项指标实际与上月滚动预测之间的差异，比分析实际与年初预算之间的差异更能够洞察业务。实际与预测之间的差异分析是对前期工作进行回顾和监控，并为在未来预测期间部署工作任务、最终完成预算目标做出有效指导。

从分析技术上来说，这种差异分析也比实际与年度预算的差异分析更容易解释绩效，原因是编制年度预算的时间是在去年，滚动预测是在本月初更新的，对业务变化的因素掌握的细节更多，预测的方法也更有证据、数据和推算逻辑的支撑，在月初更新预测时各业务部门经理已经大体能预计本月会发生什么业务、金额是多大，此时的预测已反映了相当多即将发生的"事实"。而年度预算对每项指标是先制定全年目标，每个月的数字可能只是对全年的预算目标在 12 个月间的均分，或者是根据经验主观估计，没有"事实"做支撑，即使要求业务部门解释实际与预算的差异，他们也很难量化产生差异的具体事项。

根据与预算年度挂钩的滚动预测法，表 10-1 展示了一个制造业企业的利润表关键指标在 2020 年第 3 季度结束后的差异分析和第 4 季度预测更新的示例，为简便起见只以季度为单位展示，在很多欧美企业的实务中是按月度做的（注：表中数字仅为示范）。

计算差异后的关键任务是挖掘每项指标差异金额产生的原因和影响金额。这需要财务分析师与对该项指标直接负责的业务部门一起来做，因为支撑该项指标预测数字的依据和预测过程都是由业务部门在本月初完成的。对财务分析而言，简单的做法是先列出本月实际发生的会计交易，附上某些业务部门熟知的业务识别信息，例如客户、地区、订单号、产品型号和物料代码等，这样可以确保业务部门操作型人员查询和"回忆"本月发生了什么"故事"，导致实际交易金额偏离了月初的预测。这些"故事"往往不是会计分录的摘要和原始凭证能反映出来的。

○【案例 10-1】装备制造企业销售收入月度差异分析

这里以一个有内销和出口业务的装备制造业企业为例，来看它的销售部门是如何尝试"洞察"销售收入这项指标本月实际与上期预测间的差异

表 10-1 利润表滚动预测与差异分析

期间：2020年第3季度
货币单位：百万元

	第1季度	第2季度	第3季度				第4季度			全年		
	实际	实际	实际	预测	预算	实际与预测的差异	预测	预算	预测与预算的差异	实际+预测	预算	预测与预算的差异
总销售收入	22.307	31.379	33.779	33.289	32.000	0.490	36.622	35.000	1.622	124.087	122.000	2.087
订单储备余额	50.366	51.100	58.272	59.035	55.000	−0.763	32.617	35.000	−2.383	32.617	35.000	−2.383
总成本	12.227	21.526	24.156	23.985	23.000	0.171	29.606	28.000	1.606	87.515	85.000	2.515
毛利	10.080	9.853	9.624	9.304	9.000	0.320	7.016	7.000	0.016	36.572	37.000	−0.428
毛利率（%）	45.2	31.4	28.5	27.9	28.1	0.6	19.2	20.0	−0.8	29.5	30.3	−0.8
期间费用	1.354	1.405	1.790	1.691	1.700	0.099	1.919	2.000	−0.081	6.469	6.500	−0.031
营业利润	8.726	8.447	7.834	7.613	7.300	0.221	5.097	5.000	0.097	30.103	30.500	−0.397
利润率（%）	39.1	26.9	23.2	22.9	22.8	0.3	13.9	14.3	−0.4	24.3	25.0	−0.7

原因的。财务分析师在与销售部门就这些信息沟通确认过后，可以将其归纳总结写到经营分析会议的管理报告汇报 PPT 文档里。

- 按照计划，国内正常交付的订单项目主要有：1.XXX，2.XXX，3.XXX，实际与预测一致。
- 本月因为客户原因取消交付的项目主要有：1.XXX，2.XXX，3.XXX，金额共计 XX 万元。
- 本月因为我方质量问题所造成的退货项目主要有：1.YY，2.YY，3.YY，退货金额为 YY 万元。
- 需求方要求推迟的项目订单主要有：ZZ，估计改在今年 X 月交货，影响金额为 ZZ 万元，可能带来的影响是 XXXXXXX。
- 年累计的交货订单中，国外销售占 20%，国内销售占 80%。

1）国内投放的折扣是 XXX 万元，比预测多出 YY 万元，原因主要是 XXXXXX。

2）国外投放的折扣是 XXX 万元，比预测多出 QQ 万元，原因主要是 XXXXXX。

从上述这些信息可以看出，只有通过与业务部门的交流，财务分析师才能"洞察"出从财务所有账证表中的"主营业务收入"科目中看不到的故事：客户取消订单的原因、退货的原因、产品质量问题、客户推迟订单的原因、折扣变化的原因……而经营财务分析报告的阅读者是业务部门的经理，这些信息他们读起来才会更有感觉。

另外，差异分析还可以从驱动因素出发，例如销售收入的驱动因素可以分为销量、价格、销售产品组合这三项，当销售部门每月做收入的滚动预测的详细程度也能到这三项时，在洞察销售收入差异产生原因时就可以将差异分解，分别分析销量、价格与销售产品组合各自的差异原因。

同样以这家装备制造企业为例，在为经营分析会议准备的管理报告 PPT 文档里，在原有的图表之外加上文字释义，揭示销售收入差异的深层次原因，如图 10-3 所示。

第 10 章 企业经营财务分析进阶：业务洞察与绩效评价 275

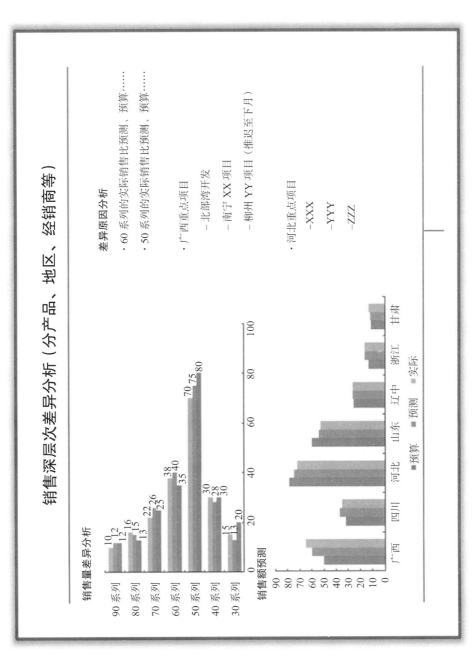

图 10-3 管理报告业务洞察分析示例

经营性单位的管理报告应比集团企业整体的管理报告有更具体的业务洞察，总部的报告在对图表的解读方面，应该是对下属单位的业务洞察结果的高度概括总结。

○【案例 10-2】零售集团月度管理报告演示资料节选

例如第 9 章中连锁零售集团的案例，集团月度管理报告的第 1 部分的第（1）节"集团整体收益"的利润表四项指标（营业收入、综合贡献、费用和净利润）共 12 张 PPT，可以在第 9 章中的图表展现之外再加上"概括句"和对业务洞察的文字释义，在此仅以营业收入一项指标为例，介绍整张 PPT 的制作。

（1）集团营业收入概览（见图 10-4）。

集团营业收入概览

2020 年 8 月实际营业收入超过（低于）预算 X%，其中上市公司营业收入超过（低于）预算 X%；本年累计实际营业收入超过（低于）预算 X%，其中上市公司本年累计营业收入超过（低于）预算 X%。

净利润（单位：百万元）									
本月实际					本年累计实际				
公司类型	上市	非上市	控股	总计	公司类型	上市	非上市	控股	总计
商品销售				0.0	商品销售				0.0
售后服务				0.0	售后服务				0.0
贸易公司				0.0	贸易公司				0.0
其他非零售				0.0	其他非零售				0.0
总计	0.0	0.0	0.0	0.0	总计	0.0	0.0	0.0	0.0

图 10-4　连锁零售企业管理报告完整 PPT 页面示例（1）

（2）营业收入差异分析（见图 10-5）。
（3）年度内营业收入趋势展望（见图 10-6）。

10.2.2　绩效改进计划与绩效反馈沟通

在 CPM 体系中，绩效执行是一个关键要素，它包括绩效改进计划与绩效反馈沟通。在绩效管理和全面预算管理体系完善的企业内，财务分析

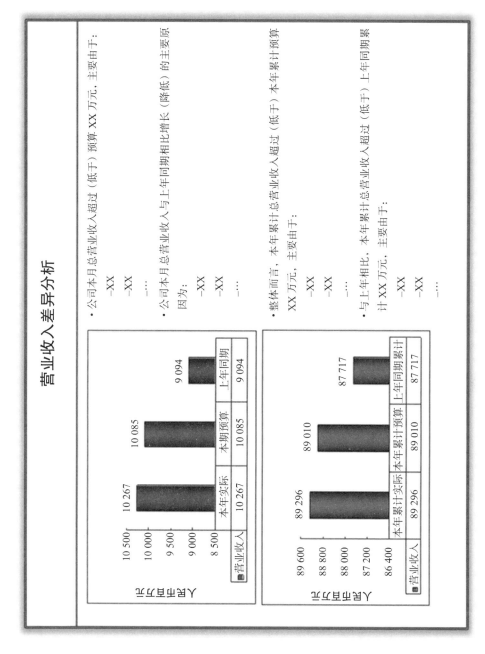

图 10-5 连锁零售企业管理报告完整 PPT 页面示例（2）

年度内营业收入趋势展望

与年初预算相比，截至 8 月本年实际累计收入超过（低于）本年累计预算的 X%。根据本期最新预测数字，预计本年营业收入将比年初预算提升（降低）XXX 万元。（下图 9～12 月数据均为最新预测）

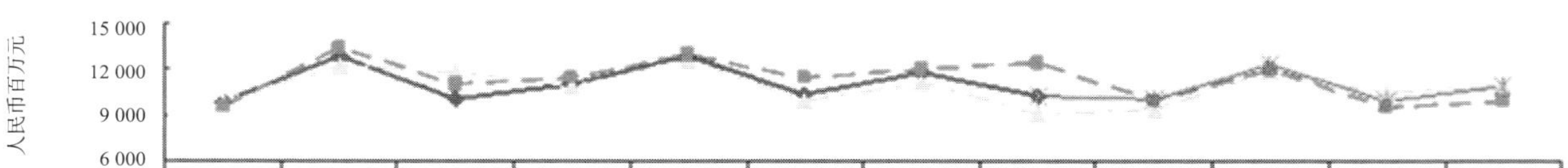

2010 年营业收入

	1月实际	2月实际	3月实际	4月实际	5月实际	6月实际	7月实际	8月实际	9月预测	10月预测	11月预测	12月预测
本年实际数	9 840	12 944	10 004	11 053	12 893	10 359	11 845	10 267				
去年实际数	9 794	12 248	11 857	10 945	12 700	9 942	11 128	9 094	9 456	11 956	10 485	11 045
年初预算数	9 500	13 500	11 000	11 500	13 000	11 500	12 000	12 500	10 000	12 000	9 500	10 000
本期调整预测数								10 267	10 045	12 398	9 905	10 987

- 由于以下原因，今年 1～8 月实际商品销售收入比去年提升（下降）X% 万元
  - -XXX，使营业收入比去年提升（降低）XXX 万元
  - -XXX，使营业收入比去年提升（降低）XXX 万元
  - -XXX，使营业收入比去年提升（降低）XXX 万元
  - ……

- 由于如下主要因素的影响，预计今年 9～12 月商品销售收入比年初预算数字将提升（下降）X%
  - -市场需求影响：预计会使营业收入提升（降低）X%～Y%
  - -开关店影响：预计会使营业收入提升（降低）X%～Y%
  - -品类组合影响：预计会使营业收入提升（降低）X%～Y%
  - -售后服务业务影响：预计会使营业收入提升（降低）X%～Y%

图 10-6　连锁零售企业管理报告完整 PPT 页面示例（3）

师的差异分析工作是伴随着"解释"与跟踪"行动清单"来开展的。由于每一项关键绩效指标都有负责的部门，因此这些部门的经理人需要在每个月的经营分析会议上对出现重大差异的指标进行解释，对于不良的未达标的业绩在会议上拟定改进行动计划，然后于下一次经营分析会议上回顾行动计划完成情况。

在管理报告中对实际与预测的差异分析以及对产生原因的洞察，是为了发现问题并改进，因此在每月的经营分析会议上除了针对本期业绩的改进点讨论决定业务部门的改进行动，还需要回顾上期绩效改进行动计划的执行效果。改进行动计划包括发现的问题、对财务报表的影响金额、改进行动内容、负责部门和计划完成期限。相应的会议汇报材料中也应反映这一点，这也是经营财务分析的最终目的。

○【案例 10-3】单一业务单元的财务分析与绩效反馈

安晟集团是一家多元化高科技公司，从去年开始新建立了环保科技事业部，该事业部的核心业务涉及三部分：固废回收系统集成设备的研发与销售、面向废旧物资回收个体商户和社区居民的应用软件销售、从危险废物中加工提炼出综合利用产品对外销售。由于该事业部的业务仍在孵化拓展阶段，三个核心业务都因收入规模低而处于亏损状态。依照安晟集团对下属事业部的管理要求，事业部财务部门需要每季度以报告形式围绕关键财务业绩指标汇报事业部的经营业绩，并且集团要组织财务经营分析会议听取事业部汇报经营成果，发现问题，提出改进建议并跟进落实情况。

2020 年 3 月环保科技事业部的财务核算完毕后，事业部财务经理编制了第一季度财务分析报告，报告的内容结构侧重事业部的经营性损益指标，例如收入、毛利、经营费用、经营利润。

在事业部财务分析报告中经营损益部分的第一页"经营损益概览"中，事业部财务经理总结了三个核心业务 2020 年第一季度的 top line（营业收入）和 bottom line（利润）的结果，如图 10-7 所示。

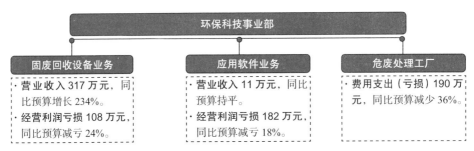

图 10-7　2020 年第一季度环保科技事业部核心业务经营损益概览

由于危废处理工厂业务仍在工厂的建设期，尚未投产运营，因此没有收入，对利润表的影响只有建设期费用，所以安晟集团财务总监在收到环保科技事业部的财务分析报告后，把损益性财务指标的洞察重点放在其余两个业务上。

一、固废回收设备业务分部

看了固废回收设备业务的损益分析章节后，安晟集团财务总监对事业部财务经理提出了以下三点疑问：

（1）固废回收设备的销售收入大幅超预算（+234%），为什么亏损只比预算减少了 24%？

（2）固废回收设备销售收入大幅超预算是外部市场需求激增的原因还是内部管理原因？如果是内部管理原因，是否由于多投入了销售人力或市场费用造成的？

（3）销售收入总额虽然大幅增长，但人均效能表现如何？

对于固废回收设备业务的利润计算构成、每项损益指标的预算实际偏差对比，事业部财务经理的报告中都有数据统计图表的展现，但文字阐述方面并不能完全回答集团财务总监的以上疑问。

集团财务总监的第一个疑问涉及利润表营业收入到利润的过程调查，事业部财务经理采用了因素分解的方法洞察亏损减少幅度不如收入增加幅度的原因。在收入增加的前提下，影响利润未能同幅度增加的因素包括两方面：产品成本与预算相比没有下降、经营费用比预算减少的幅度小甚至有超支的费用事项。

财务分析报告中有一页是固废回收设备去年同期、第一季度预算、第一季度实际的成本、收入、毛利率的对比图（见图10-8），可以看出2020年第一季度虽然销售收入比第一季度预算和去年同期大幅增长，但销售毛利率仅为16%，不仅大幅低于第一季度预算的28%，更比去年同期的58%下降了42个百分点。

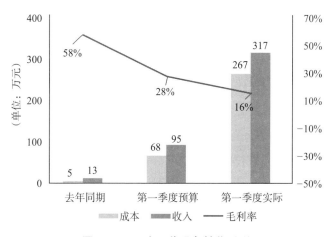

图10-8　固废回收设备销售毛利

经过进一步调取销售收入成本明细账查询每笔销售发货记录发现，造成毛利率低的原因是第一季度收入的70%来自某个合作不久的大客户。由于销售部门意图发展该客户为长期合作的战略客户，因此采用了"以价换量"的策略，给予该客户第一年销售订单的价格折扣远高于历史销售记录，造成第一季度该客户的销售毛利仅为10%。

但是，第一季度设备物料的采购价格却维持在上年底的水平，单台设备成本没有下降。在制定预算时，原本计划将两种高价值的核心组件通过工艺改进大幅降低采购价格，使单台设备物料成本比上年降低12%，但预算时未考虑组装消耗库存物料需要的时间，超前预计了单台组装成本降低的生效时间。实际上第一季度虽已完成了核心组件的工艺改进并与供应商就更低的采购价格达成一致，但由于这两种组件的库存较大，根据先进先出存货流转假设核算的销售结转成本并未降低，所以在大客户销售价格比上年大幅降低的情况下，第一季度的销售毛利率大幅低于预算和上年同期。

对于集团财务总监的第二个疑问，事业部财务经理向固废回收设备业务部门了解到的情况是，贡献 70% 销售收入的大客户去年年底就在接洽，并在去年年底已向其少量销售了第一批产品，该客户对产品质量反馈良好，原本客户计划在今年第二季度订购更多设备，所以制定今年的销售预算时将这个客户的大额销售收入规划在了第二季度。但没想到该大客户提前拿下了一个项目需要提前采购项目运营所需的设备，所以造成第一季度提前交付发货，第一季度销量大幅超出预算。由此证明，固废回收设备的外部市场需求并未发生大的变化，没有出现不在经营计划预期范围的市场需求激增，只是订单发货的节奏改变造成收入大幅超出预算。

对于固废回收设备业务部门的内部管理对收入的影响，以及集团财务总监的第三个疑问中提到的人均效能，事业部财务经理向人力资源部门调查了该部门第一季度的平均在职人数和今年人力计划的第一季度人数，并摘录了关键经营性损益指标，计算得出该部门的人均效能和费效比数据，如表 10-2 所示。

表 10-2　固废回收设备业务分部 2020 年第一季度关键经营损益指标

固废回收设备业务分部	第一季度实际	第一季度预算	预算偏差率	上年同期	上年同期差异率
平均人数（人）	29	28	4%	13	123%
销量（台）	104	35	197%	6	1 633%
销售收入（万元）	317	95	233%	13	2 338%
人力成本（万元）	102	121	-16%	39	162%
市场销售费用（万元）	31	61	-49%	8	288%
经营利润/亏损（万元）	-108	-143	-24%	-30	261%
人均销量（台/人）	3.59	1.25	187%	0.46	677%
人均收入（万元/人）	10.93	3.40	222%	1.00	993%
人均利润/亏损（万元/人）	-3.73	-5.09	-27%	-2.31	62%
费效比（市场销售费用÷销售收入）	0.10	0.64	-85%	0.62	-84%

固废回收设备业务分部的成本构成中人力资源是最大的投入（不含物料采购成本），其次是市场销售费用，这两项已占该分部的总经营费用

的 75% 以上。从数据来看，固废回收设备业务分部在第一季度的人力配置比第一季度计划编制（预算）多 1 人（29 人 vs.28 人），但人力成本却比预算有所节约（-16%）。同时市场销售费用也比第一季度预算有大幅节约（-49%），虽然比上年同期增长了两三倍（+288%），但由于销售收入比上年同期增长的幅度高达 20 倍以上（+2 338%），因此第一季度的费效比（0.1）无论与第一季度预算相比还是与上年同期相比都有大幅下降，这证明该业务分部实现了用更少的资源投入创造了更大收入。

关于集团财务总监的第三个涉及人均效能的疑问，从表 10-2 中也可以看出，2020 年第一季度固废回收设备业务分部的人均销量、人均收入都优于预算和上年同期，人均利润（亏损）虽也优于预算，但不及上年同期。

安晟集团财务总监在从环保科技事业部财务经理处了解到更多运营信息后，根据集团管理要求组织每个事业部召开 3 月财务经营分析会。在环保科技事业部财务经营分析会上，集团财务总监对固废回收设备业务的经营成果发表了如下意见和建议。

- 固废回收设备业务分部在最近一年间加大人力和其他销售资源的投入，采用"以价换量"牺牲毛利率的经营策略，目的是尽快拓展市场需求和获得大客户订单，尽快扩张销售规模，但在内部管理方面不存在资源超配、错配的问题，实现了资源的追加投入带动了更多的收入增长。
- 但从固废回收设备业务分部的利润指标来看表现不佳，不仅亏损总额比上年同期增长了 2.61 倍，人均亏损也比上年同期增加了 62%，这证明收入的增长并未带来增量的盈利。究其原因，由于人力与营销资源的投入产出效率表现尚好，所以亏损比上年增加是因为毛利率的大幅降低。并非"以价换量"以获取维持大客户订单的策略有误，而是运营端降低产品成本的速度跟不上销售端让利客户的速度。

- 建议业务分部的运营团队加快推进降本措施，不论是工艺改进还是供应商议价，特别是工艺改进方面建议工艺工程师多采用"价值工程"方法，协同销售团队详细了解目前重点发展的大客户的使用体验，去除那些客户无明显偏好的冗余功能，或梳理哪些模块可以用更物美价廉的部件替代，尽快将产品成本降低到与销售折扣匹配的程度。

除此之外，在财务分析会后，集团财务总监还就固废回收设备业务分部"预算水分"的问题对环保科技事业部财务经理做了下一步工作指示，内容如下。

固废回收设备业务分部的第一季度预算人均亏损指标和费效比指标都落后于上年同期，证明在制定预算时水分较大。从第一季度实际收入、费用结果来看也印证了这一点：收入预算目标定得没有问题，大幅完成收入只是大客户订单提早交货的节奏问题，但费用预算 61 万元已大幅超出上年同期的 8 万元，造成第一季度费效比预算目标比上年同期略高（0.64 vs. 0.62），人均利润预算目标也不及上年同期（-5.09 vs.-2.31），造成第一季度人均利润实际结果优于预算（-3.73 vs. -5.09）。但这个"有利差"明显是预算目标制定得过低造成的，宽松的预算不利于对分部绩效的合理评价及促进其绩效提升，要求环保科技事业部财务经理在第二季度的经营滚动预测修订时重点对费用预测进行合理性与必要性的质询，确保该业务分部的滚动预测中费效比和人均亏损两项指标体现出"持续进步"的趋势。

二、应用软件业务分部

在环保科技事业部的第一季度财务分析报告中，应用软件业务分部的内容很少，原因是该分部本年尚未获得新合同，第一季度的 11 万元收入是去年签的软件定制开发实施合同分月确认到今年的数字，并且该业务分部的成本构成主要是人力成本和差旅费、业务招待费等项目拓展费用，存货和机器设备等实物资产投入很少。从第一季度经营性损益结果来看，各项指标都优于第一季度预算，如表 10-3 所示。

表 10-3　应用软件业务分部 2020 年第一季度关键经营损益指标

应用软件业务分部	第一季度实际	第一季度预算	预算偏差率
平均人数（人）	26	28	−7%
营业收入（万元）	11	11	0
营业支出（万元）	193	233	−17%
其中：人力成本（万元）	169	199	−15%
项目拓展费用（万元）	10	18	−42%
经营利润/亏损（万元）	−182	−222	−18%

看了这样的分析，安晟集团财务总监并不满意：一个业务没有突破、无法签约获得持续增量收入的部门，仅依靠节约费用完成亏损预算目标不是良好的绩效表现。因此，与固废回收设备业务分部正相反，财务总监对应用软件业务分部的经营损益结果的洞察聚焦在收入增长方面。

集团财务总监详细了解了应用软件业务分部今年主打销售的产品和项目拓展及收入确认的模式。该分部的产品是社区废旧物资回收平台，它是一款可安装于智能手机端的 App，这个软件已完成研发，并于去年在本市签了第一单，但由于有客户定制的需求，合同约定售后卖方有一年的响应技术支持的义务，所以财务报表在确认收入方面采用分月确认的方式，部分合同额递延到今年确认。由于该软件在去年第一个项目的实施中获得了用户和本市政府有关部门的认可，今年事业部改变了销售策略，改为以相同报价一次性出售标准化软件，软件销售合同中约定销售方的实施义务包括安装测试的技术支持及用户培训，两个月的实施期结束后客户出具项目验收单，财务报表按照软件销售收入处理，如客户有定制需求另行议价签约。

在打造智慧社区、促进废旧回收利用政策的推动下，本省和邻近省多个市的政府部门都对该类 App 软件表示了在当地推广的兴趣。为推动当地废物收购商户和社区居民使用这类移动终端 App 软件，多个省的政府对口部门计划拨付财政预算给当地的社区物业管理企业作为软件安装与实施的激励性补贴。因此虽然这个废旧物资回收平台 App 软件的购买客户是社区物业管理企业，但其购买需求完全依赖于能否获得当地政府部门批复的补贴。政府部门当年是否有废旧回收利用的财政预算，以及对专项预算的调配使用的决策是应用软件业务分部能否与物业管理企业签约的关键。

对于目前项目拓展的进度，只有城市 A 的项目政府部门已批复补贴预算，客户准备于下月进行招标。剩下的项目都还在方案编制和等待当地政府决策调配补贴预算的阶段，很多项目采用直接与政府对口部门接洽的方式，具体落地实施的客户尚未明确。集团财务总监对此业务的进展表示担忧：按环保科技事业部的本年预算，应用软件业务计划从 6 月开始实现收入，但目前已进入 4 月还没有一个项目落地签约，考虑每个项目签约后还有两个月的实施期，该业务分部能否完成年度收入预算目标存疑。

经事业部财务经理的调查，应用软件业务分部虽然有经营周例会机制回顾每周在跟进项目的进展，但对业绩达成缺乏过程管理和量化衡量的功能，无法预测每个在跟进的项目机会最终实现收入的时间和可能性。在销售人员管理方面，也没有动态监控工具来识别并公布哪些销售代表跟进和拓展项目的进度慢于预期。为此，集团财务总监计划由事业部财务经理向应用软件业务分部推行销售漏斗计划（sales funnel planning）的工具，动态预测监控全年收入目标达成的状态，在该业务分部的经营周例会上公布每名销售跟单的效率和成果，并将业绩和销售岗位的绩效激励挂钩。

事业部财务经理根据对该废旧物资回收平台 App 的获客签约流程的了解总结了从发现机会到签署销售合同的规律，运用销售漏斗计划的原理定义了每个项目必须经过的五个节点，分别以 E—D—C—B—A 来表示，其中 E 代表尚未有专人销售洽谈跟进的潜在机会，A 代表最终成功签署销售合同（见表 10-4）。每进阶一个节点意味着签约的可能性更高，但达到每个节点需要有明显可被证明的依据，晋级到下一节点也需要有明确的标志。这意味着每个项目可成功签约的概率并不由销售代表自行主观判断，而是由当前节点决定，并且根据在跟进项目的工作量和流程，可大体估计每个节点需要花费的时间，以便预测每个项目机会何时可以进阶到下一个节点、何时能最终签约。这样也便于识别哪些项目拓展进度滞后，哪些销售代表工作不力或哪些项目机会不值得多耗用资源跟进。

表 10-4　应用软件业务分部项目拓展节点定义

项目拓展节点	节点特征描述	节点结束标志	计划用时	可实现概率
E	潜在机会： 目标城市有废旧回收利用的政策，及可提供财政补贴支持的政府文件、通知	当地政府部门可调配的财政专项预算资金额度	4周	10%
D	方案策划： 1）配置专人销售并对目标城市政府决策层进行多次拜访，明确目标城市当地政府部门可调配的财政专项预算资金额度 2）向政府部门提交项目方案和报价	向政府部门书面提交的方案与报价终稿	7周	30%
C	客户决策： 1）目标城市当地政府部门进入内部决策和预算拨付流程 2）明确软件实施试点的社区及所属物业管理企业（签约客户）	收到拟签约客户发出的招标通知和招标文件	4周	50%
B	投标中： 1）客户收到当地政府资金补贴批复，正式开始招标工作 2）准备并提交标书	收到客户发出的中标通知书	4周	60%
A	中标并签约： 1）收到中标通知书，与物业管理企业签署销售合同 2）进入合同实施前的准备阶段	双方盖章的销售合同	3周	100%

然后事业部财务经理根据应用软件业务分部最新周例会上回顾讨论的在跟进的项目进展，确定了每个项目所在的节点，并根据节点计划用时预测了达到节点 A 即签署合同的时间，再由 3 月末项目节点对应的可实现概率和预计合同额预估了本年可实现的收入，编制了该分部的"项目机会进度与销售漏斗预测"报表（见表 10-5）。遗憾的是，报表显示本年仅能实现约 200 万元收入，这一结果与该业务分部本年 480 万元的预算目标相距甚远，而且最早也要在 7 月才能实现第一个项目的收入确认，比预算的节奏有所延迟。

表 10-5 应用软件业务分部项目机会进度与销售漏斗预测

销售代表	项目机会/合同	预计合同额(万元)	3月末节点	3月末签约概率	第一季度实际节点 1月	2月	3月	本年度预测节点 4月	5月	6月	7月	8月	9月	10月	11月	12月	可实现收入确认时间	预计可实现收入	本年预计收入
刘XX	A市-客户A1	60	C	50%	D	D	C	B	A								7月	30	30
刘XX	B市-客户待定	40	D	30%	E	D	D	D	C								9月	12	12
刘XX	C市-客户待定	50	E	10%	E	E	E	D	D	B							11月	5	5
赵XX	D市-客户待定	75	D	30%	E	D	D	D	C	B	A						9月	23	22.5
赵XX	E市-客户待定	60	D	30%	E	E	D	D	C	B	A						10月	18	18
赵XX	F市-客户待定	50	D	30%	E	E	E	E	D	C	B	A					10月	15	15
王XX	G市-客户待定	50	E	10%	E	E	E	E	D	D	C	B	A				11月	5	5
王XX	H市-客户待定	50	E	10%	E	E	E	E	D	D	D	C	B	A			12月	5	5
王XX	I市-客户待定	30	D	30%	E	E	E	D	C	B	A						10月	9	9
杨XX	J市-客户待定	55	D	30%	E	D	D	D	C	B	A						10月	17	16.5
杨XX	K市-客户待定	40	D	30%	E	D	D	D	C	B	A						9月	12	12
杨XX	L市-客户待定	30	D	30%	E	E	E	E	D	C	B	A					10月	9	9
陈XX	M市-客户待定	40	D	30%	E	E	D	D	C	B	A						10月	12	12
陈XX	N市-客户待定	50	E	10%	E	E	E	E	D	D	C	B	A				12月	5	5
陈XX	O市-客户待定	50	E	10%	E	E	E	E	D	D	D	C	B	A			12月	5	5
李XX	P市-客户待定	30	D	30%	E	D	D	D	C	B	A						11月	9	9
李XX	Q市-客户待定	50	E	10%	E	E	E	C	B	A							8月	9	9
李XX	R市-客户待定	50	D	30%	E	D	D	D	C	B	A						11月	5	5
待招聘A	S市-客户待定	50	E	10%	E	E	E	E	D	D	D	C	B	A			次年	5	0
待招聘A	T市-客户待定	50	E	10%	E	E	E	E	D	D	D	C	B	A			次年	5	0
待招聘A	U市-客户待定	50	E	10%	E	E	E	E	D	D	D	C	B	A			次年	5	0
待招聘B	V市-客户待定	50	E	10%	E	E	E	E	D	D	D	C	B	A			次年	5	0
待招聘B	W市-客户待定	50	E	10%	E	E	E	E	D	D	D	C	B	A			次年	5	0
待招聘B	X市-客户待定	50	E	10%	E	E	E	E	D	D	D	C	B	A			次年	5	0

合同额合计(万元) 1 160

可实现收入 230 200
2020年度收入预算目标 480
较预算差距 −280

由销售漏斗预测报表可以看出，很多停留在 E 节点（潜在机会）的项目是因为没有销售代表去拜访跟进。事业部财务经理了解到的原因是，本年该分部的收入预算是基于 8 名销售人员跟进 25 个左右城市的假设制定的，年初在职的销售人员共 7 名，第一季度因业绩不良淘汰了一名，故 3 月末尚有两名缺员待招聘，由于招聘进度慢造成销售人员不到位，在跟进的项目少，自然也影响了收入实现的可能性和进度。从该分部第一季度的经营损益关键指标也能看出缺员的影响：第一季度人力成本比预算节约了 15%。

鉴于事业部财务经理洞察到的以上情况，安晟集团财务总监在环保科技事业部财务经营分析会上，对应用软件业务发表了如下意见和建议。

- 今年是应用软件业务分部的产品市场化实现批量销售的第一年，所以快速拓展项目并形成客户认可度是今年经营工作的重点。但目前项目拓展节点推进慢，可实现收入与预算目标有较大差距，后续急需人力资源部门协助招聘销售人员，尽快在一两个月内增员到位，以补充更多项目机会。
- 目前每名销售代表负责约 3 个城市，为实现年度收入预算目标，需要在新增销售到位前要求现有销售人员加大跟进的项目数量，特别是目前不同销售代表跟进的合同额差别较大，最低的只有 125 万元，最高的达到 185 万元，建议统一标准，例如低于 150 万合同额的销售代表需要被指派跟进更多项目机会。
- 从投入产出比的角度出发，建议业务分部重新梳理项目机会，聚焦合同额高、政府决策周期短的项目机会，及时放弃合同额低、政府决策流程复杂的项目机会，并且在日常经营例会上密切关注那些停留在一个节点时间过长的项目机会，及时调整策略。

三、事业部整体经营性费用分析

在环保科技事业部的第一季度财务分析报告中，有一节是经营费用（OPEX）分析。报告显示 2020 年第一季度该事业部的经营费用实际发生数比同期预算节约28%，从金额构成来看主要是人力资源成本节约的贡献，但从节约幅度看，节约幅度最大的三项是业务拓展费用（业务分部直接为拓展业务发生的差旅、交通、客户招待费用）、审计咨询费和营销宣传费（见图10-9）。

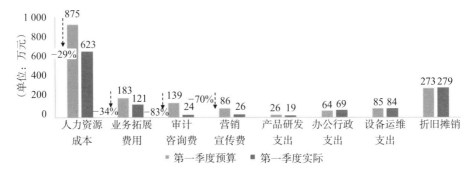

图10-9　环保科技事业部2020年第一季度经营费用预算达成情况

结合事业部业务推进的情况看，集团财务总监认为费用比预算大幅节约并不是一件好事。特别是人力成本，在这个刚成立一年、业务需要快速突破实现收入的事业部，人力成本大幅低于预算通常意味着增员进度慢。经过了解，由于该事业部各业务部门本年经营预算中的收入目标都比上年有很大提升，所以各部门的人力增员计划时间表也都排得很早，以该事业部现有人力资源部门的人手和招聘渠道资源根本无法支持如此短的时间全部招聘到位。另外一个人力成本节约的原因在于第一季度预算内的绩效奖金由于整体激励方案尚未被安晟集团总部批准，所以这部分奖金未在第一季度发放。

对于业务拓展费用的节约也与业务部门特别是销售员工的缺员有一定关系，这导致原预算内的一些差旅计划没有发生，因为事业部财务经理反馈业务部门在做差旅费预算时是按计划满编的销售人力配置做的。关于咨询和营销宣传费用，大多需要寻找借助外部供应商完成，这些费用都涉及签合同并按合同约定的交付成果验收后才能记账确认，而第一季度该事业部这两类费用比预算大幅节约都是因为很多专项工作未按计划启动，或还未验收供应商交付成果。

基于如上调研和洞察，安晟集团财务总监意识到不能因表面的费用实际发生额大幅低于预算就评定为该事业部预算控制得好，而是费用预算本身制定得有较大水分，没有考虑发生费用的业务活动需要配备的资源和现有人才的能力，无论是人力招聘、业务拓展还是职能部门的重点工作计划，都显示出乐观估计工作量和复杂度、节奏预期激进的特点，反映出各部门的计划管理和业绩管理的能力都有待提高。此外，也可能存在各部门工作懒散、缺乏结果导向和紧迫感的氛围，造成各项工作比计划延迟因而费用发生也延迟，这需要事业部总经理及其核心管理团队的判别和改进。

于是，集团财务总监在环保科技事业部财务经营分析会上对费用预算控制仅提出一点：事业部的重点工作进度慢和人员不到位是费用大幅节约的原因，但在目前业务刚起步、收入还未实现规模效应时，工作进度慢不利于业务快速突破，建议人力资源部门在加快招聘进度的同时，关注绩效激励体系的建立，以督促各业务团队按年度经营计划达成各项重点工作的节点。而在会后财务总监为自己制定了两项任务：第一，约谈事业部总经理，讨论从现有人才数量和能力出发修订年度收入和其他业务目标，收入与费用都适度调减已保证可实现性；第二，约谈集团主管人力资源的副总经理，讨论快速提升环保科技事业部管理团队的业绩管理水平和整体事业部员工绩效激励体系建立的方法和途径。

从案例10-3可以得知，尽管对比预算或预测的差异分析是常规的洞察经营绩效的方法，但实际应用中常因计划不当而失效，换句话说是"预算或预测得不合理"。造成预算或预测不合理有多种原因，可能是预算编制方法不科学，比如本书7.2节提到的未将财务预算或滚动预测与经营计划、预测相关联，即财务报表的预算或预测数字不是根据经营计划和预测按严谨的计量规则链接引用转换而来的。但预算或预测失真更可能是预算与预测中的人性动机造成的——核心管理者（业务单元直接负责人）被个人绩效考核的压力或向上级索要更多资源等动机推动，不考虑可实现性，超出自己的资源和能力虚增收入目标，然后以此为由增加更多的投入（体现为提高成本费用和资本化支出预算）。当评价的业务单元存在这种有水分的预算和预测时，财务分析师或财务经理用差异分析洞察经营绩效时尤其需要注意挖掘了解数字背后发生的业务情节，无论是有利差还是不利差，差异率大的事项大多都是一个业务单元绩效管理水平低的表现。如第7章7.2.3节所述，财务分析人员要想更有效利用差异分析来评价业务单元的经营绩效，需要在预算和预测环节就深入参与，多发挥质询作用，尽量保证业务单元的经营预算或预测数字合理，这样才能将预算或预测作为绩效评价的基准。

10.3 企业内部多个业务单元的绩效评价

随着股份制形式不断完善，企业往往经营多种产品和服务，或者业务拓展至多个国家，横向一体化与纵向一体化同时发展，形成很多实行多元化经营和跨国化经营的大型企业集团。在这种企业集团不可避免地会实行分权管理的模式，把经营决策权在不同层级的管理人员之间进行适当划分，并将相匹配的经济责任下放给不同层次的管理人员，使其对日常经营活动及时做出有效决策，迅速适应所辖市场变化的要求。业务单元（BU）是这种分权管理模式的产物，有的企业也称其为"事业部"，受集团总公司控制，但每个事业部都有自己的经营管理机构与管理团队。不同的集团企业会有不同的业务单元划分方法。第一种是按目标市场或产品族划分，例如本书情景案例中的A集团针对零售客户、工业客户和海外市场分别成立三个事业部；第二种是按地理区域划分，如第9章与本章的连锁零售集团以建立省市分部的管理架构进行经营绩效管理；第三种是按职能划分，例如销售管理中心、制造中心、研发中心等；第四种是跨行业经营的多元化集团企业，会按经营业务所属的行业建立事业部或业务板块或子集团，例如美国通用电气集团分为照明、交通、医疗和航空等多个事业部。

10.3.1 业绩计分卡

在拥有多个内部业务单元的管理模式下，集团企业的经营财务分析报告中会有一项重要的内容是业务单元的绩效评价。如果业务单元的经营业务范围不同、行使职能的权限不同、发展阶段不同，那么集团需要为不同业务单元设计不同的业绩指标体系。不同业务单元的指标体系在第二篇第4～6章已做了全面介绍，在此不再赘述。关于多指标的评价方法，一般会采用业绩计分卡的方法，该方法在第 9 章 9.2 节 "管理报告的编制与展现"中曾经提到并展现（见表 9-5）。

比业绩计分卡更能体现价值评价的现代企业内部组织业绩评价工具是平衡计分卡。平衡计分卡是现代最有影响的企业绩效评价方法之一，它最大的优势是跳出了传统以财务量度为主的绩效评价模式，从财务、客户、内部流程和学习与成长四个维度综合衡量企业的绩效，从而实现战略与战术、财务与非财务指标、内部人员与外部人员，以及短期利益实现与可持续发展之间的平衡。平衡计分卡是一种战略管理工具，在第 2 章曾经介绍过，它是从集团整体战略愿景出发，根据价值驱动因素将战略目标分解为公司、子公司、部门、岗位的关键绩效指标。用平衡计分卡评价业务单元的业绩更能监控下属单位的业务运营结果是否与集团战略目标相匹配。

平衡计分卡系统包括战略地图、平衡计分卡以及个人计分卡、指标卡、行动方案和绩效考核量表。在直观的图表及职能卡片的展示下，抽象且具有概括性的部门职责、工作任务与承接关系等，显得层次分明、量化清晰、简单明了。图 10-10 是一个航空地勤服务公司平衡计分卡的例子。

在采用平衡计分卡评价业务单元业绩时，特别是非财务指标的业绩评价，要注意根据业务单元的发展阶段对四个维度的指标区分轻重。例如，处于成长期的业务单元，业绩重点可能是产品与服务质量、业务扩张等，所以客户维度的指标更为重要。对于已处于成熟期的业务单元，则应侧重内部管理提升，内部流程与学习成长这两个维度的业绩评价更为重要。

财务维度

频率	关键绩效指标	本年累计 vs. 上年度	本年累计 vs. 目标	预测 vs. 目标	预测趋势
月份	息税前利润				
月份	成本/航班座位	↑	O	O	↑
月份	成本/旅客人数	↑	O	O	
月份	营运资本/航班座位			O	

客户维度

频率	关键绩效指标	本月 vs. 目标	本年累计 vs. 目标	本年度 vs. 上年度	预测 vs. 目标	预测趋势
季度	客户满意度					
月份	客户投诉次数	?	O	↑		↑
月份	处理投诉的时间	O	?	↑		↑

学习与成长维度

频率	关键绩效指标	本月 vs. 目标	本年累计 vs. 目标	本年度 vs. 上年度	预测 vs. 目标	预测趋势
月份	员工提出创新意见的数量	O		↑	?	↑
月份	完成培训的员工百分比	?	O		O	↑
季度	参加创新性讨论会的员工百分比			↑	O	↑
月份	目标竞争对手的优秀员工签约率	O				n.a.

内部流程维度

频率	关键绩效指标	本年累计 vs. 目标	本年度 vs. 上年度	预测 vs. 目标	预测趋势
月份	平均周转周期	O	↑	O	↑
月份	航班延误数量		↑		↑
月份	资产利用率	?		O	
月份	能够以更经济的方式替代的流程步骤数量	?		O	

图例

	高于目标值超过5%
	高于目标值1%～5%
O	达成目标（即变动在目标±1%内）
?	低于目标值1%～5%
??	低于目标值超过5%
↑	上升趋势（上升超过1%）
	稳定趋势（偏差不超过1%）
↓	下降趋势（下降超过1%）
n.a.	未知或不适用

图 10-10 航空地勤服务公司平衡计分卡示例

10.3.2 分部间业绩比较

在第 7 章中提到的"标杆分析"是财务分析的一个技术工具。标杆分析中有内部标杆与外部标杆,将企业内部不同业务单元的业绩进行比较是运用"内部标杆"进行业绩管理的一个例子。采用内部标杆分析可以促进内部沟通和培养学习气氛,也可以帮助集团总部的管理者根据业务单元的业绩表现差异重新配置资源,识别"落后者"并加以绩效辅导与改进。

运用内部标杆的前提是,这些业务单元必须有同质化的经营业务范围和相同的关键绩效指标,并且如果各业务单元规模差别大,应避免采用绝对额指标进行比较(例如营业收入、净利润等),尽量选取相对值指标(如净利率、费用占比和人均利润等)。如果必须选用绝对额指标,需要根据一定规则将业务单元划分为不同的级别,例如根据营业收入额和职工人数将所有业务单元分为若干档次,将业务单元的业绩与其"同档次"的其他业务单元比较,这个级别又可称为"同类组"(peer group)。

除了比较不同业务单元同一个指标的业绩表现,另一个比较方式是关注不同指标间的联动效应,特别是对于高度相关的两个指标,这种"二维联动比较"的方法更能体现不同业务单元管理能力的侧重,以便集团调整对它们的资源投入策略或扶持发展计划。例如毛利率优异的业务单元是否净利率高?将每个业务单元的毛利率与净利率放在二维坐标图里比较,可以看出哪个业务单元擅长外延式管理(管理销售与市场),哪个业务单元擅长内生式管理(费用控制及综合创收)。

我们再来看前面的连锁零售集团的案例。

○【案例 10-4】连锁零售集团的业务分部间二维联动指标业绩比较

该连锁零售集团在全国共有 50 多个业务分部,该集团按照年总营业收入额、旗下门店数量、职工总人数三个标准将其分为五个级别,其中一级分部与二级分部的总收入与利润均占集团总额的 70% 以上,因此该集团对一级与二级分部的业绩重点关注,在集团管理报告的第 2 部分,专设第(5)节"分部业绩比较",如图 10-11 所示。

图 10-11　经营分析会议汇报演示资料目录示例

分部业绩比较的前三页用来分析展现分部的三个利润表指标项营业收入、综合贡献（毛利）、净利润的业绩，这三张 PPT 向集团管理者展现了不同级别的分部的利润表业绩指标与预算、上年同期的比较，以及一级与二级分部的预算达成率。仅以净利润指标为例展现其中的一张，如图 10-12 所示。

另外，集团的财务分析师还选择了用两个指标联动比较的方法——用二维坐标图展现了一级与二级分部管理能力的侧重。

首先是综合毛利率与综合贡献率的比较。在案例 9-1 中展现了该连锁零售集团的管理利润表，从管理利润表的毛利结构来看，综合贡献与综合毛利在财务报告中都属于毛利性质，但区别在于综合毛利是该集团各分部经营商品零售这项主业获得的毛利，而综合贡献还包括从供应商得到的各类杂项收入（供应商费用支持）、售后服务业务与其他非零售业务的利润。因此这两个指标的定义决定了综合毛利率高意味着该分部商品经营能力强，但综合贡献率高意味着该分部的综合创收能力强。

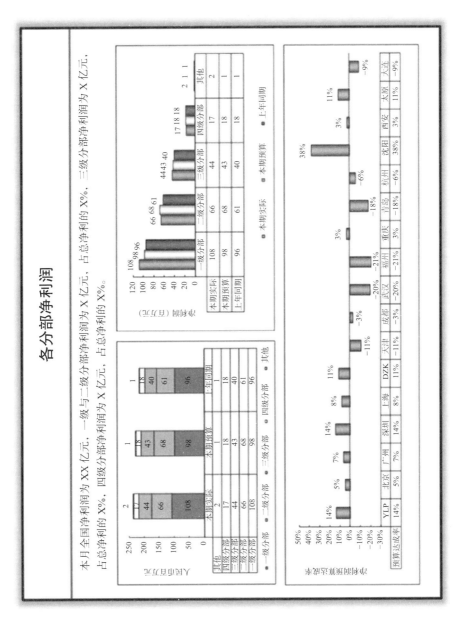

图 10-12 连锁零售企业管理报告完整 PPT 页面示例（4）

图 10-13 展现的是对下属一级二级分部综合贡献率与商品销售综合毛利率的联动比较分析。图中，自左下方至右上方的直线代表了所有一二级分部的综合毛利率与综合贡献率的平均值分界线。坐标值位于分界线上方的分部综合毛利率高于均值，意味着商品经营能力较强；坐标值位于分界线右半部分的分部综合贡献率高于均值，意味着综合创收能力较强；坐标值位于整体坐标图右上方的分部则属于商品经营能力与综合创收能力都强的"业绩明星"（如西安、大连），可以作为其他分部对比差距和学习改进的内部标杆；坐标值位于分界线以下并处于整体坐标图的左下方的分部则由于综合毛利率和综合贡献率都低于平均值，属于所有分部中的"落后者"（如青岛、深圳），提醒集团管理者关注这些分部业绩落后的原因并进行必要的资源重配置或业绩辅导。

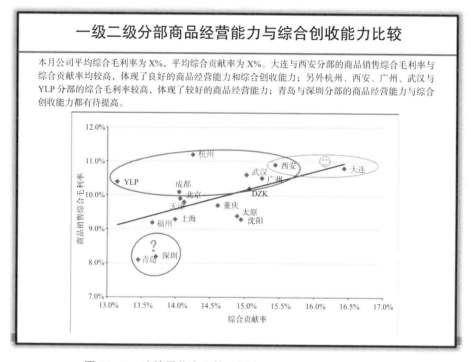

图 10-13　连锁零售企业管理报告完整 PPT 页面示例（5）

同样地，图 10-14 分析展现了一级二级分部的综合贡献率与息税前利润率的二维坐标图，目的是区分分部的综合创收能力与盈利能力的优劣势。在图例所示的报告期，位于综合贡献率与息税前利润率的均值分界线右上方的大连与西安分部是综合创收能力与盈利能力俱佳的"明星分部"，位于均值分界线上方的 DZK、天津与沈阳分部的费用控制与盈利能力要好于综合创收能力，而位于均值分界线左下方的福州、上海、杭州分部则属于两个指标表现均欠佳的"落后分部"。

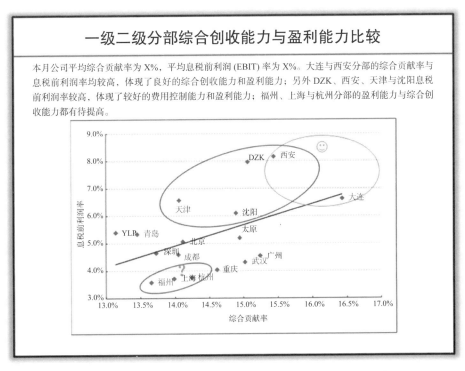

图 10-14　连锁零售企业管理报告完整 PPT 页面示例（6）

除去利润表的这三项业绩指标以外，对于实体门店零售行业来说，人工与卖场面积是驱动营业利润的两个关键资源要素。因此该集团除了分析和考核分部的净利润，还关注人均利润（人效）与每平方米利润（平效）这两个指标，目的是评价分部利用这两种资源的效率，并且为分部的招聘人头数计划、门店租金、装修费等预算的修订提供参考。

图 10-15 也是该集团管理报告分部业绩比较中的一页，它展现了一级与二级分部的人效与平效的业绩。在图 10-12 所示的报告期，位于人效与平效均值分界线右上方的杭州、广州、福州分部的资源利用效率较高，属于分部中的"明星"，但位于均值分界线左下方的大连、成都、重庆的资源利用效率偏低，有待改进；上海、YLP、DZK、北京这几个分部的店面利用效率较好，而太原与西安分部的人力资源利用效率好于其店面利用效率。

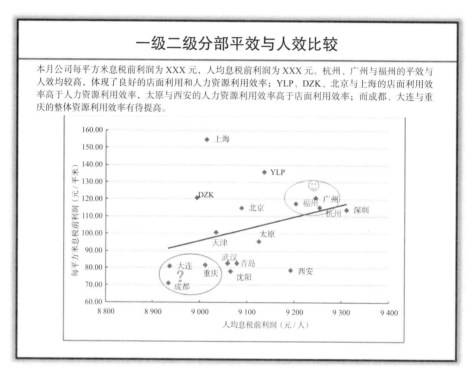

图 10-15　连锁零售企业管理报告完整 PPT 页面示例（7）

在业务单元的业绩评价中，需要注意集团的管理成本分配问题。尽管集团总公司在品牌建设和公共服务方面，对下属子公司和业务单元的经营起了支持的作用，因此在交易层面总部可以采用收取管理服务费用的方式内部结算，但从业绩评价的角度讲，这些费用的发生并不是下属业务单元管理者可控的成本，所以为保证绩效评价的公平，不宜将此类成本计入业务单元的业绩计分卡的利润表指标项。

◎ **情景9　对话疑问的解答**

1. **借助差异分析洞察业务实质**：财务分析师不仅要能够展现经营绩效，还要能够解释经营绩效，即增加"洞察力"。洞察业务重要的工具是将指标的实际值与上月更新的滚动预测比较，并与业务部门人员一起挖掘差异背后的成因，通过分解驱动特定指标业绩的驱动因素、寻找影响指标的直接业务活动类型了解形成差异的具体事项。

2. **以文字释义概括对业务的洞察**：将每一项关键绩效指标"实际与预测"的差异金额按构成因素或影响事项总结，概括列示在管理报告的每一页上；一页 PPT 应该包括概括句、图表、文字释义三部分，完整解释并洞察每一项指标的业绩成果及其背后的业务情节。

3. **用业务部门能懂的方式与之沟通**：在就各项指标的差异寻求业务部门帮助解释时，财务分析师应从会计账证上的交易记录出发，但应尽可能多地提供对方看得懂的信息，即与对方从事具体业务活动相关的信息项（订单号、运单号、客户编码、物料编码等），而非会计信息（会计科目、借贷方向、分摊预提规则等），以便对方寻找提供形成差异的具体"故事"。

第 11 章

企业经营财务分析高阶：业务决策支持

在第 9 章曾经讲述过经营财务分析报告的种类，有一种是日常机动型的，即根据管理者临时需求，基于某个特定业务场景所做的财务分析。这种财务分析不同于第 9 章与第 10 章讲述的定期编制的管理报告是为了回顾经营业绩，而是为了辅助管理者对特定业务情节所做的决策。这是一项对经营财务分析人员要求更高级的工作，体现一名财务分析师不仅是对内部管理者的"报告者"，而且是内部管理者的"业务伙伴"，也是真正体现财务分析的价值之处。这些工作在管理会计上称为决策分析，本章将简要介绍决策分析的要点、决策过程以及几种特定业务决策的分析方法。

11.1 决策相关信息的识别与收集

决策是指在各种活动中做出选择。现代企业已从过去的凭借主观经验与直觉决策的方式发展到运用决策模型进行选择，决策模型包括定性与定量分析两种，管理会计一般采取定量决策方法，即提供相关数据供管理人员决策。这种决策模型有这几个步骤：收集信息、预测未来收入与成本、选择方案、执行决策、评价与反馈。对于扮演"业务伙伴"的财务分析师而言，在方案决策前的主要任务是前两步：收集信息和预测未来收入与成本。

在为决策模型收集信息时，需要把握"相关性"。"相关成本"与"相关收入"是重要的管理会计概念，相关成本（relevant costs）是预期的未来成本，相关收入（relevant revenues）是预期的未来收入，不同的方案有不同的相关收入与相关成本。相关收入与相关成本必须满足以下两个条件。

（1）**在未来发生**：每个决策都以预期未来结果为基础。

（2）**因方案的不同而不同**：如果一项成本或收入在选择任何方案后都没有差异，就与决策无关，不是相关成本和相关收入。

从这两点也可以看出，管理会计的判断思维与财务会计不同：财务会计关注历史，管理会计则关注未来，更强调前瞻性。在财务报表中记录的过去成本，在管理会计上都被视为"沉没成本"，沉没成本与决策无关，因为无论采取什么措施，它们都已经不可避免和无法改变。在决策模型的收集信息阶段，会收集大量数据，但真正对决策起关键作用的"相关信息"并不多。因此财务分析师在决策分析中不必取得编制详细利润表所需的所有数据，只考虑相关数据，分辨什么成本是相关的、什么是不相关的就可以了。

以下这个案例可以帮助理解如何确定相关信息。

○【案例 11-1】软件公司新产品的上市销售时机决策

海兴软件公司自主开发经营办公软件，总经理现在要决定何时将新版电子表格处理软件 ESPT2.0 推出上市。ESPT2.0 研发与测试已完成，只差配套的硬盘、光盘和用户手册没有生产出来。ESPT2.0 可以在 7 月 1 日发货，但关键的问题是海兴软件公司积压了大量旧版软件 ESPT1.0 的库存。一旦推出新版，旧版就再也卖不出去了，总经理觉得与其扔掉旧版的存货，不如在 7 月 1 日后的 3 个月内继续销售旧版，等 3 个月后即 10 月 1 日再推出新版，那时 ESPT1.0 的库存也卖完了，这样也许更好。于是他找到财务经理证实自己的想法。财务经理为"在 7 月 1 日到 10 月 1 日期间卖旧版还是卖新版"这个决策收集信息并进行两个方案的收益计算。财务会计核算的信息，如表 11-1 所示。

表 11-1　决策相关信息的收集

（单位：元）

	ESPT1.0	ESPT2.0
售价	750	925
单位变动成本（硬盘、光盘、用户手册）	100	125
单位研发费用	325	475
单位营销和管理费用	175	200
单位总成本	600	800
单位营业利润	150	125

注：单位研发费用等于总研发费用除以产品寿命内的预期销量。本年的营销和管理费用为固定成本，且营销和管理费用的分配依据是每件产品的预算收入。上述单位成本都假设在 10 月 1 日推出 ESPT2.0。

如果以上述财务会计口径的营业利润来判断，销售 ESPT1.0 获得的利润大于 ESPT2.0。但如果用决策相关性来判断，ESPT1.0 的库存成本和研发费用是过去已发生的沉没成本，营销与管理费用是固定成本，不会因为销售 ESPT1.0 还是 ESPT2.0 发生变化，属于与本次决策无关的成本。因此表 11-1 中的信息只有 ESPT2.0 的售价与单位变动成本才是与决策相关的，因为售价与变动成本是与销量配比的，如果销售 ESPT1.0，那么 ESPT2.0 的收入与变动成本就不会发生。由于本次决策对于销售 ESPT1.0 与 ESPT2.0 是互斥的，不会出现同时销售两个版本的情况，因此，本次决策也不必考虑销量对两个版本总收入与总成本的影响，那么单位贡献毛益（售价减去单位变动成本）就是本次决策的依据。

海兴软件公司的财务经理计算两个产品的单位贡献毛益如下。

ESPT1.0 的单位贡献毛益 = 750-0 = 750（元）（注：销售库存无增量成本）

ESPT2.0 的单位贡献毛益 = 925-125 = 800（元）

因此财务经理可以告诉总经理——销售 ESPT2.0 的单位贡献毛益大于销售 ESPT1.0，所以这个结论否定了之前总经理的方案，财务经理建议总经理应该扔掉 ESPT1.0 的库存，从 7 月 1 日起立刻销售 ESPT2.0 才会获得更多利润。

决策分析通常强调可以用财务数据和货币形式表述的定量因素，但还有一些定性因素也很重要，事实上，有时候定性因素在管理者的决策中起了决定性作用。例如，如果某组织重组方案虽然成本占优，但是以裁员为代价，那么对员工士气的影响就是一个重要的定性因素。因此在决策分析中有必要给定量因素与定性因素分配合适的权重。

在识别决策相关信息时需要注意以下几个问题。

（1）尽管相关收入与成本必须是未来预期发生的，**但不是所有未来的收入和成本都是相关信息，关键要看各方案间有没有差异**，即决策分析要考虑的是方案间的增量收入（incremental revenues）和增量成本（incremental costs）。

（2）**不是所有变动成本都是相关的，也不是所有固定成本都不相关**。例如变动成本中的营销费用，如果各方案都不涉及营销活动，就不会发生营销费用，那么即使它是变动成本也与决策无关。类似地，如果选择某一方案需要额外投入一笔不随产销量业务水平变化的固定支出，那这笔固定成本也是相关成本，因为如果不选择该方案即可以节省这笔固定支出。

（3）**单位成本的数据可能包括不相关信息从而误导决策**。例如在上述海兴软件公司的案例中，单位营销与管理费用、单位研发费用都是不相关成本。

（4）**产出水平或业务量的影响**。当不同产量有相同单位成本时，最好选择总成本和总收入而不选择单位成本和单位收入做决策。如上述海兴软件公司的案例，如果两个销售方案不是互斥的，而是可以同时销售两个版本的产品，且选择不同方案会发生不同的固定成本，那么销量就是决策相关因素，此时该项决策就不宜再用单位售价与单位变动成本作为决策依据。

（5）**机会成本也是相关成本**。机会成本是指没有将有限资源用于其他方案而丧失的收益。在做任何决策时都应该考虑如果选择某方案并拒绝其他方案所丧失的收益，这个机会成本并不会记录在会计交易中，但应反映在决策模型中。

11.2　特殊业务订单的承接决策分析

在上一节提到，做决策分析的关键在于把握"相关性"这个管理会计概念，本节将讲述一种影响产出水平（即业务量）的决策情景——特殊订单。特殊订单是指没有长期合作关系的客户临时向企业发出的订货请求，企业需要做出接受或拒绝这种特殊订单的选择，财务分析师在这类决策中需要分析相关的收入与成本，并计算接受和拒绝特殊订单对营业利润的影响。

○【案例 11-2】通信产品制造商一次性销售订单承接决策

宏科是一家代工制造手机通信产品的公司，经营的产品中包括一款通用型手机耳机。该种耳机的月生产能力为 100 万个，目前每月生产和销售 60 万个，单价为每个 90 元。目前有一家通信产品零售商与宏科公司接洽，想在未来 4 个月内每月从宏科订购 25 万个该种耳机，并且声明这只是应其某客户的一次性需求定制的，以后不打算经营该种耳机，所以也不会再向宏科公司订货。宏科公司的销售经理从生产经理那里得知每月还有 40 万个的空闲产能，因此对该通信产品零售商表示可以接单，但当该产品零售商了解宏科对该耳机的报价为 90 元时表示无法接受，并认为以其对耳机批发市场的了解，他们完全可以以低于 50 元的价格从其他耳机制造商订购到该种耳机。于是，宏科的销售经理与生产经理协商，认为既然公司目前有闲置产能，为什么不可以接受这笔订单呢？于是他们一起去找财务经理了解该款耳机的成本是否低于 50 元，以及接受这笔特殊订单是否可以盈利。

宏科公司的财务经理研究了一下公司的全部成本构成，认为产品前期的设计开发费用很少，可以忽略不计，于是让成本会计提供该种耳机的生产成本资料，以目前每月 60 万个的产量规模计算，并按照不同产品的产量分配营销与仓储运输费用，成本会计计算了每个耳机的变动成本和固定成本，如表 11-2 所示。

表 11-2 特殊订单的承接决策案例——产品成本信息收集

(单位：元)

	每个耳机的变动成本	每个耳机的固定成本	合计成本
生产成本：			
－直接材料成本	24		24
－直接制造人工成本	5		5
－制造费用	6	8	14
－包装物成本	5		5
总生产成本	40	8	48
营销费用	5	11	16
仓储运输费用	7	9	16
产品总成本	52	28	80

看到这个成本资料，生产经理认为这个订单不能接，因为总成本 80 元已大大超出了通信产品零售商报出的 50 元的心理价位。但销售经理认为将营销成本计算在该笔订单的成本内不合理，因为这笔订单是这家零售商主动联系的，并没有发生营销费用。财务经理则没有马上下定论，而是询问成本会计并对成本构成和成本性态进行了进一步分析：生产成本中的变动成本是每多生产一个耳机都会增量发生的，因此是本订单的相关成本，但固定制造费用是为了符合会计准则按产量分配计入的，不论是否接受这笔订单每月都会固定发生；仓储运输费用里的仓储费用是每月固定支付的仓库租金，也是不随产量变化的，而运输费虽然是变动费用，但只是那些以"到门价"签订的销售合同才会支付。于是财务经理请销售经理与对方联系，确认该笔订单是否可以自行提货，如果对方同意，那么这笔订单也不会发生运输费用，这样只有 40 元的变动生产成本可视作相关成本。

销售经理回去询问通信产品零售商的时候，财务经理又想了想，询问生产经理：即使目前产能有闲置，但如果接受这笔订单，是否会发生现在正常生产不会发生的额外费用？生产经理回答会需要雇用 10 名生产工人，这可以通过劳务派遣机构雇用 4 个月短期合同工来解决，但是由于目前的产量不需要备那么多材料，因此解决材料短缺问题可能还需要采购部门衡量是否会发生额外费用。财务经理于是又将来龙去脉告知采购经理，采购经理在查阅了采购计划与交货提前期并与供应商进行沟通询问后回复财务经理，如果接受这笔订单，有一种零件的供应商提出由于这笔订单超出原供货计划，无法满足交货期要求，除非宏科公司负担其额外加工费用。在收集到为该笔订单发生的额外生产成本（10名合同工的人工成本为每月2万元）以及采购成本（供应商的额外加工费为每月4万元）后，财务经理重新计算了该笔特殊订单每个月的相关成本，如表11-3所示。

表11-3　特殊订单的承接决策分析案例——相关成本计算

（单位：元）

	每月的增量成本	每月的相关成本
直接材料（25万个×24元/个）		6 000 000
直接制造人工（25万个×5元/个）		1 250 000
变动制造费用（25万个×6元/个）		1 500 000
包装物（25万个×5元/个）		1 250 000
增加的固定制造费用：		
－短期合同工成本	20 000	
－供应商加工费用	40 000	
增加的固定制造费用合计		60 000
相关成本总计		10 060 000
每个耳机的相关成本 = 10 060 000元/250 000个 = 40.24元/个		

财务经理最后计算得出，每个耳机的相关成本为40.24元，所以任何高于40.24元的价格都会短期提高宏科公司的利润。如果以通信产品零售商的心理价位50元计算，宏科接受该笔特殊订单后在未来4个月中每月的增量利润为244万元：

（50-40.24）×250 000 = 2 440 000（元）

宏科公司的财务经理针对接受该订单和拒绝该订单做出了"比较贡献利润表"，如表11-4所示。

表 11-4 特殊订单的承接决策分析案例——比较贡献利润表

(单位:元)

	拒绝特殊订单		接受特殊订单	差异
	单位金额	总金额	总金额	订单增量金额
产量(个)		600 000	850 000	250 000
收入	90	54 000 000	66 500 000①	12 500 000
变动成本:				
生产成本	40	24 000 000	34 000 000	10 000 000
营销成本	5	3 000 000	3 000 000	0
仓储运输成本	7	4 200 000	4 200 000	0
变动成本合计	52	31 200 000	41 200 000	10 000 000
贡献毛益	38	22 800 000	25 300 000	2 500 000
固定成本:				
生产成本	8	4 800 000	4 860 000②	60 000
营销费用	11	6 600 000	6 600 000	0
仓储运输费用	9	5 400 000	5 400 000	0
固定成本合计	28	16 800 000	16 860 000	60 000
营业利润	10	6 000 000	☺ 8 440 000③	2 440 000

1. 计算过程为 90 元 × 60 万个 + 50 元 × 25 万个 = 6 650 万元。
2. 计算过程为 480 万元 + 6 万元 = 486 万元。
3. 笑脸图案表示这个方案最优,后几个图类似,不再特别说明。

由上面这个案例可以看出,在特殊订单的决策中,财务分析师在计算相关成本时需要注意三点:

(1) 划分每个成本要素的成本性态,区分变动成本与固定成本。是否接受一次性特殊订单是建立在有无剩余生产能力基础上的,产量高低对成本的影响是通过成本性态体现出来的。

(2) 只考虑增量成本,不论这些增量成本的性态是变动还是固定,关键是接受与拒绝该订单所带来的成本变化。一次性特殊订单带来的收入往往具备偶然性,不是营销与客户服务的结果,因此即使营销与客户服务成本中有变动成本,也与特殊订单不相关,而如果是为履行特殊订单的义务而必须投入的固定成本,那么这也属于相关成本。这也印证了上一节关于相关成本的要点:不是所有的变动成本都相关,也不是所有的固定成本都不相关。

(3)当有增量固定成本时,应计算总成本后再折算成单位成本。这是因为,单位成本数据中很可能包含不相关成本,会对决策产生误导。

特殊订单决策时除了营业利润还需要考虑其他战略因素。例如本例中,该通信产品零售商向宏科公司声明订购耳机的目的只是一次性满足其客户要求,以后无意经营此产品,但如果该零售商是打算将这批耳机在市场上销售,但定价比宏科公司低,并且消费者对耳机产品无偏好,仅以价格为购买的唯一标准,那么宏科公司就面临必须降价与该通信产品零售商竞争的局面,此时再对这笔特殊订单报价时就需要考虑这种机会成本:未来可能丧失的面对现有老客户的销售收入。另外一种可能是,宏科公司现有的客户如果得知宏科公司曾以50元的价格出售该耳机,也可能会要求宏科公司降价。

11.3 零部件自制与外购的决策分析

自制(insourcing)与外购(outsourcing)是制造业务单元常碰到的决策类型,即对于某种产品或部件企业是自己生产还是外包给供应商生产。这里的关键假设是存在剩余生产能力。

○【案例11-3】自行车制造商自制与外购的多种组合方案选择

迅驰公司是一家生产自行车的企业,年产量为1万辆。目前,自行车的链条由迅驰公司自制,这时一家链条生产厂愿以50元的价格提供任意数量的链条。迅驰公司自制1万条链条的成本信息如表11-5所示。

在以上成本构成中,检测、安装调试、材料处理成本随着生产链条的批数变化,生产链条的每批批量为1 000条,因此迅驰公司年产1万条链条需要10批。另外,迅驰公司生产链条的设备是租用的,若外购链条,则不需继续支付租金,但迅驰公司若外购,原生产链条的厂房将被闲置。

迅驰公司的总经理询问财务经理：如果只考虑财务因素，从利润最大化角度考量，明年是该继续自制链条还是该以50元外包给链条生产厂？

表 11-5 自制与外购决策案例——成本信息

（单位：元）

	单位成本	1万条的总成本
直接材料	25.00	250 000
直接制造人工	10.00	100 000
变动制造费用	9.00	90 000
检测、安装调试、材料处理		15 000
设备租金		18 000
分配的固定管理费、税金、保险费		200 000
总成本	67.30	673 000

根据成本信息，表面看外包价格50元低于目前自制成本每条67.3元，似乎外包更为合算，但迅驰公司的财务经理做这个决策分析的关键是判断相关成本。判断依据是根据现有的自制成本信息，如果选择外购哪些成本项是产生变化的。由于"分配的固定管理费、税金、保险费"20万元属于不随产量变化的固定成本和沉没成本，不会因为外购而节省，而其他几项成本都属于如果外购就可以节省的项目，因而都是相关成本。因此，财务经理对自制（方案A）与外购（方案B）的相关成本比较，如表11-6所示。

表 11-6 自制与外购决策案例——相关成本比较（1）

（单位：元）

	A 自制	B 外购
外购成本		500 000
直接材料	250 000	
直接制造人工	100 000	
变动制造费用	90 000	
检测、安装调试、材料处理	15 000	
设备租金	18 000	
相关成本合计	473 000	500 000
生产（外购）量	10 000	10 000
单位成本	☺47.30	50.00

迅驰公司选择自制链条的相关成本仍低于选择外购的成本，也就是说如果迅驰公司选择以 50 元的价格外购链条，能够节省的成本折算到每根链条只有 47.3 元，故财务经理告知总经理，如果仅考虑成本因素，这家链条厂商的 50 元价格并不具备竞争力，如果不能寻找到低于 47.3 元报价的其他链条供应商，迅驰公司在现有剩余产能的情况下应选择方案 A：自制链条。

从上述案例可以看出，自制与外购决策分析的要点除了识别相关成本，还有"差额成本"，即两种方案相关总成本之间的差额。迅驰公司的案例中自制与外购的差额成本为 27 000 元（=500 000 元 −473 000 元）。

迅驰公司案例的前提是企业具有剩余生产能力，而在实际场景中企业往往是由于预期产量已使工厂达到满负荷运营状态，才需要将某些非核心技术或部件外包给供应商，或者是为了集中精力在自己的核心业务上。如果外包后可以利用空闲出来的生产资源做增值业务，那么即使外购的价格略高于自制的成本，但只要增值业务产生的利润大于外购成本的增加，那么企业还是应选择外购来最大化营业利润。

仍用迅驰公司的案例来说明闲置生产能力的利用对于自制与外购决策的影响。

○【案例 11-4】自行车制造商自制与外购的多种组合方案选择（续）

迅驰公司如果将链条外包，利用原生产链条的厂房给自行车加装刮泥板和反光镜，从而使每辆自行车的售价提高 120 元，同时每辆自行车的变动加装费用为 105 元，且需另购买 9 万元的专用设备。如果是这样，迅驰公司又有了第三种选择，即方案 C"外购并加装"，此时又该如何决策？

财务经理在前面自制与外购的相关成本比较基础上加了第 3 种方案"外购并加装"，如表 11-7 所示。

由此可以看出，外购链条但加装刮泥板与反光镜不仅可以利用剩余产能（空闲厂房），而且可以比方案 B 多 6 万元的利润，因此迅驰公司如果从财务角度出发应该选择方案 C：外购并加装。

表 11-7 自制与外购决策案例——相关成本比较（2）

（单位：元）

	A 自制不加装	B 外购不加装	C 外购并加装	
			单位价格	总金额
外购成本		500 000		500 000
直接材料	250 000			
直接制造人工	100 000			
变动制造费用	90 000			
检测、安装调试、材料处理	15 000			
设备租金	18 000			
增量收入对成本的抵减			120	-1 200 000
变动加装费用			105	1 050 000
加装设备				90 000
相关成本合计	473 000	500 000		⊙440 000

接着，迅驰公司的销售经理提出了 D 方案：自制并加装。理由是：他根据最新的市场情形估计明年只能销售出去 6 200 辆，生产 1 万辆自行车会造成存货积压。因此他向总经理建议减产，同时将减产节约的空间用于加装刮泥板和反光镜，无须外购链条。由于产量减少，迅驰公司降低了链条生产批量，分 8 批生产链条，每批 775 条。这时迅驰公司是应选择自制还是外购？

财务经理再次对 A、B、C、D 四种方案的成本效益做比较分析时，意识到不能直接将 D 方案与之前 A、B、C 三个方案的计算结果比较，因为一个重要的变量发生了变化，就是产量或外购量已不是 10 000 条而是 6 200 条。相应的自制与外购的变动成本都发生了变化，而且还有一项成本"检测、安装调试、材料处理"费用是随生产批数变化的，现在批数也从原来的 10 批降为 8 批，那么这项费用也要相应调整。

财务经理先计算出目前 1 万条产量的前提下检测、安装调试、材料处理费用的单位成本为每批 1 500 元（15 000 元/10 批），降为 8 批后检测、安装调试、材料处理费用也由 15 000 元降为 12 000 元（1 500 元 ×8 批）。

最后，财务经理根据新的产量和批量重新计算了四种方案的相关成本，如表 11-8 所示。

表 11-8 自制与外购决策案例——相关成本比较（3）

（单位：元）

	A 自制不加装		B 外购不加装	C 外购并加装		D 自制并加装	
	单位价格	总金额		单位价格	总金额	单位价格	总金额
产量（外购量）		6 200	6 200		6 200		6 200
批量		8					8
外购成本			310 000		310 000		
直接材料	25	155 000				25	155 000
直接制造人工	10	62 000				10	62 000
变动制造费用	9	55 800				9	55 800
检测、安装调试、材料处理	1 500	12 000				1 500	12 000
设备租金		18 000					18 000
增量收入对成本的抵减				120	-744 000	120	-744 000
变动加装费用				105	651 000	105	651 000
加装设备					90 000		90 000
相关成本合计		302 800	310 000		307 000		◎299 800

通过如上计算可以看出，选择自制链条，并用节约的生产空间加装刮泥板与反光镜获取增量利润，可以使总相关成本最低（299 800 元），因此迅驰公司应选择 D 方案"自制并加装"。

通过迅驰公司自制和外购自行车链条的案例可以看出，生产能力约束是自制与外购决策的重要变量，选择自制还是外购需要衡量是否有附加方案能利用剩余产能产生增量利润。例如，迅驰公司加装刮泥板与反光镜可以带来 3 000 元的利润（=744 000-651 000-90 000）。这 3 000 元也可以视为 A、B 两种方案（放弃加装刮泥板与反光镜）的机会成本。

作为财务分析师，本节只讲述了从财务角度考虑自制与外购的决策，即哪种方案能带来最大的增量盈利。但实务中，有时定性因素会决定管理者的决策。企业选择外购的第一个原因是缺乏自制某部件的技术，比如戴尔公司是生产个人电脑的，但它却没有生产芯片的技术，所以必须从英特尔公司购买奔腾芯片。企业选择自制是为了避免泄露核心技术，所以核心部件从不外购。另一种企业选择外购的情况是，以略高于自制成本的价格外购那些低值的非核心零部件，从而从供应商处得到其他好处，比如由供应商管理库存，可以有效控制这些零部件的发货时间，降低企业自己的原材料库存水平及其占用的资金成本。调查表明，**公司在制定自制或外购决策时，考虑得最多的三个因素是质量、对供应商的依赖性和成本。**

另外企业还需要从战略层面考虑外购决策，因为自制转外购会使企业对供应商的依赖性增强，供应商有提高价格的可能性，或者出现质量下降、延迟交货等问题。所以在企业的制造单元选择外购时，最大的挑战是其供应链管理能力，为了降低自制转外购的风险，供应链管理能力强的采购部门通常会与重要供应商签订长期合同，且在合同中规定价格、质量和交货时间条款。更卓越的采购经理会采取供应链联盟的策略，与重要供应商建立技术合作关系。例如，丰田将自己的工程师送到供应商那里帮助它们改进生产流程。将外购的优势发挥到极限的是大众汽车，它在巴西的工厂将其生产业务全部外包给一个经全面测试后仔细挑选出来的供应合作商团队，从而使自己从一个生产商转型为总承包商，只负责监督多个供应商的组装。

自制与外购的决策一般发生在制造业务单元，因此提供这类决策分析的是工厂的财务分析师或成本会计。除了掌握如何区分变动成本与固定成本、相关成本、机会成本等管理会计定义外，在收集相关成本数据、了解生产能力约束程度、探讨寻找利用剩余产能的可选方案的过程中，财务分析师需要与采购、生产、销售、运营计划等多个部门保持紧密沟通，否则很可能遗漏某些决策"相关信息"，致使工厂管理者不能选择财务盈利最优的方案。从这个意义上来说，工厂或供应链财务部门的高级财务分析师的角色是采购与生产部门的"业务伙伴"。

11.4　产品的定价决策分析

定价决策是企业管理者常面对的决策类型，它会影响公司的产量和销量，以及公司的收入与成本。产品和服务的价格水平依赖于供给关系，而影响供给关系的因素是**消费者、竞争对手和成本**。

在公司所属行业是竞争性市场的情况下，公司在为产品和服务定价时首先要考虑消费者（即客户）的需求，从客户的角度来审视定价策略，定价过高会使消费者转向购买竞争对手的产品或替代品。竞争对手是次要考虑因素，在商业环境中常出现公司降低价格是为竞争对手的价格更低所迫，这取决于市场竞争程度，在没有竞争对手或同类竞争对手极少的垄断行业，企业可以制定较高的价格。三个因素中成本对定价的影响相对最不重要，但是成本越低，公司越容易在一个相对竞争对手而言较低的价格水平上维持更大的利润空间。管理者了解产品成本，会把价格定在最大化营业利润又能最大程度吸引消费者购买的水平。

定价决策的调查显示，企业管理者会为消费者、竞争对手和成本这三个定价因素设置不同的权重，然而在市场竞争程度走向极端的时候公司的定价能力会受很大影响。例如农产品、金属等商品市场属于高度竞争市场，出售这些商品的公司无法控制价格，必须接受随行就市，这时的价格是由市场决定的。只有在竞争性较弱的市场，例如手机、数码消费品市场，产品差异化程度高时，这三个因素才会同时影响公司定价策略。

公司的**定价策略会根据对这三者的侧重不同分为成本导向与需求导向**。不论是成本导向还是需求导向，销售与市场部门在定价决策分析中的责任都是提供消费者心理价位和竞争者价格信息，财务分析师的责任都是提供成本信息，并对不同价格方案匡算收益以辅助管理者最终决定可接受的最低价格。

11.4.1 定价中的成本考量

企业的定价决策中对成本的考量计算需要考虑时间跨度，对小于一年的短期定价，例如没有长期影响的一次性特殊订单的定价，此时决策相关成本只是增量成本；对大于一年的长期定价决策，由于其影响客户关系或者产品的市场定位等长期战略，则需要考虑产品全生命周期的成本。

与短期定价决策不同，长期定价会形成长期客户关系，长期固定合作的客户都希望得到一个在相当长时期内稳定的、可预见的价格。稳定的价格可以降低客户变换供应商的需要，提高客户运营计划水平，并能建立买卖双方长期合作关系，因此企业对产品和服务的长期定价是战略性决策。如果要以稳定的价格赢得长期的回报，企业必须了解和管理其长期向客户提供产品和服务的"全成本"。

在第6章6.2节"新产品开发与引进项目分析"中提到，财务分析师在为新产品开发项目做商业案例分析时，就应引入"生命周期全成本"的概念，在商业案例中计算财务回报时，是在包括了研发成本、引进成本、生产成本、营销与支持成本基础上做出价格估计。在商业案例分析阶段的产品价格只是目标价格，但在新产品发布前制定报价单上的标准报价，以及在新产品上市后进行价格修订时，需要对价值链活动进行更深入的成本分析。

在第4章4.3.2节中曾经提到，财务分析师可以运用作业成本管理系统分析价值链完全成本。价值链分析是战略成本管理的一种工具，旨在识别公司运行的哪个环节可以提高客户价值或降低生产成本，它超越传统会计报表上"成本"与"费用"的划分，通过为间接成本和期间费用识别成本动因将价值链上所有的职能活动（研发、采购、生产、分销、销售、售后服务和后勤支持）发生的成本归集分配到产品或服务中去。这种归集和分配已将"成本"的范围扩大到了期间费用，最终是为了得到产品的单位"全成本"。表11-9是一个基于价值链作业成本分析的产品全成本计算示例。

应用成本信息定价有两种出发点：市场优先和成本优先。两种定价方法都必须考虑消费者（客户）、竞争对手和成本三个要素，只不过市场优先是先考虑消费者与竞争对手后考虑成本，成本优先是优先考虑成本后再考虑消费者与竞争对手。在市场竞争激烈的行业（商品、能源），普遍采用市场优先的定价方法；对于产品差异化程度高的行业（专业服务、汽车），两种定价方法都可以使用。

表 11-9 定价决策——基于价值链作业成本分析的产品全成本计算示例

	作业成本动因	每单位动因成本（元）(1)	动因消耗量 (2)	10万件产量的总成本（元）(3)=(1)×(2)	单位成本（元）(4)=(3)/100 000
销售成本（产品生产成本）：					
直接生产成本					
（1）直接材料成本	总产量	460	100 000	46 000 000	460.00
（2）直接制造人工成本	车间人工小时	15	420 000	6 300 000	63.00
（3）直接机器成本	车间机器小时	18	260 000	4 680 000	46.80
间接生产成本					
（1）采购与收货成本	采购订单数目	65	26 300	1 709 500	17.10
（2）测试成本	测试小时	2	350 000	700 000	7.00
（3）仓储成本	仓库面积平方米	480	500	240 000	2.40
（4）生产计划与工程准备成本	工单数目	150	850	127 500	1.28
（5）工厂管理成本	总产量	1	100 000	100 000	1.00
销售成本合计				59 857 000	598.57
营业成本：					
研究与开发成本	开发人工小时	45	52 000	2 340 000	23.40
工艺流程设计成本	设计人工小时	40	20 000	800 000	8.00
营销成本	总销售收入	0.05	84 000 000	4 200 000	42.00
物流分销成本	总产量	32	100 000	3 200 000	32.00
客户服务成本	客户数目	50 000	35	1 750 000	17.50
营业成本合计				12 290 000	122.90
产品全部成本				72 147 000	721.47

1. 市场优先的定价

在采用以市场为基础的定价方法时要考虑的成本是"目标成本",它是由"目标价格"(target price)反推计算而得的。目标价格的估计必须基于对客户愿意接受的价格和竞争对手的反应有充分的研究和了解。研究客户愿意接受的价格一般由销售与市场部门通过客户访谈和市场调查完成。但了解研究竞争对手的反应要难很多,因为需要了解对方的技术、产品和成本,获得这些信息的途径包括:购买专业机构的行业研究报告,拆除并分析竞争对手的产品以了解其设计、材料和技术,询问客户、供应商及竞争对手的员工。因此包括福特、通用汽车在内的很多跨国企业都设置了竞争者信息分析部门来做这项工作。

计算目标成本的另一个要素是确定"目标营业利润",单位目标营业利润是指企业每卖出一单位产品或服务所希望得到的收益。单位目标成本就是从目标价格中扣除单位目标营业利润后的金额,这个**目标成本是一旦实现销售就可以使企业达到目标营业利润的"预期单位长期成本"**。目标成本在全世界许多行业中被广泛应用,特别是以汽车、电子、高科技产品为代表的零部件装配行业。目标成本在日本的零部件装配制造业企业运用得最为普遍,在产品开发阶段用目标价格来"倒逼"目标成本,并且用目标成本作为企业价值链成本管理的标杆。

目标成本应包括所有的未来成本,无论是变动的还是固定的,因为就长期而言,一个企业产品的价格和收入必须能够弥补它所有的成本。日本NEC公司制定目标成本不仅参考现行的零售价格水平和竞争对手同类产品的成本,而且还考虑今后半年至一年内竞争对手在产品和成本上可能发生的变化。

不过,由于单位目标成本是目标,即公司必须去努力才能实现的水平,所以单位目标成本常常低于目前产品的单位完全成本。目标成本与目前成本间的差额就是需要公司价值链上各职能员工努力为成本降低做贡献的部分。**将实际成本向目标成本靠近的一个重要实现渠道是价值工程**,价值工程曾在第 6 章 6.2 节"新产品开发与引进项目分析"中做过介绍,它的目的是对价值链的各业务职能进行系统评估,在满足客户需要的同时降低成本。价值工程不仅可以运用在产品设计的改进方面,还可以运用在生产流程的修正和减少非增值作业方面。所谓非增值作业是指消费者使用产品时感觉不到价值的那些活动,例如返工修理。

2. 成本优先的定价

成本优先的定价方法有以下几种。

(1) **成本加成**:指在成本之上加上一个加成额,这个加成额代表了单位产品预期利润。加成额很少是固定的数字,它常常随着消费者和竞争对手的反应而发生变化,除了少数资源性产品(电力、天然气)由国家定价以外,最终这个加成额都是由市场决定的。

(2) **投资回报法**:根据投资回报率计算在产品成本基础上的加成比例,投资回报率即企业预期目标营业利润与投入资本额的比率,投入资本额是总资产。采用投资回报法制定的价格不仅包括在投资回收期内单位产品应摊销的投资额,也包括单位产品的成本费用。

(3) **目标效益法**:根据总成本和估计的总销量,确定一个目标收益率,作为定价的标准。

(4) **千分之一法**:根据有关工程或设备造价的千分之一对产品或服务定价,酒店行业通常使用该方法确定客房价格。

11.4.2 产品的生命周期预算

不论是市场优先还是成本优先,定价分析师最后关注的都应是营业利润,而不是价格或成本本身。特别是在新品开发阶段需要关注产品生命周期的营业利润,运用生命周期预算来估计分配给每一种产品的收入和价值链成本(即从研发到客户服务支持)。如前面的表 11-9 所示的例子,一个产品的生命周期成本包括研发成本、流程设计成本、生产成本、营销成本、物流分销成本和客户服务成本。企业要在一个产品的生命周期内持续盈利,必须产生足够的收入以弥补这六个业务职能中的成本,尤其是非生产成本比例较大的时候。因此，在做生命周期预算的时候，**定价分析师应考虑在生命周期内各种可能的价格与销量的组合，计算不同的生命周期营业利润**。

下面来看一个例子。一个软件公司的主要产品是记账软件，生命周期为 7 年，生命周期内的成本预算如下。

○【案例 11-5】记账软件产品的生命周期预算

第 1～2 年：研究开发成本 79 万元，流程设计成本 58 万元。第 3～7 年，成本预算如表 11-10 所示。

表 11-10　第 3～7 年的成本预算

	固定成本	每套软件的变动成本
生产成本	55 万元	105 元
营销成本	32 万元	92 元
分销成本	21 万元	39 元
客户服务成本	45 万元	148 元

该软件公司的定价分析师根据以上信息，选择了三种价格/销量组合编制了该记账软件的生命周期预算，如表 11-11 所示。

表 11-11　定价决策——产品生命周期预算

		可能的价格/销量组合		
		A	B	C
销售单价（元/套）		1 500	1 800	2 300
生命周期总销量（套）		5 000	4 000	2 500
生命周期收入（元）		7 500 000	7 200 000	5 750 000
生命周期成本（元）：				
1. 研究开发成本		790 000	790 000	790 000
2. 流程设计成本		580 000	580 000	580 000
3. 生产成本				
固定成本		550 000	550 000	550 000
变动成本	每套 105 元	525 000	420 000	262 500
4. 营销成本				
固定成本		320 000	320 000	320 000

(续)

		可能的价格/销量组合		
		A	B	C
变动成本	每套92元	460 000	368 000	230 000
5. 分销成本				
固定成本		210 000	210 000	210 000
变动成本	每套39元	195 000	156 000	97 500
6. 客户服务成本				
固定成本		450 000	450 000	450 000
变动成本	每套148元	740 000	592 000	370 000
生命周期成本合计（元）		4 820 000	4 436 000	3 860 000
生命周期营业利润（元）		2 680 000	2 764 000	1 890 000

从上述记账软件的生命周期预算可以看出，在产品上市销售前，研发与设计这两个业务职能已发生了合计137万元的成本，占生命周期总成本的30%左右，并且开发期长达2年。因此在产品生命周期的早期编制生命周期预算是很有必要的：在早期很难确定产品是否成功，而且新产品80%的成本都会被"锁定"在研发和设计阶段；非生产成本与生产成本不同，在会计上一般都被认定为期间费用，很难借助会计系统在日常核算到产品级别，因此在正式投产和销售之前发生的成本占总生命周期成本比例越高，企业就越需要更精确的收入与成本预测。定价分析师可以借助生命周期预算尽早估计生命周期成本，从而提醒管理者更注重在成本被锁定前（即研发设计阶段）运用价值工程。

在表11-11所示的三种价格/销量组合中，B方案的生命周期营业利润最大，因此定价分析师应向管理者建议以1 800元单价出售该记账软件，假设在生命周期的7年内一直维持这个价格。

但实际的商业环境往往不是如此，出于战略考虑，不同时期该公司会采用不同的价格。比如刚投放市场时，如果发现市场上存在第一批急于购买该软件的客户，那么管理者可以制定更高的价格，在市场营销学中这种价格策略称为"撇油价"，等市场消费者追捧新品的热情冷却后再降低价格。差异化程度较高的消费品行业（如电子消费品、家电）在推出新品时常常采用"撇油"的定价策略。另一种与撇油法相反的策略即"渗透价"，它以一个较低的产品价格打入市场，目的是在短期内获得较高的销售量及市场占有率，进而产生显著的成本经济效益，使成本和价格得以不断降低。在生命周期预算中可以反映这两种策略，即在预算中运用不同价格/销量组合来细分具体的阶段和年度。公司每种产品的生命周期往往跨越多个年度，因此应以产品为基础来计算收入和成本。

11.4.3 定价决策中的其他因素

在现实中，企业在制定价格时不会首要考虑成本。

例如，某航空公司对北京至青岛的往返机票定价采用了**价格歧视**的定价策略：如果乘客提前一周以上预定，并且选择至少晚一天返回的航班（即在青岛逗留至少一晚），该乘客可享受5折的价格，而如果乘客只提前一天购票，并且没有选择在青岛逗留，而是选择当天的航班返回北京，便不能享受同样的价格折扣。这种定价的差异并不是因为载运两种乘客的飞行成本有差异，而是因为需求弹性有差异，因为航空公司认为临时订票且不选择在青岛逗留而选择当天航班返回的乘客多为商务乘客，由于他们是代表公司出差因此对机票价格不敏感，索取高价对他们的需求影响很小，这样能够为航空公司带来更高利润；而选择提前多日订票并在青岛停留的乘客有很多是旅游乘客，他们很可能对价格更敏感，即需求弹性更大，低价有利于吸引这些乘客的购票需求。

定价考虑的另一个因素是生产能力的限制，例如**高峰定价法**，它是指在产品或服务的需求接近实际能力限制时，对该产品或服务要求较高价格。典型的例子是旅游行业，在旅游旺季和黄金周节假日时，旅行社的团队游、宾馆客房、租车等服务的价格总会比淡季和非节假日的价格有所上浮，原因就是在旅游旺季时，消费者对服务的需求量已接近或超出商家的接待容量。这种定价策略也是与成本因素无关的。

11.4.4 财务分析师在定价决策中的角色

以上我们从短期与长期定价的成本考量角度以及非成本因素讲述了支持定价决策的一般分析思路与方法，但不同的行业、不同的企业、不同的时期、不同的业务情景，定价的策略都会有所不同。很多消费品或服务行业的企业会根据自身产品或服务的特点、运营模式、客户与市场细分、季节性业务量变化、常见的业务情景等拟定各种价格政策，包括标准报价的制定、不同类型价格折扣的适用条件、特殊折扣的批准权限与程序等。这类企业由于具有市场竞争程度高、产品服务多样化、客户数目多、市场细分多等特点，因此注重定价与盈利性的分析，于是有的企业倾向于在市场与销售组织内设置价格分析部门，或者在业务分析部门内设置价格分析岗位。价格分析师的主要职责有以下几项。

（1）**执行落实公司的价格政策**：确保每个销售合同遵守公司的价格政策。

（2）对销售部门日常提出的关于价格方面的问题提供支持、咨询帮助。

（3）**更新产品或服务的标准报价**：审阅销售部门对价格更改和设定新价格的要求，确保与公司价格政策相符，在保证利润增长的情况下，确认这些变更。

（4）**多维度盈利性分析**：在第 4 章曾提到过"多维度盈利分析"，在所有财务分析类的岗位中，定价分析师是最需要运用多维度盈利性分析的岗位。由于定价需要考虑的因素很多，因此有时会需要对关键客户或大批量的销售合同做价格分析，目的是计算并比较对某个关键客户或某个重大销售合同在多个价格方案或多种情形假设下的营业利润。

- **关键客户盈利分析**：关注为响应客户的特殊需求做出的价格调整（或折扣），当某产品有为该客户专门定制的功能属性时，需要单独对该功能属性进行定价。
- **重大销售合同盈利分析**：不仅需要关注当合同出现多种产品或服务

捆绑搭售时，如何确定能使利润最大的价格组合，还需要注意合同中非标准条款对盈利的影响，例如是否因这些条款产生了其他合同没有的增量成本。

从本节的内容可以看出，定价决策支持是财务经营分析中一项重要又很有灵活性的工作。它的职责不同于一般财务经营分析师只是定期对业务单元整体的运营绩效出具例行的经营分析报告，而是更贴近销售部门的运营，与商业模式、业务场景、销售合同、客户群紧密相连，分析工作更基于个案，也更体现了高级财务分析师是企业市场与销售部门的"业务伙伴"的角色。

11.5 产品、客户、业务分部的增减决策分析

在企业管理者的经营决策中，最先需要考虑的是做什么业务、经营什么产品、服务哪些客户、建立哪些分部或子公司。相比前几节讲述的决策情形，这些决策更有战略高度。本节将围绕如下决策情形介绍财务分析师应提供什么支持：

- 生产能力约束下的产品组合决策分析
- 客户盈利能力与客户增减决策分析
- 分公司或部门增减决策分析

11.5.1 生产能力约束下的产品组合决策分析

在经营多种产品的制造业企业，每种产品的生产都有必要的约束资源要素，例如工时、机器设备、空间、原材料等。如果多种产品共用一种或几种资源，而其中的一些资源是有限的，那么管理者需要做的决策就是如何制定不同的产品组合能最大限度地利用这些有限的资源要素，并能产生最大的利润。假设产品组合的比例是在短期（一年以内）内发生变动，那么发生变化的成本只有与产销量有关的变动成本，固定成本不发生变化，

要实现利润最大化,需要从每个产品的单位贡献毛益入手,一般来说管理者应选择约束资源的单位贡献毛益最高的产品。

例如 A、B 两种产品,它们的售价与贡献毛益如表 11-12 所示。

表 11-12　A、B 两种产品的售价与贡献毛益情况

(金额单位:元)

		A 产品	B 产品
单价	(1)	800	1000
单位变动成本	(2)	600	700
单位贡献毛益	(3)=(1)-(2)	200	300
贡献毛益率	(4)=(3)/(1)	25%	30%

如果没有生产资源约束,那么 B 产品比 A 产品贡献毛益率高,更能创造利润,但如果有了机器小时这一项约束条件,那么衡量两种产品哪个更具盈利性的标准应该变为每机器小时的单位贡献毛益。假设每件 A 产品需要 2 机器小时生产,每件 B 产品需要 5 机器小时生产。A 产品的单位机时贡献毛益为 100 元(200／2 小时),B 产品的单位机时贡献毛益为 60 元(300／5 小时)。因此,尽管销售 A 产品的贡献毛益率低于销售 B 产品,但在机器小时这一生产资源要素的约束下,企业应该选择生产 A 产品。

然而在很多情况下,公司不能只生产可使利润最大化的单一产品,必须保留一定数量的其他产品,即使它们不是盈利性最好的,目的是在客户那里维持"能提供全面产品"的形象。并且每个产品面临多种限制因素,例如上例,除了机器小时还有电力消耗上限、存储空间上限等资源约束。为了确定多种限制因素下盈利最大的生产计划和产品组合,就必须以总贡献毛益最大化为依据,这需要依靠线性规划(又称 LP 模型)来解决。

○【案例 11-6】两种产品产量组合的线性规划求解

PNT 公司是一家生产家用个人电脑及附属产品的公司,主要组装和销售两种产品:台式计算机和打印机。顾客可以单独购买计算机,也可以配套购买计算机和打印机,但 PNT 公司不单独出售打印机,因此打印机的销量不会超过计算机的销量。每台计算机的贡献毛益是 800 元，每台打印机的贡献毛益是 1 500 元。每台打印机与每台计算机的组装小时如表 11-13 所示。

表 11-13　每台打印机与每台计算机的组装小时

	生产线 1	生产线 2
计算机	4 小时	0 小时
打印机	6 小时	10 小时
生产线每天运转小时限额	24 小时	20 小时

首先，假设在最优生产计划组合中计算机的产量为 C，打印机的产量为 P。建立线性规划 LP 模型需要分三个步骤。

第一步，确定目标函数。目标函数表示要最大化或最小化的对象，在这个例子里，对象是总贡献毛益（TCM）。故 LP 模型的函数公式可表述为：

$$TCM = 800C + 1\ 500P$$

第二步，确定约束条件。约束条件是数学模型中的变量必须满足的等式或不等式。目标函数与约束条件中的产销量（C 和 P）一般为线性形式。在本例中，约束条件用线性不等式表述如下。

- 生产线 1 的约束：$4C + 6P \leq 24$。
- 生产线 2 的约束：$10P \leq 20$。
- 产销量不能为负：$C \geq 0$，$P \geq 0$。
- 打印机不能单独出售，所以其产销量小于计算机销量：$P \leq C$。

第三步：计算最优解。利用线性规划技术得到最优解的方法是，根据多个约束条件在平面直角坐标系中画图，寻找"拐角点"，计算符合约束条件的所有拐角点的变量即 C 与 P 的值，比较这些拐角点的 C 与 P 的组合下的总贡献毛益，哪个拐角点的总贡献毛益最大，哪个 C 与 P 的组合即是最优解。

根据生产线 1 的约束条件 $4C + 6P \leq 24$ 可以在平面直角坐标系中绘制出分界线 1，在分界线 1 的左下方是可求解的区域；根据生产线 2 的约束条件 $10P \leq 20$（可变式为 $P \leq 2$）可以绘制出分界线 2，在分界线 2 的左方是可求解的区域；根据打印机产量不超过计算机产量（$P \leq C$）的约束条件可以绘制出分界线 3，在分界线 3 的上方是可求解的区域；同时，该平面直角坐标系只展示了横坐标与纵坐标的正值区域，已符合产量不能为负（$C \geq 0, P \geq 0$）的约束条件。这三条线的交集区域就是同时满足所有约束条件的可求解区域，如图 11-1 所示。

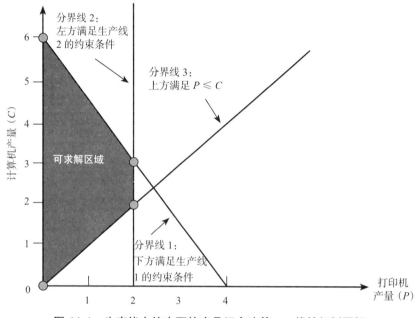

图 11-1　生产能力约束下的产品组合决策——线性规划图解

从图 11-1 可以看出本案例的拐角点有四个，这四个拐角点围合的多边形就是可求解区域，在这个多边形内的任何产量组合都是可行的。于是 PNT 公司可以依次计算每一个拐角点的总贡献毛益：

$P=0, C=6$ 时，TCM $= 800C + 1\,500P = 800 \times 6 = 4\,800$（元）

$P=2, C=3$ 时，TCM $= 800C + 1\,500P = 800 \times 3 + 1\,500 \times 2 = 5\,400$（元）

$P=2, C=2$ 时，TCM $= 800C + 1\,500P = 800 \times 2 + 1\,500 \times 2 = 4\,600$（元）

$P=0, C=0$ 时，TCM $= 0$

由上述计算可知 PNT 公司每天生产 3 台计算机、2 台打印机是使营业利润最大（5 400 元）的产量组合。

实务小贴士

在实际工作中,线性规划求解可以利用 Excel "选项"里提供的"规划求解加载项"的宏工具实现。当用户加载这个工具后,只要在工作表里将约束条件和目标函数的运算公式设置好,再在数据菜单项里运行"规划求解参数",通过定义目标函数单元格并添加遵守约束条件,点击"求解"键即可自动输出符合约束条件的变量值与目标函数计算结果。图 11-2 是利用 Excel 规划求解加载项计算 PNT 公司打印机与计算机计划产量组合的例子。

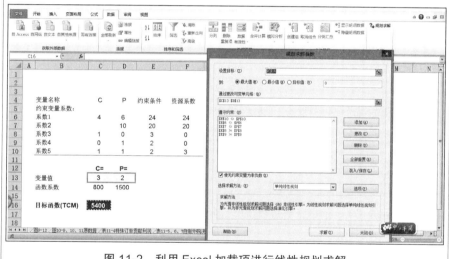

图 11-2 利用 Excel 加载项进行线性规划求解

11.5.2 客户盈利能力与客户增减决策分析

在第 4 章 4.3 节里曾经提到客户盈利性分析,即将客户作为成本对象来计算营业利润,分析的目的是帮助管理者决定增加还是放弃客户。

○【案例 11-7】家具厂商对其新旧客户的增减方案选择

怡美公司是某省专门生产家具的公司,业务范围立足本省,主要向

A、B、C三家本省家居零售商供货。目前当地又新开业了一家全国性连锁家具商城D，D的品牌知名度和市场口碑都很好，怡美公司的销售经理向总经理提议将D作为第四家客户。总经理询问财务经理，希望了解目前A、B、C三家零售商客户的盈利情况。怡美公司目前的会计核算系统是将收入和成本核算到客户订单一级的，因此可以获取分客户的收入和销售成本，但是会计系统未按照客户核算期间费用，因此财务经理在分析了销售费用构成后，根据80/20原则抽取了最重要的几大类别销售费用：家具销售与管理人工成本、营销费用、仓库租金、客户运输费用。然后，财务经理依据作业成本管理原理分析了不同成本项的成本动因：

（1）家具销售与管理人工成本随家具发货量变化而变化。

（2）怡美公司为每个客户储存家具，按每个客户储存的家具占用的仓库面积分配仓库租金。

（3）怡美公司在本省的几个重要城市设置了销售代表处，将所有销售代表处的房屋租金、设备折旧、日常办公费用按客户销售收入占比分配到客户。

（4）订单费用随订单数目而变化，可根据每个客户的订单数目直接计算。

（5）运输发货是按订单安排的，因此运输费用也随订单数目变化，可根据订单数目分配。

（6）怡美公司的营销活动采取与客户联合的方式开展，营销费用分配比例作为固定条款写进与客户的长期购销合同中，一年更新一次，因此营销费用可以直接认定到客户，无须分配。

此外，为了体现客户层面的完整利润，财务经理还将公司固定的管理费用按每个客户的销售收入占比分配到客户。销售经理预期三家客户未来一年的收入与今年持平，在此基础上财务经理假设成本结构在未来一年也维持不变。依据上述成本动因分配原则进行计算以后，财务经理得到如下"客户盈利能力分析表"，如表11-14所示。

表 11-14　客户增减决策——客户盈利能力分析表

(单位：元)

	客户 A	客户 B	客户 C	合计
预期销售收入	4 500 000	2 700 000	3 600 000	10 800 000
产品销售成本	3 330 000	1 983 000	2 978 000	8 291 000
家具销售与管理人工成本	454 000	213 000	371 000	1 038 000
仓库租金与设备折旧	186 039	93 100	149 761	428 900
销售代表处费用	62 500	37 500	50 000	150 000
营销费用	99 010	81 300	95 690	276 000
订单和运输费用	117 300	67 000	109 700	294 000
分配的公司管理费用	89 167	53 500	71 333	214 000
营业成本合计	4 338 016	2 528 400	3 825 484	10 691 900
营业利润	161 984	171 600	−225 484	108 100

从表 11-14 中可以看出客户 C 是亏损的。怡美公司的财务经理与销售经理一起分析了每项成本，认为客户 C 出现亏损是由于订单和运输费用、家具管理费用、营销费用较高。通过调查这三项费用的交易明细，销售经理认为这些费用高的最重要原因是 C 有许多小批量订货，订单数和运输次数都高于另两家客户。怡美公司的总经理了解情况后，正在考虑几种方案：提高效率减少花在客户 C 上的成本、停止为 C 提供的某些服务、要求 C 减少订单次数增加每次订货量，如果这些举措不奏效，就要提高对 C 的价格，最坏的结果是终止与其的业务合作。可是，总经理仍然有疑惑，他承认自己在财务知识上并不专业，但他直觉上认为不是如报表上显示的那么简单——终止与客户 C 合作就能完全避免 225 484 元的亏损吗？

为确定根据现在的成本构成到底是否该终止与 C 的合作，怡美公司的财务经理必须确定哪些是相关收入和相关成本。通过分析终止业务对成本构成的影响，财务经理得出如下结论：

（1）终止与 C 的业务可以节省产品销售成本、家具销售与管理人工成本、营销费用、订单和运输费用。

（2）仓库成本（包括租金与设备折旧）是按客户储存家具所占面积的

比例分配给 A、B、C 三个客户的，终止与 C 的业务后，原仓库租金总额与设备折旧未发生变化，只是分配给 A 与 B 的比例提高了而已，对怡美公司总的利润没有影响。

（3）销售代表处的租金、折旧、办公费用和公司固定管理费用也是按销售收入比例分配给 A、B、C 三个客户的，终止与 C 的业务后，这两项费用未发生变化。

怡美公司的财务经理基于以上判断，为终止与客户 C 的业务这一决策编制了相关利润表，如表 11-15 所示。

表 11-15 客户增减决策——终止客户的相关利润表

（单位：元）

	终止 C 减少的收入与成本
预期销售收入	-3 600 000
产品销售成本	-2 978 000
家具销售与管理人工成本	-371 000
仓库租金与设备折旧	0
销售代表处费用	0
营销费用	-95 690
订单和运输费用	-109 700
分配的公司管理费用	0
营业成本合计	-3 554 390
营业利润	-45 610

从表 11-15 可以看出，终止与 C 的业务节约的成本 3 554 390 元少于减少的收入 3 600 000 元，这说明终止与 C 的业务将使怡美公司未来一年的营业利润比继续与 C 合作减少 45 610 元。因此总经理决定保留与 C 的合作。

那么怡美公司是否应该与 D 开始业务合作呢？总经理让财务经理继续评估增加 D 为第四个客户的盈利性。由于 D 是新进驻本地的家具零售商，所以销售经理保守估计其第一年的进货额不会超过目前三家客户中收入最少的 B，订单数量与成本构成也大体与 B 相似，但他对财务经理提到两点：

（1）D 作为本省新的家居零售商会更频繁进行促销让利活动，因此让厂商分担的营销费用也会比其他零售商高，因此他估计花在 D 上的营销费用会比客户 B 上浮 10%。

（2）怡美公司还需要为 D 的业务购买 5 万元的仓库管理设备，设备折旧年限为 1 年，处置价值为零。

此外，财务经理评估了公司管理费用以及销售代表处的租金、折旧和办公费用，它们不会因为新增 D 的业务而有所增加。基于以上信息，财务经理计算了新增 D 客户的相关利润表，如表 11-16 所示。

表 11-16 客户增减决策——新增客户的相关利润表

（单位：元）

	增加 D 的增量收入与成本
预期销售收入	2 700 000
产品销售成本	1 983 000
家具销售与管理人工成本	213 000
仓库租金与设备折旧	50 000
销售代表处费用	0
营销费用	89 430
订单和运输费用	67 000
分配的公司管理费用	0
营业成本合计	2 402 430
营业利润	297 570

表 11-16 显示增加客户 D 的增量收入大于增量成本 297 570 元，因此怡美公司应增加 D 为其第四个客户。

从怡美公司的案例可以总结出以下对客户增减决策分析的几个要点。

（1）在做是否终止客户业务的决策时，折旧作为沉没成本对决策是不相关的；根据某种动因分配计入的固定成本如租金、管理费用也是不相关的，实务中很容易忽略这一点。例如，怡美公司的销售代表处发生的房屋租金、办公费用确实和销售直接相关，但财务分析师在甄别这些"直接成本"是否与决策相关时，应考虑"总成本"，不要去关注分配计入的那部分金额。思考的关键在于：做了决策后这项成本的"总额"是否可以节省。如果有节省，那么不论之前采用何种分配方法，节省的金额都属于相关成本。例如怡美公司的案例，如果预期终止了客户 C 的业务后，可以整合销售代表处资源并关闭一个销售代表处以少支付一部分房屋租金，或裁减一部分销售员工，或处置一部分销售代表处的办公设备，那么即使最后分配给客户 C 的费用金额不变，这一成本节省也是相关的。

（2）有时需要深入挖掘某项成本类别的细项，不能停留在该成本类别的总金额。例如怡美公司的案例中，订单与运输费用被界定为可节省的相关成本是为简化操作，因为订单与运输费用随订单数量变化，终止了客户 C，即 C 订单数量为零，似乎这项费用可以全额降为零。但实际情形或许更为复杂：运输费用没有订单和发货就不会发生，可以界定为直接变动成本（随订单量而非产量变动），但订单处理费用较为复杂，如果订单处理费用的性质是订单处理人员的工资，而这些职员在终止了 C 的业务后没有被裁减，而是被安排转岗，那么事实上订单处理费用总额没有节省。这种情形下分析相关成本时，不能认为订单与运输费用这一项成本会全额节约，只有那部分运输费用才是相关的成本节约。

（3）关注机会成本。在怡美公司的案例中，终止与 C 的业务后，如果怡美公司以每年 10 万元租金将某个仓库转租给其他公司，那这 10 万元租金就是保留客户 C 的机会成本。换句话说也是终止客户 C 的业务这一决策的相关成本节省，如果在表 11-15 中考虑仓库租金这一成本节省，那么终止客户 C 的业务将会给怡美公司带来 54 390 元（100 000 元 −45 610 元）的增量利润。

（4）折旧在终止客户业务的决策分析时是不相关的沉没成本，但在新增客户决策时可能是相关成本。例如怡美公司增加 D 客户业务时，新购买的仓库管理设备 5 万元就是相关成本，因为不论是否终止 C 客户，现有的仓库管理设备折旧都不会改变（过去已经发生），但如果不增加 D 客户，就不必购买 5 万元的新仓库管理设备（未来即将发生）。

11.5.3　分公司或部门增减决策分析

越来越多的企业在发展过程中不满足于最初的一亩三分地，开始建立分子公司、业务分部甚至是事业部、业务子集团，所以总公司会面临是否关闭或增设分公司或业务分部的决策。下面我们继续以前面的怡美家具公司为例介绍如何为分公司或部门的增减决策做分析。

○【案例 11-8】家具厂商对其不同分厂的增减方案选择

怡美公司的家具生产由三个分厂完成：餐厅家具分厂、客厅家具分厂、卧室家具分厂。餐厅家具分厂本年度的营业利润表显示其亏损 66 万元，如表 11-17 所示。

表 11-17　餐厅家具分厂本年度营业利润简表

（单位：元）

销售收入	9 000 000
变动直接生产成本	4 950 000
生产设备折旧	600 000
营销与运输费用	1 230 000
分厂固定管理费用	1 980 000
分配的公司办公费用	900 000
总成本	9 660 000
营业利润	−660 000

在怡美公司的经理办公会上，总经理提出，由于餐厅家具分厂亏损，是否可以关闭？销售经理提出，根据最近的市场调查，儿童房家具更受消费者青睐，消费者愿意为购买儿童房家具支付更高的价格，不如关闭餐厅家具分厂再增开一家专门做儿童房家具的分厂。总经理让财务经理分析关闭餐厅家具分厂以及增开儿童房家具分厂在财务报表上是否有盈利。

怡美公司的财务经理经过分析认为，分厂利润表中的公司办公费用是按照各分厂收入比例分配计入的，关闭餐厅家具分厂不会改变公司办公费用总额，只会将这部分固定的管理费用在另两家分厂中重新分配。另外，生产设备折旧属于沉没成本，也与关闭分厂的决策不相关。因此关闭餐厅家具分厂减少的收入与成本列表，如表 11-18 所示。

表 11-18 部门增减决策——关闭部门的相关利润表

(单位：元)

	关闭餐厅家具分厂减少的相关收入与成本
销售收入	-9 000 000
变动直接生产成本（直接材料与制造人工）	-4 950 000
生产设备折旧	0
营销与运输费用	-1 230 000
分厂固定管理费用	-1 980 000
分配的公司办公费用	0
总成本	-8 160 000
营业利润	-840 000

结果表明，怡美公司如果关闭餐厅家具分厂，会比现在减少 84 万元的利润。至于新设儿童房家具分厂，财务经理、销售经理、餐厅家具分厂主任和采购经理一起探讨了其可能性。

（1）首先分厂主任认为如果关闭餐厅家具分厂，可以利用原生产厂房生产儿童房家具，不用额外购置或租用厂房，但原来生产餐厅家具的模具有一部分将废弃闲置，变卖处置回收现金为 3 000 元。

（2）另外还需增购一组儿童房家具的专用模具，约 20 万元，使用期限为 2 年，处置价值为 0，用直线法分摊到每年是 10 万元。

（3）销售经理预计儿童房家具的销量比餐厅家具少 5%，但儿童房家具的平均价格将比餐厅家具的平均价格高 10%。

（4）由于儿童房家具对环保级别要求更高，因此分厂主任提出需要一种环保级别更高的板材，采购经理预计该种板材的价格会比现有三个分厂用的主流家具板材略高，预计变动直接生产成本整体会比原来上浮 2%。

（5）营销与运输费用和分厂固定管理费用预计都不发生变化。

财务经理基于以上信息计算了关闭旧分厂增开新分厂的相关收入与成本。由于是与现状相比，因此他只计算了增量收入与成本，原生产设备折旧、营销与运输费用、分厂固定管理费用、公司办公费用都未因本方案发生变化，如表 11-19 所示。

表 11-19　部门增减决策——关闭旧部门并新增新部门的相关利润

(单位：元)

	计算规则	关闭旧分厂并开设新分厂的相关收入与成本
销售收入	单价提高 10%，销量减少 5%，总收入增加 5%：900 万 ×5%	450 000
变动直接生产成本	在原基础上，上浮 2%：495 万 ×2%	99 000
生产设备折旧	原模具变卖 −3 000 元，购置新模具折旧 +10 万元	97 000
营销与运输费用		0
分厂固定管理费用		0
分配的公司办公费用		0
总成本		196 000
营业利润		254 000

计算表明，关闭餐厅家具分厂并增开儿童房家具分厂可以为怡美公司增加 254 000 元的利润。于是财务经理向总经理汇报应该关闭餐厅家具分厂并增开儿童家具分厂。总经理继而提出，尽管增开儿童家具分厂增加了 254 000 元利润，但仍未弥补原餐厅家具分厂 66 万元的亏损，并询问分厂主任是否原分厂还存在剩余产能可供利用。财务经理提到，餐厅家具分厂本年本来预算生产并销售 5 000 套（一套餐厅家具含一套餐桌椅和一个餐厅柜），但由于餐桌椅市场竞争激烈，最后只销售了 4 000 套。加上预计儿童房家具本身销量也比餐厅家具销量少，因此明年如果增开儿童房家具分厂，依然可以用原餐厅家具分厂的剩余人工和生产能力增产餐厅家具。总经理于是让财务经理和餐厅家具分厂主任继续分析利用剩余产能增产餐厅家具还能弥补多少亏损，在下次经理办公会上将做出最终决策。

财务经理于是向会计询问了餐厅家具分厂本年收入与成本的具体信息。

（1）怡美公司将一套餐桌椅批发给家具零售商的售价为 750 元，变动直接生产成本为 450 元；一个餐厅柜的批发单价为 1 200 元，变动直接生产成本为 630 元。

（2）餐厅家具的营销与运输费用属于混合成本，其中餐桌椅的固定费用为 24 万元，餐厅柜的固定费用为 36 万元，运输费用随运输次数变动而变动，每次运输费用为 450 元。

（3）分厂固定管理费用 198 万元和公司办公费用 90 万元不随产品组合与产量发生变化，按收入比例分配给不同的产品。

表 11-20 是会计细分到餐桌椅与餐厅柜的本年度餐厅家具分厂营业利润表。

表 11-20　部门增减决策——旧部门分产品营业利润表

（单位：元）

	计算规则	4000 套餐桌椅	5000 个餐厅柜	合计
销售收入	餐桌椅单价 750 元 / 套 × 4 000 套；餐厅柜单价 1 200 元 / 个 × 5 000 个	3 000 000	6 000 000	9 000 000
变动直接生产成本	餐桌椅成本 450 元 / 套 × 4 000 套；餐厅柜成本 630 元 / 个 × 5 000 个	1 800 000	3 150 000	4 950 000
生产设备折旧		252 000	348 000	600 000
营销与运输费用	餐桌椅：固定费用 240 000 元 + 450 元 / 次 × 400 次　餐厅柜：固定费用 360 000 元 + 450 元 / 次 × 1 000 次	420 000	810 000	1 230 000
分配的分厂固定管理费用	按收入占比分配	660 000	1 320 000	1 980 000
分配的公司办公费用	按收入占比分配	300 000	600 000	900 000
总成本		3 432 000	6 228 000	9 660 000
营业利润		-432 000	-228 000	-660 000

财务经理与销售经理以及餐厅家具分厂主任讨论，预计明年如果新开儿童房家具分厂，还能利用剩余产能增产增销多少餐厅家具。分厂主任预计新增儿童房家具后，分厂满负荷运转的话也只能再做 1 000 套餐厅柜或 1 000 套餐桌椅。财务经理提出餐厅柜的单位贡献毛益比餐桌椅高（餐厅柜贡献毛益为 1 200 元 - 630 元 = 570 元，餐桌椅贡献毛益为 750 元 - 450 元 = 300 元），且餐桌椅本年市场竞争激烈，不如利用剩余产能增产 1 000 个毛利更高的餐厅柜。但销售经理比较犹豫，因为据过去的销售经验来

看，成套购买餐厅家具的消费者比例很高，他担心如果不再生产餐桌椅而单独出售餐厅柜，恐怕明年无法完成单独销售 1 000 个餐厅柜的销量，于是提议以成套方式出售，将餐桌椅与餐厅柜定价每套 1 900 元，预计明年销售 500 套不成问题，但预计运输次数会比原来增加 50 次。

三位经理讨论确定后，财务经理计算了增产 500 套餐厅家具的增量收入与成本，如表 11-21 所示。

表 11-21 部门增减决策——增产的增量利润

(单位：元)

	计算规则	增产 500 套餐厅家具的增量收入与成本
销售收入	成套销售价 1 900 元/套 × 500 套	950 000
变动直接生产成本	餐桌椅单价 450 元/套 × 500 套；餐厅柜单价 630 元/个 × 500 个	540 000
生产设备折旧		0
营销与运输费用	450 元/次 × 50 次	22 500
分厂固定管理费用		0
分配的公司办公费用		0
总成本		562 500
营业利润		387 500

结果显示，利用新开儿童房家具增产 500 套餐厅家具可为怡美公司增加 387 500 元利润。在第二次经理办公会上，财务经理向总经理汇报增产 500 套餐厅家具，加上关闭餐厅家具分厂增开儿童房家具分厂带来的 251 000 元的增量利润（见表 11-19，由于继续生产餐厅家具需保留原有模具，不能取得变卖旧家具的现金收入 3 000 元），总计明年可为公司增加 638 500 元的利润，但原餐厅家具分厂的亏损仍有 21 500 元不能弥补（660 000－638 500），需要从分厂固定管理费用寻找节省空间。

以上怡美公司关闭与增设分厂的案例再次说明，在决策中财务分析师应关注差异或增量收入与成本；如沉没成本以及分配计入的固定管理费用，这些都不属于决策相关成本；计算增加新部门、新业务的相关收入与相关成本时，也应计算相对于现状有变化的差额。

在新增分公司或部门的决策中,以上怡美公司的案例属于业务模式单一不变的情况,即新增分厂或部门也经营家具制造与销售。但在实际商业环境中,很多企业新增分公司或业务分部会涉及业务模式或目标市场的改变,并且由于这些改变使企业无法完全依赖自己的现有能力如人才、技术、客户资源来实现收入,因此有必要寻找外部合作方甚至是合资方来弥补欠缺的能力,从而双方共同经营新的分公司或业务分部。在这种情况下,决策涉及的因素更为复杂,模式不同,投入的资源和收入的构成也不同。

○【案例 11-9】业务分部自建与外包的方案选择

维实公司是在 A 省经营再生化工原料生产与销售的生产型企业,它在 A 省从上游工厂收购初加工再生塑料,将其深加工成再生聚酯纤维产品,然后出售给面料纺织厂。由于想进入再生塑料包装物市场,维实公司决定在 B 省另投资工厂生产再生聚酯颗粒,出售给塑料包装物厂商。

生产再生聚酯颗粒的主要原料为废旧塑料瓶,但废弃的塑料瓶一般都带有 PVC 标签,PVC 不符合生产再生聚酯颗粒的原料要求,废旧塑料瓶的 PVC 含量只有降低到符合原料质量标准后才能上生产线加工。目前提供未剥除 PVC 标签的"毛瓶"的供应商多为回收废旧物资的个体商户,如果需要采购剥除 PVC 标签后的"净瓶",那么只有出价比毛瓶高 1 000 元/吨以上,回收毛瓶的商户才愿意雇用劳务工人剥除 PVC 标签。因此净瓶的原料资源并不稳定,会出现多个商户哄抬净瓶价格的情况。B 省的再生聚酯颗粒生产线的设备工艺要求连续投料生产,如果因原料短缺导致停工,那么重启生产设备的能耗成本远高于连续运行时的水平。

尽管市场上有自动剥标的设备出售,但由于收购的毛瓶中还夹带泥沙、垃圾及其他杂质,即使购置剥标设备,也需要额外付费进行人工分拣除杂。因此,维实公司 B 省工厂的厂长认为,既然提供毛瓶的个体商户可以供应少量净瓶,不如在 B 省当地寻找若干个体商户,将其发展为长期稳定合作的"预处理中心",然后将剥标、除杂、打包及垃圾清理等低附加值的工序全部外包给预处理中心，通过从长期稳定合作的预处理中心采购净瓶来解决净瓶货源和采购价格稳定性的问题。

维实公司的 B 省工厂厂长经过对 B 省可从事毛瓶剥标除杂的个体商户的调研，寻找到一家距离 B 省工厂较近的个体商户经营的废旧物资回收打包站。该打包站的现有经营资源包括空旷场地、厂房及办公房屋，以及储存、计量、称重用的基础仓库设备，但缺乏剥标、除杂、传送作业需要的专用设备。该商户在了解维实公司的净瓶需求量和合作要求后，也有合作的意向，但由于资金有限，希望由维实公司出资购置多数专用设备硬件，而自己负责建立分类储料仓、购置设备运行需要的电缆、配电箱及对仓库旧设施进行必要的维修翻新。双方讨论了合作细节并草拟了合作协议，核心内容如下。

（1）维实公司 B 省工厂为预处理中心购置运行设备并安装调试完成，资金投入约 120 万元，预处理中心购置或维修仓储设施、电缆、配电箱，资金投入约 20 万元。

（2）预处理中心根据维实公司的生产需求提供符合维实公司生产线原料质量标准的净瓶，约定每年至少供货 3 600 吨（每月 300 吨），合作期限为 5 年。

（3）预处理中心供应净瓶的价格由维实公司参考同期市场交易平均价格制定，双方可协商调整。

（4）为约束预处理中心稳定供货，拟在合作协议中约定：若预处理中心全年供应合格净瓶的数量低于约定数量的 60%，需向维实公司 B 省工厂支付运行设备使用费 12 万元；若全年供应合格净瓶的数量达到约定数量的 60%（含）～ 100%（不含），需向维实公司 B 省工厂支付运行设备使用费 6 万元；若达到双方约定数量，豁免当年的运行设备使用费。

维实公司 B 省工厂厂长向公司总经理提交了合作建立预处理中心的申请。总经理了解了合作商户的情况后，对其运营经验和能力提出了质疑，认为对方经营废旧塑料瓶收购的时间不满一年，且并未从事过净瓶的加工，无法确保其有足够的能力提供符合维实公司质量标准的净瓶。同时，维实公司生产线对净瓶质量的要求标准高，届时对方提供的净瓶有多少能通过质检尚未可知，因此不能确保对方能保障 B 省工厂所需净瓶货源的稳定性。然后总经理提出一个备选方案：B 省工厂在规划设计时，考虑到后续提升产能需要扩充生产线，所以在厂区预留了较大空余场地，但生产线扩充投资计划至少一年后才启动，在扩充生产线之前是否可以先用预留的闲置场地自己做这些预处理作业？同时，财务总监也建议 B 省厂长测算一下自建预处理车间的净瓶生产成本，看自建模式是否要比合作外包模式更经济。

B 省工厂厂长为估算自建预处理车间的成本，又进一步调研了从采购毛瓶到产出净瓶的预处理作业需要投入的资源和有关市场价格。

（1）毛瓶的市场平均采购价格是 3 000 元 / 吨，经过分拣只有透明和浅蓝色的塑料瓶可用，而绿色瓶、奶白瓶、油瓶和其他非透明的杂瓶不符合生产要求。另外，在除杂分拣过程中还会分离出不符合生产原料成分要求的 PVC、PS 或其他材质的塑料，以及 PP 或纸质的标签，且考虑毛瓶中的泥沙、垃圾和分拣除杂过程中的其他损耗，最终产出符合生产要求的净瓶重量只有毛瓶的 50%。除了泥沙、垃圾无变卖价值外，分离出的其他塑料瓶都有外部市场需求，表 11-22 是 B 省工厂厂长在当地废旧塑料交易市场调查到的结果。

表 11-22　B 省废旧塑料交易市场价格

分离出的其他物质种类	每吨毛瓶中的含量	市场平均价格 （元 / 吨，不含增值税）
透明 & 浅蓝色瓶（可用于生产的净瓶）	50%	4 660
油瓶、绿色瓶	25%	3 300
杂瓶、奶白瓶	5%	2 000
PVC、PS 或其他塑料	10%	1 500
PVC 及 PP 或纸标签	5%	200
垃圾、泥沙及损耗	5%	0

（2）预处理车间的加工成本主要是一些辅料和水电费，产出每吨净瓶需要消耗的辅料和水电费约为 78 元。

（3）假设自建预处理车间配置的人工和计划合作的个体商户一样，按年产 3 600 吨净瓶的规模计算，需要配置 13 名全职劳务工人和 2 名车间管理岗。按 B 省工资水平和社保费率计算，全职聘用一名劳务工人的年人力成本约为 6.6 万元，每名车间管理岗的年人力成本约为 10 万元。

（4）按每年 3 600 吨的净瓶需求量估计，预处理车间面积需要 3 000 平方米，目前 B 省工厂预留的空间可供使用。但按 B 省工厂再生聚酯颗粒产品的年产能计算，净瓶需求量远不止 3 600 吨，如果全部净瓶均自行解决，需要在工厂外租场地作为预处理中心，目前附近的场地租金为 0.5 元 / 平方米 / 天。

（5）自建预处理车间需要购置电机、风机、打包机、剥标机等设备，根据市场报价计算，除税后的设备总投资为 142 万元。

（6）自建预处理中心需要清理分拣出来的杂质、泥沙等垃圾，这些垃圾没有对外出售的价值，但需要按 B 省当地环保要求聘请专业环卫单位进行合规的分类清理和转换再利用。按照每吨毛瓶含 5% 的杂质、污泥计算，获得 3 600 吨净瓶需要产生的杂质、污泥约为 360 吨，B 省当地环卫单位对垃圾合规清理转换的服务报价为每吨 2 000 元。

根据以上信息，可以计算出自建预处理中心如每年需产出 3 600 吨净瓶，全年总成本约为 2 448 万元，如表 11-23 所示。

由于分拣出的不可用于生产的塑料瓶有外部市场需求，因此自建预处理车间模式与合作外包模式相比，会有副产品销售收入。按年产 3 600 吨净瓶可产出的各类副产品的产量占比和市场平均价格计算，每年可产生副产品销售收入约 781 万元（见表 11-24）。该副产品收入可作为自建预处理车间生产成本的抵减项，即自建预处理车间模式下，为获得 3 600 吨净瓶原料的全年净损益为 1 667 万元（2 448 - 781）。

表 11-23 维实公司自建预处理中心的生产成本

1. 原料成本	每吨毛瓶中的含量	年产量（吨）	采购单价（万元）	每年总成本（万元）
产品：透明 & 浅蓝色净瓶	50%	3 600		
原料：毛瓶采购成本（净瓶产量 ÷ 50%）		7 200	0.3	2 160
2. 水电与辅料		3 600	0.007 8	28.08
3. 人工成本		人数	年人均成本（万元/人）	每年总成本（万元）
直接生产人工		13	6.6	85.8
班组长管理岗		2	10	20
4. 场地租金成本		租赁面积	租金（元/平方米/天）	每年总成本（万元）
场地租金		3 000	0.5	54.75
5. 设备折旧	残值率	折旧年限	购置原值（万元，不含税）	每年总成本（万元）
设备折旧	5%	5	142	26.98
6. 垃圾处理	每吨毛瓶中的含量	年产量（吨）	单吨处理费（万元）	每年总成本（万元）
垃圾处理费	5%	360	0.2	72
毛瓶到净瓶总生产成本				2 447.61

表 11-24 维实公司自建预处理中心副产品收入

副产品种类	每吨毛瓶中的含量	年产量（吨）	销售单价（万元，不含增值税）	年销售收入（万元）
油瓶、绿色瓶	25%	1 800	0.33	594
杂瓶、奶白瓶	5%	360	0.20	72
PVC、PS 或其他塑料	10%	720	0.15	108
PVC 及 PP 或纸标签	5%	360	0.02	7.2
合计		3 240		781.2

根据与合作商户洽谈的净瓶采购价格 4 660 元/吨及需要购置的分拣传送设备的价格，B 省工厂厂长计算出了合作外包模式下获得 3 600 吨净瓶原料的全年净成本约为 1 699 万元，从而可以看出自建模式比合作外包模式全年可以节省成本约 32 万元，如表 11-25 所示。

表 11-25 合作外包模式与自建模式的全年成本比较

（单位：万元）

	合作外包模式	自建模式	自建 vs. 合作外包
原料采购成本	1 677.6	2 160	482.4
水电与辅料	0	28.08	28.08
人力成本	0	105.8	105.8
设备折旧	21	26.98	5.98
场地租金	0	54.75	54.75
垃圾处理成本	0	72	72
减：副产品销售收入	0	781.2	781.2
全年净成本	1 698.6	1 666.41	−32.19

维实公司为这个结果召开了一次总经理办公会，讨论是否还要与该商户合作建立预处理中心。财务总监建议放弃合作，自建预处理车间。一方面，因为自建的成本低于合作外包模式；另一方面，由于目前双方商议的合作协议对对方的约束力不够，因此当对方遇到比维实公司出价更高的客户时，违约的可能性较大。按目前双方商定的条件，当因将产品出售给其他客户无法达到我方要求的 3 600 吨时，对方只需支付 12 万元/年的设备使用费。如果频繁出现这种情况，按目前 120 万元设备投资估算，静态投资回收期已达 10 年，是合同约定的 5 年合作期的两倍，投资回报率不理想。

B 省工厂厂长坚持采用合作方式建立预处理中心，理由是自建预处理车间表面上看成本略低，但管理的复杂度却增加了许多，目前的成本测算考虑的都是已知的显性成本，但预计还有目前无法量化预估的隐性成本没有考虑到。

（1）自建模式需要雇用管理 15 名员工，每年 106 万元的薪酬只是显性成本，但因为员工增加带来的工厂内部协调沟通、管理员工行为和人际冲突等管理成本是无法量化估计的。而合作外包模式可以将人员管理成本转嫁给合作方，何况合作方是个体商户，用工方式和支付劳务报酬比严格受劳动法律法规限制的企业要灵活得多。

（2）自建模式虽然可以暂时利用现有的闲置场地，但这类预处理作业不可避免会给厂区车间环境带来较大混乱，分拣毛瓶的过程会持续产生污泥、垃圾，不利于保持整洁的厂区环境。而且由于每吨毛瓶只能分拣出 50% 的净瓶，相比直接从合作方采购净瓶而言，需要采购和储存的毛瓶占用的仓储面积要大很多，存货管理的工作量和复杂度也大大提高，届时或许需要新增仓储员工，这部分人力成本并未考虑。

（3）自建模式成本低的一部分原因是有副产品的销售收入，但实现销售收入也需要销售团队付出时间和精力去寻找固定客户，并且关于发货、开票、收款、记账等销售订单履行的工作量也会增加，现有的销售和后勤职能的人力是否也需要增加，现阶段也无法量化评估。

几经讨论，最终维实公司总经理批准了 B 省工厂厂长以合作外包模式建立预处理中心的方案。但对于财务总监提出的目前合作协议对合作商户约束不够的问题，要求 B 省工厂厂长后续谈判修订合作协议，加入约束对方的排他性销售条款，要求对方在未满足维实公司 B 省工厂的需求量前，未经同意向第三方销售时需要按其实际供货量的差额支付违约金，并且约定当对方无法达到每年 3 600 吨的净瓶供应量时，除需全额支付运行设备使用费外，还需按照未达到供货数量差额支付违约金，两种违约金的计算标准将在合作协议中约定。

由维实公司新建预处理中心的案例可以看出，**在经营决策中，财务效益并非唯一的标准。由于一些不可量化的隐性收益和成本以及决策方案的执行会对市场竞争动态、长期发展战略产生影响，导致企业管理者最终的决策并不都是财务效益最优的方案。**财务分析在决策支持方面发挥的作用只是为决策者提供可以财务量化评估的因素，因为毕竟财务盈利性是评估企业价值尤其是上市公司价值的重要因素。

11.6　决策分析在实务中面临的困难与挑战

为了方便理解，本章讲述的案例都比较简单，实务中要复杂许多，特别是在规模大、产品线多、组织结构复杂的大公司，决策分析对财务经理及财务分析人员的挑战是多方面的，需要财务分析师和经理在实践中根据自己企业的特点摸索和总结。

（1）**难以确定成本构成与成本性态**：大企业的会计核算系统会有很多明细会计科目，特别是期间费用会很多，对于某项决策如何划分关键成本费用，如何划分决策分析中的成本类别，并把会计系统里的期间费用科目归集到决策成本类别，是决策分析的关键。决策分析中成本类别的划分没有统一标准，但区分变动成本和固定成本是必需的，而且财务分析师需要关注消耗资源的作业活动，而不是费用科目本身，可以按照价值链的职能划分成本，也可以按照成本动因划分成本。

（2）**难以全面获取相关信息**：本章案例中的很多决策相关信息（例如需要新购进的设备）都是由业务部门提供的，但实际业务情景中业务部门人员不一定会主动将这些信息提供给财务分析人员，这主要是因为业务部门不了解决策的"相关信息"的含义，可能更倾向于回答财务部门提出的某个具体问题。因此决策分析需要财务分析师熟稔管理会计的知识，在与业务部门的探讨中不能只扮演信息索取者的角色，还需要引导业务部门经理的思路，促使他们讲出因选择某个方案导致的未来可能发生的"故事"和后果，在这个过程中发现和挖掘出那些决策相关信息。这需要财务分析师熟悉公司的业务，并且由于一些信息涉及外部咨询（例如需要寻找外部供应商了解新购进设备的价格），因此也要求高级财务分析人员有很强的跨部门协调能力。

（3）**难以预测未来**：本章第一小节即提到"每个决策都以预期未来结果为基础"，因此决策分析中的很多相关信息都依赖于信息提供者的预测能力，例如预计选择某种方案后的销量变化、价格变化、成本变化，特别是很多预测期是一年，甚至是跨年度的产品全生命周期。本章中的案例很多都做了简化处理，例如基于原成本构成、毛利率、变动成本的费率不发生变化的假设来进行决策相关收入与成本的计算。实务中的业务情形复杂很多，财务分析师或财务人员不会比业务人员更有能力预测未来的业务情形，因此财务分析师往往不是专业的预测者，而是用卓越的人际沟通能力驱动相关的业务部门去预测，并且有能力洞察业务部门为决策方案提供的预测是否具备合理的逻辑、是否有据可查。

在财务分析师的日常职责中，业务决策支持与本书第 9 章与第 10 章讲述的定期例行的经营财务分析报告不同，经营财务分析报告偏重回顾过去和评价绩效，而业务决策支持偏重前瞻未来，并基于具体业务情节，所以对于决策相关信息的判断和处理十分考验财务分析人员的逻辑思考能力与跨部门人际沟通能力。因此，决策支持表面上是建立决策分析模型，实质是模型背后的业务故事和信息的收集与筛选，只有对公司业务有深入的了解，做出的决策分析才能够帮助管理者做出正确的选择。

结语 让财务分析工作变得更有趣

至此本书已将企业财务分析的全部内容介绍完毕,相信读者已经对企业财务分析的整体框架有了初步的理解。笔者在实务工作中常常听到企业财务人员抱怨财务分析工作的烦琐和收集处理数据的枯燥乏味,以及非财务人员抱怨看不懂财务部门提供的分析报告。这很大程度上源于没有针对阅读者(第一篇 WHOM)以正确的方法与技术(第三篇 HOW)提供阅读者需要看到的内容(第二篇 WHAT)。另外本书不止一次提到"绩效改进",主旨是将财务分析师甚至财务总监定位为"绩效改进的推动者"和"业务伙伴",而不是传统财务职能的"经济活动的记录者"和"财产管家"。

在信息时代存活发展的企业,越来越关注效率的提升,互联网、信息技术与 ERP 管理理念的结合应用使企业财务部门传统的功能"会计核算"越来越可通过标准化和自动化实现,由此释放出来的财务人员该转向哪里?在这一持续的挑战下,很多企业的 CFO 开始谋求财务职能转型,关注的焦点也逐渐从交易处理、内部控制转向提升股东价值,以及为公司提供决策支持。进入 21 世纪后,在企业的不断努力下,传统的企业财务部门也正发生变革,如图 A-1 所示。

由图 A-1 可以看出,未来企业财务职能的发展趋势是从事传统会计核算(即交易处理)的人员比例越来越低,而从事财务分析(即业务支持)的人员比例越来越高。业务支持要求财务分析人员不仅能高效准确地记录和列报业务，还能够对业务绩效结果进行解释与评价，洞察经营问题与待改进领域并推动持续改进。

图 A-2 是一家快速消费品行业的跨国集团中国区财务组织架构和职能分布，可以看出，在一个有 134 名财务人员的财务部门中，从事财务分析的人员高达 89 名！

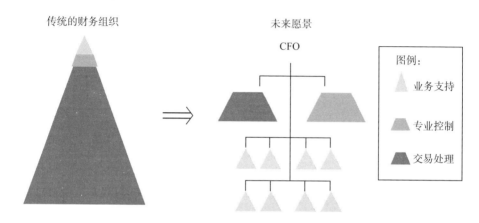

图 A-1 传统的企业财务部门的变革趋势

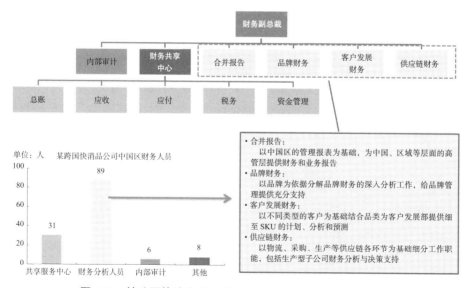

图 A-2 某跨国快消品公司中国区财务组织架构和职能分布

在"业务支持"的定位下，财务分析不应是无趣的数字收集与搬运游戏，使它焕发活力的是财务分析师对数字背后那些规则或不规则的业务故事的探知。一个企业如果具备优秀的财务分析职能，那财务分析一定如本书所描述的一样"无处不在"：公司层面、业务单元层面、子公司层面……它随公司组织架构和运营模式的变化而变化，它能触碰到价值链上每个职能领域。不同的财务分析师坐在公司里的不同角落，支持着不同的职能部门，扮演着这些部门的"业务伙伴"的角色：销售、市场、制造、采购、研发……这些财务分析师的知识结构也需要超越原有的财务会计与税务专业领域，涉及业务运营的方方面面：市场营销、运营管理、生产计划、产品结构与工艺、质量管理、供应链管理、基建工程……

总而言之，作为"绩效改进的推动者"和"业务伙伴"，优秀的财务分析一定既能够基于财务报表，又能大幅跳出财务报表的框架，深入了解业务运营，并能与业务部门以业务语言对话。唯有如此，财务分析才能变得有趣，才能交付价值。在此，笔者祝愿所有不知财务分析如何下手和对财务分析有误解的企业财务工作者，能够早日转型为所属企业的"绩效改进的推动者"和"业务伙伴"。

参 考 文 献

[1] Erich A Helfert. Financial Analysis Tools and Techniques[M]. New York：McGraw Hill，2001.

[2] Frank J Fabozzi，Pamela P Peterson. Financial Management and Analysis[M]. 2nded. New Jersey：Wiley & Sons，2003.

[3] 国资委．中央企业负责人经营业绩考核暂行办法[EB/OL].（2013-02-01）[2020-10-30].http://www.gov.cn/flfg/2013-02/01/content_2324949.htm.

[4] 邵希娟．试析杜邦分析法的改进与应用[J]. 财会月刊（综合版），2007(12).

[5] Timothy Koller. What Is Value-based Management[J]. Chicago：Mckensey Quarterly，1994(3).

[6] 查尔斯 T 亨格瑞，斯里坎特 M 达塔尔，马达夫 V 拉詹．成本与管理会计（第 11 版）[M]. 王立彦，刘应文，译．北京：中国人民大学出版社，2004.

[7] 王勇．投资项目可行性分析：理论精要与案例解析[M]. 2 版．北京：电子工业出版社，2012.

[8] 林万龙．投资项目财务分析实务[M]. 2 版．北京：中国农业出版社，2011.

[9] 菲利普·科特勒，凯文·莱恩·凯勒．营销管理（第 10 版）[M]. 王永贵，等译．北京：中国人民大学出版社，2002.

[10] 斯坦利·布洛克，杰弗里·赫特，巴特利·丹尼尔森．财务管理基础（第 14 版）[M]. 王静，译．北京：中国人民大学出版社，2014.

[11] 郝洪，杨令飞．国资委经济增加值（EVA）考核指标解读[J]. 国际石油经济，2010（4）．